D1252938

Yo, el rey

Colección Autores Españoles
e Hispanoamericanos

Esta novela obtuvo el Premio Planeta 1985, concedido por el siguiente jurado: Ricardo Fernández de la Reguera, José Manuel Lara, Antonio Prieto, Carlos Pujol y José María Valverde.

Juan Antonio Vallejo-Nágera
Yo, el rey

Premio Planeta
1985

Planeta

COLECCIÓN AUTORES ESPAÑOLES
E HISPANOAMERICANOS
Dirección: Rafael Borràs Betriu
Consejo de Redacción: María Teresa Arbó, Marcel Plans, Carlos Pujol y Xavier Vilaró

© Juan Antonio Vallejo-Nágera, 1985
Editorial Planeta, S. A., Córcega, 273-277, 08008 Barcelona (España)

Diseño colección y sobrecubierta de Hans Romberg (realización de Jordi Royo)

Ilustración sobrecubierta: retrato de José Bonaparte (colección condesa de Niel, París)

Primera edición: noviembre de 1985

Depósito legal: B. 33.987-1985

ISBN 84-320-5581-6

Printed in Spain - Impreso en España

Impreso y encuadernado por Printer industria gráfica sa
Provenza, 388, 08025 Barcelona - Sant Vicenç dels Horts, 1985

Su Majestad Imperial no dio el mando de los ejércitos de España al rey José... En el fondo de su alma el emperador no quería que el rostro siempre sereno y los modos amables del rey, tan opuestos a su aire amenazador..., ofreciesen el contraste entre quien merece que se le ame y quien impone que todos tiemblen en su presencia. En verdad parecía decir al rey José: «Si con las cualidades amables que la naturaleza os ha regalado lográis por añadidura una reputación militar, me haréis sombra.»

General De CLERMONT-TONNERRE

La figura del rey José era graciosa, y sus maneras elegantes... por la forma de llevar su corte se le hubiese tomado por un monarca de vieja estirpe.

General FOY

Deseado y añorado por los que abandono, recibo la corona del país que parece rechazarme y, dándome cuenta de todo, actúo como si no me percatase. Mi posición me disgusta... No la soportaré si tengo que hacer algo que vaya contra mi conciencia.

JOSÉ BONAPARTE

José ha nacido para ser amado.

TALLEYRAND

BAYONA, 7 DE JUNIO DE 1808

¡Yo, EL REY, don José I, rey de España y de las Indias!

¿Qué hago yo, rey de España, contemplándome en el espejo vestido de coronel del regimiento de mi guardia de Nápoles?

Debe de haber resultado incómodo para el grupo de españoles que acaba de rendirme pleitesía como su rey.

El emperador lo ha insinuado:

—He dado orden de que os hagan inmediatamente un uniforme español. —Empleó un tono entre condescendiente y cansino, como quien se dirige a un inútil con quien quiere estar amable, relativamente amable.

Fue sólo un destello, pero ha bastado para ponerme alerta este regreso al viejo tono, porque el emperador había estado todo el día afectuoso, como siempre hace conmigo cuando desea algo. Lo que ahora desea es hacerme el mayor de los regalos: la corona de España. Esta donación me parece injusta e impolítica (1). Tampoco la deseo. No me he atrevido a decirle ninguna de las dos cosas.

Del incidente del uniforme, como de tantas cosas que me censura, la culpa es suya. Sin advertencia, sin aviso que me hubiera permitido apercibirme, llegó a Nápoles su carta:

... El rey Carlos IV, por el tratado que he hecho con él, me cede todos sus derechos a la corona de España. El príncipe de Asturias renunció antes a su pretendido título de rey, pues el

7

rey Carlos alegó que su abdicación fue obtenida por la fuerza.
La nación, por el órgano del Consejo Supremo de Castilla, me
pide un rey. ES A VOS A QUIEN DESTINO ESTA CORONA...
recibiréis esta carta el día 19, partiréis el día 20, llegando
aquí el primero de junio... guardad el más absoluto secreto.

La víspera de esta carta me había proclamado, sin mi conocimiento, rey de España y de las Indias.

Abandonar un reino para buscar otro en veinticuatro horas obliga a dejar muchas cosas pendientes, más importantes que el guardarropa, pero fastidia no tener el adecuado. Parece un tema insignificante, mas es cierto que el camino a la catástrofe está empedrado de trivialidades fallidas. Esta vez no puedo equivocarme ni de camino ni de empedrado. Mi desgracia sería la de todo un pueblo.

La experiencia me obliga a ser suspicaz con mi hermano. En la misiva en que me ofrece la corona incluye demasiados argumentos ensalzando el regalo: «España no es el reino de Nápoles: tiene once millones de habitantes, más de ciento cincuenta millones de renta, sin contar los inmensos ingresos y la posesión de todas las Américas. Es una corona que, además, os coloca en Madrid, a tres días de Francia. Nápoles está en el fin del mundo...»

Si fuese tan claro el beneficio, no precisaría vendérmelo. Me gusta Nápoles, prefiero Nápoles a España.

Hace más de dos años que reino en Nápoles. Tomé posesión del país con sólo dos muertos. ¿Cuántos costará instalarme en el trono de España? Es un tema del que mi hermano ha evitado hablarme en todo el día de hoy. La carta con la oferta-orden está fechada el 11 de mayo de 1808. Tengo que recordar las fechas porque son muy importantes para desenredar todo ese embrollo. «Embrollo», la palabra es también del emperador. Hace meses que me habla o escribe de las cosas de España. Nunca hasta el 11 de mayo asociándolas conmigo. Cuando nos vimos en Venecia en diciembre pasado se refirió a España como algo que le preocupaba, que se estaba complicando, es un *«imbroglio»* me dijo. Si se lo pareció entonces, mucho más me lo parece hoy a mí. El enredo más complejo de que tengo noticia.

Un laberinto que ha empezado a teñirse de sangre. Otra carta del emperador, del 6 de mayo, cinco días anterior a la otra, no deja lugar a dudas:

Hermano, os envío adjuntos unos documentos que os permitirán conocer los asuntos de España. Nos aproximamos al desenlace. El rey Carlos me ha cedido todos sus derechos al trono, se retira a Compiègne con la reina y parte de sus hijos. Días antes de la firma de este tratado, el príncipe de Asturias renunció a la corona, devolviéndosela al rey Carlos.

El gran duque de Berg ha sido nombrado lugarteniente general del reino y presidente de todos los consejos. Ha habido una gran insurrección en Madrid el 2 de mayo. De treinta a cuarenta mil individuos se reunieron en las calles y las casas, haciendo fuego por las ventanas. Dos batallones de fusileros de mi guardia, quinientos caballos, pusieron todo en orden. Murieron más de dos mil hombres de este populacho. Yo tenía en Madrid sesenta mil hombres que no pudieron hacer nada. Se aprovechó esta circunstancia para desarmar Madrid.

¡Dos mil muertos en un solo motín! En más de dos años de reinado en Nápoles no ha ocurrido nada similar, gracias a no haber seguido sus instrucciones. Es mi mayor orgullo.

Haberme puesto dócilmente en viaje muestra, una vez más, que no soy capaz de resistir a su voluntad.

Cuando hace más de dos años me ofreció el trono de Nápoles, dio opción al rechazo: «... Mi intención es que los Borbones cesen de reinar en Nápoles. Quiero sentar en ese trono a un príncipe de mi casa: a vos, si os conviene; en caso contrario, a otro...» Ahora me vuelve a utilizar, esta vez con los Borbones de España. No es una oferta, es una orden: «... recibiréis esta carta el 19, partiréis el 20...» Mi único gesto de resistencia fue retrasar la salida un día.

Hoy ha tenido una deferencia inusitada: salir unas leguas a mi encuentro, con todo el protocolo y boato reserva-

dos a un rey. Por el rey de Nápoles no se hubiesen molesta-
do tanto. Deseaba realzar la importancia del rey de España.

Salí de Pau a las siete de la mañana, y él de Bayona en
mi busca. Le he escuchado burlarse de la importancia que
las gentes dan a las apariencias. No creo que en toda la historia haya existido alguien que las utilice para su provecho tan
hábilmente como mi hermano.

La solemnidad de las ceremonias, la brillantez de los
uniformes, los títulos altisonantes, los pormenores de la eti-
queta, todo lo tiene medido con precisión, como los ingre-
dientes de una pócima. El «buró de propaganda» es una de
sus más útiles invenciones. Utiliza de modo magistral todo
lo que pueda impresionar, desde el ascenso arbitrario de un
soldado por un desplante ingenioso, hasta la dosificación de
las cortesías a un monarca.

En el día de hoy ha sido muy notable el despliegue de
esos recursos en torno a mi llegada.

Nos encontramos a mitad del camino. El cortejo del emperador es siempre impresionante, por el porte de los carruajes y también por la endiablada velocidad a la que viaja.

Cada desplazamiento de mi hermano es mucho más
complejo que el de cualquier otro monarca. Desde el atentado de la «máquina infernal», no comunica la hora de salida
ni la ruta que va a utilizar. Unas horas antes parten varios
convoyes, por todos los posibles trayectos, para tener bien
preparado el descanso en los eventuales puntos de parada.
Napoleón parece complacerse en desorientar incluso a los
encargados de esos preparativos. Emprende camino por
los vericuetos más inesperados, y alienta a ese cochero per-
turbado que lleva la carroza imperial a galope tendido.

Al atravesar los pueblos es milagro que no haya más
víctimas de los escuadrones de caballería de la escolta y de
las ruedas de los carruajes. Es otro portento que éstos no
vuelquen con más frecuencia.

Hoy sí han volcado varios. Al tener que acompasar la
salida con el anuncio de mi llegada, no pudieron partir con
antelación, como es costumbre para la mayoría, y arranca-

ron todos al tiempo, tras la caravana imperial, tratando de seguir su paso.

La berlina del emperador es una máquina de nueva invención. Asombro de ingeniería, con un complicado sistema de suspensión que permite pasar por baches y obstáculos sin percance. También están preparadas las veintiocho carrozas que siempre van con el séquito. Los demás invitados a acompañarle en este trayecto, toda una caravana, tuvieron que hacerlo al ritmo frenético que marca César, el cochero del emperador, entre el agobio de los aurigas, el pánico de los ocupantes y la inutilización de buen número de vehículos. Fuimos luego reencontrándolos por el camino, al regreso a Bayona, con sus atribulados ocupantes, más o menos maltrechos, buscando acomodo para volver tras nosotros en algún carruaje que tuviese sitio para ellos.

No olvidaré fácilmente el momento del encuentro. Avanzaba lentamente mi caravana por la llanura, cuando la polvareda, acercándose como un torbellino, anunció la de su Majestad Imperial y Real.

Ambos descendimos. En contraste con la impetuosidad de la marcha, su acercamiento fue pausado, solemne, llevando el protocolo hasta el extremo.

Hace cinco años que no me tutea en las cartas. Hoy quiso mostrar que no venía a recibir con afecto a su hermano mayor, sino con deferencia de emperador al monarca soberano de un país importante.

Tras la ceremonia me invitó a subir a su carruaje y, en la intimidad de la berlina, los dos solos, volvió a mostrarse el hermano jovial y cariñoso de nuestra infancia, un talante que no he disfrutado en los últimos años.

Entre sus múltiples talentos, la cualidad que más me asombra es la capacidad que tiene para fascinar. Napoleón es un seductor. Seductor de monarcas, de mariscales, de mujeres, de soldados, de cabos, de pueblos, de naciones, de ejércitos, de multitudes plebeyas, de príncipes y cortes. Hoy se está tomando la molestia de fascinarme a mí. ¿Por qué?

Donde menos efecto ha tenido esa capacidad es en su

propia familia. Soy la excepción. Me he dejado arrastrar por él en todas las circunstancias, aun sabiendo que no tenía razón y que era injusto conmigo. ¿Por qué desde la infancia, siendo yo el primogénito, ha ejercido ese dominio sobre mí? ¿Me estaré dejando envolver de nuevo? ¿Es la corona de España una trampa?

Contra su costumbre, el emperador no fue directamente al núcleo del asunto, lo que aumentó mi suspicacia. El tema de España se desarrolló de refilón, a través de una charla enlazada en cadeneta, más propia de plática de ociosos que de diálogo de dos monarcas.

—Sire —por cierto, no me ha dispensado del tratamiento—, ¿no creéis que puede costaros la vida permitir a César esa velocidad?

—Aún seguiría en deuda, ya me la ha salvado dos veces.

Comprendí que era inútil todo intento de reducir el ritmo desenfrenado de la marcha, y pasé a elogiar el suave movimiento de la berlina y la sorpresa que tuve con su elasticidad al poner el pie sobre el estribo.

—No podéis imaginar el susto que ese balanceo le produjo al pobre Carlos IV.

—¿Por qué?

—Está acostumbrado a su carroza. Una antigualla del tiempo de Luis XIV, rígida como un leño y arrastrada por mulas, a la española.

—Es extraño que no prefieran caballos.

—¡Ah, ya veréis! Los españoles están orgullosos de todos sus errores, y se aferran a ellos. El rey, con la edad, se ha vuelto torpe y medroso. Una cantidad absurda de servidores se agolpan para ayudarle a subir al carruaje. Uno de ellos es de lo más pintoresco. Un lacayo que porta a su espalda un artilugio, especie de estribo, sujeto con correas. Se agacha y, cuando el monarca ha puesto el pie en ese escalón humano, el criado se incorpora y con la ayuda de otros servidores introducen, entre todos, al rey en el coche.

—Todo un espectáculo. ¿Qué decíais que pasó con vuestra berlina?

—El día de la llegada de los reyes de España a Bayona envié mi coche a buscarlos para traerlos a la cena en su honor en el *château* de Marrac. Su escalón humano no se adaptó bien al estribo de mi berlina y, al pisarlo, el balanceo le produjo pánico. Fue difícil introducirle en el coche, sufrió todo el trayecto temblando ante la idea de que volcase el vehículo. El descenso al llegar a Marrac fue un número de comedia. Yo le esperaba al pie de la escalinata. Tardó varios interminables minutos en descender. Primero se trabó con la espada en la portezuela, luego con sus criados amontonados y estorbándose al intentar ayudarle. Alarmado, reculaba cada vez que, al poner el pie en el estribo, se inclinaba el carruaje. Nos obsequió con la repetición de la maniobra varias veces. Yo al principio estaba impaciente, luego irritado; al final tuve que hacer esfuerzos para contener la risa.

—Es explicable en un anciano. El rey Carlos quedaría muy azorado.

—¿Eso pensáis? También yo lo esperaba. Pues no. Quedó tan tranquilo, incluso le hizo gracia. El rey tiene una extraña mezcla de la solemnidad del torpe con una natural majestad de movimientos y aire patriarcal y bonachón. Da la impresión de sentirse siempre rey, aun en las circunstancias más embarazosas o ridículas. Al acompañarle en la escalera noté su dificultad para subir los peldaños y se me escapó una cruel ironía. Le dije: «Apoyaos en mí, tengo fuerzas por los dos.»

—¿Como reaccionó el rey?

—Suspendió la marcha, separó el brazo del mío en que se apoyaba y balanceando la cabeza verticalmente con los ojos fijos en mi rostro dijo: «En verdad que lo creo, y lo espero.» Volvió a apoyarse en mi brazo.

—Parece imposible que sea así el rey Carlos.

—Si no las hubiese comprobado durante su estancia en Bayona, también seguiría yo sin creer muchas de las cosas que me habían contado. En los próximos días iréis recibiendo informes documentados de su conducta en asuntos de estado, que también os costará creer.

—Los de los últimos meses, que conocen todas las cortes de Europa, nos han dejado perplejos.

—Esperad a que os dé algunos detalles de su comportamiento cotidiano. En la mesa de Marrac, comía con apetito voraz, y le decía a la reina, delante de toda la corte francesa: «Luisa, repite esto, está bonísimo.» Bebe sólo agua, pero hay que colocarle tres jarras, una con agua helada, otra la contiene tibia y una tercera a la temperatura ambiente. Mezcla diligentemente de las tres en el vaso, hasta que la temperatura le parece ideal. Entonces bebe.

—Sire, ¡no es posible!

—Se lo he visto realizar en todas las comidas que hemos compartido. Además se empeñó en que el agua que mejor le sentaba era la de una fuente de Bayona y había que traérsela a Marrac.

—Menos mal que son manías inofensivas.

—Es más chocante lo que hace con su confesor. Mejor dicho, con su equipo de confesores. No tiene uno fijo, que ha sido la costumbre de los reyes españoles, sino una especie de turno de confesores. Permanecen de guardia, como los centinelas. Jamás está sin uno de ellos. Durante una conversación de estado, confidencial, le hace esperar en una habitación contigua. Si cree necesitarlo, imagino que será por un mal pensamiento, le silba como a un perro, con lo que el confesor acude de inmediato, musita el rey unas palabras, recibe la absolución y despide de nuevo al sacerdote que sigue de guardia. Y no me digáis que no es posible —comentó el emperador riendo— porque se lo he visto hacer.

—¿También en Marrac? ¿En circunstancias tan dramáticas?

—Sí, y naturalmente no estaba previsto ese detalle. Ya veréis que en Marrac hay poco espacio y muchas personas. No sabíamos dónde diantre colocar al salvador de su alma. Los reyes, que han sido tan fáciles, tan increíblemente fáciles en los temas graves y espinosos, nos crearon multitud de pequeños quebraderos de cabeza con esas extravagancias.

14

—Sire, ha sido una suerte para vos ese acento en lo extravagante.

—Y para vos. Sin la extraña condición de su persona, quizá no pudiese ofreceros el trono de España. Lo más curioso es que el rey Carlos, con esos disparates, acaba resultando simpático. La emperatriz, ya conocéis la bondad de su corazón, le ha tomado afecto y dice que no se consuela de la desgraciada suerte de los príncipes españoles. El rey Carlos sí se ha consolado. Me escribe cartas cada vez más afectuosas. Es difícil comprender sus sentimientos: sólo quiere a tres personas, a la reina María Luisa y a los dos que le hemos arruinado, el príncipe de la Paz y yo.

—Sire, comprendo el desvalimiento de España, si tales sentimientos guiaron su gobierno.

—Así es como la ha puesto en nuestras manos, como fruta madura a la que sólo hay que tomar de la rama para que Francia la disfrute.

Guardé silencio. He reinado en Nápoles para el bien de los napolitanos. Seré un leal aliado del emperador, mas si reino en España mi honor exige que sea para beneficio de los españoles.

Tras una pausa, mi hermano reanudó el diálogo. En realidad un monólogo, sólo punteado por mis preguntas. Parecía necesitar un descargo de conciencia, a través de la acumulación de muestras de ineptitud para el gobierno, de la familia real española. No lo hace así normalmente, va derecho a lo esencial. Cuando alguien se porta de modo inesperado, es cuando mejor descubre su alma. Por eso quiero recordar cuanto me dijo en la berlina, acompañado por el ruido y los botes de la carroza, que me hacían perder el aliento y que él parece no acusar.

—Cada rato con los reyes me hizo evocar aquellas cosas que nos escribía desde Madrid nuestro hermano Luciano, cuando le tuve de embajador en España.

—Sire, en la entrevista que por indicación vuestra acabo de tener en Bolonia con Luciano, repasamos juntos esos recuerdos. La conversación no me tranquilizó: Luciano cree, igual que yo, que los españoles no son como los napolitanos. Es un pueblo orgulloso y fiero. Su historia lo demuestra.

—La historia es pasado. Los pueblos envejecen, igual que las personas. A veces al compás que marca una de ellas. El rey Carlos ha perdido la fuerza hercúlea de su juventud, está gotoso y anquilosado. La ineptitud de su gobierno ha convertido también a España en reumática y anquilosada.

—Sire, también los pueblos rejuvenecen, resucitan por el aliento de un hombre. Vos lo habéis conseguido en Francia.

—En eso podéis estar tranquilo. He tenido buen cuidado en informarme. Ni un solo hombre. En su ejército y en el gobierno; ni uno solo que pueda unir en su torno a los demás. Los de relieve han pasado todos por aquí. Creo que el menos torpe es el príncipe de la Paz. Nunca han odiado tanto a uno de sus compatriotas. Ésta va a ser vuestra mayor ventaja. Carecéis de oponente. También vuestra mayor tribulación, sois vos el único que puede agrupar a los españoles para su salvación. Por eso os he llamado.

Preferí aplazar la exposición de mis dudas a un momento más sereno que el que permitía el bailoteo de la berlina. Llevé de nuevo la atención de mi hermano al rey Carlos.

—No sabía que el rey Carlos disfrutase de un vigor hercúleo.

—En su juventud podía haberse ganado la vida como forzudo de barraca de feria. Una de sus diversiones favoritas era desafiar a los mozos de cuadra a levantar grandes pesos, y vencía a todos.

—Original entretenimiento para un rey. Si poseía esas cualidades, la tendencia lógica era el competir en juegos y destreza con los cortesanos, al modo de Enrique VIII de Inglaterra.

Napoleón rió antes de contestar; sin duda el tema le mantenía de muy buen humor.

—No esperéis lógica en ninguno de los actos del buen rey Carlos. Además —volvió a reír—, los aristócratas españoles no están inclinados a gozar con el ejercicio. El rey carecía de competidores de alcurnia. Hace muchos años realizó un simulacro de lucha con el conde de Aranda y el marqués de Grimaldi, y quedaron maltrechos. Es un remoto episodio del que aún se habla en la corte española.

Permaneció ensimismado unos instantes; al reanudar el discurso su tono y expresión eran distintos.

—Todo esto que os cuento, y que parece insignificante, tiene repercusiones políticas. Al aburrirse con sus cortesanos, el rey ha pasado la vida entre palafreneros, lacayos, artesanos y monteros. Las únicas excepciones, la reina y el príncipe de la Paz. No se le conoce otro amigo. Los grandes de España no tenían más función palatina que la breve ceremonia del besamanos. Es una de las causas de su enajenamiento del rey y de que tomasen partido por el príncipe de Asturias.

—Los reyes tenemos una dura servidumbre en cuidar tanto las minucias cotidianas como las decisiones de gobierno, sire.

—El rey Carlos ha seguido, casi hasta el final, disfrutando sus minucias, en vez de cuidarlas. Excepto en lo que imagina son sus obligaciones religiosas, en las que también se porta de modo absurdo.

—Ya lo he visto con lo del confesor.

—En otros muchos detalles. Se levanta todos los días a las cinco de la mañana para tener tiempo de oír en su cámara dos misas seguidas.

—¿Con qué ha sustituido las proezas musculares?

—Sigue departiendo en las cuadras y bromeando familiarmente con mozos, sotas, aurigas y palafreneros; es la tertulia que prefiere, pero antes trabaja en los talleres en tareas manuales.

—Creí que en España está mal considerado el trabajo manual, que para pertenecer a un cuerpo de la nobleza hay que demostrar que ningún antepasado utilizó las manos para el trabajo. A eso se atribuye que no tengan grandes artesanos.

—El rey, en su aparente sencillez y modestia, se cree, de

verdad, compuesto de una materia distinta a la del resto de los mortales. Para él las «otras personas» somos sólo los reyes; el resto de la humanidad, y sus normas, sólo el fondo de un paisaje en el que pasear. Trata igual a un lacayo que a un duque. A todos con distante afabilidad, pero por el mismo rasero, se encuentra tan por encima de todos que, desde su altura, no distingue la diferencia de estatura entre ellos. Ya os digo que esto explica el abandono que ha sufrido por parte de la nobleza.

—Los forzudos no suelen ser artesanos hábiles.

—Éste sí. Al menos lo dicen. En sus palacios tiene instalados unos magníficos talleres, con los mejores artífices que hay en España. La rutina del rey era inmodificable. Tras las dos misas, el desayuno. Después a los talleres. Allí se recreaba un par de horas, especialmente en trabajos de ebanistería y marquetería. Ya los veréis en los «reales sitios», en vuestros reales sitios (dijo mirándome de reojo), ya podréis juzgar por vos mismo.

—Son gustos sencillos, no precisa para satisfacerlos su condición de rey.

—No creáis. Falta su monomanía, la pasión por la caza que heredó de su padre. Cazaba dos veces al día, por la mañana y por la tarde, hasta el anochecer. Todos los días de su reinado. Movilizaba unas mil personas a diario para este fin, entre ojeadores, guardas, transportes. Es un gran tirador, cosa que sabéis que no puedo decir de mí mismo.

—Con este programa le quedaba poco tiempo para las tareas de gobierno.

—Dedicaba una media hora diaria al despacho. También en esto era rutinario. Siempre con alguno de los ministros a solas, nunca en reunión con ellos. El resto lo dejaba al príncipe de la Paz. En cuanto a la vida de corte, la redujo a una breve ceremonia, el besamanos que os mencioné antes. Ya os contaré lo que ocurrió en el besamanos al llegar a Bayona. A la familia concedía un cuarto de hora, sin contar a la reina y a don Manuel Godoy. Como veis, en total una hora a los deberes del trono y de la familia. El resto a sus particulares gustos. No conozco otro monarca contemporáneo del que se pueda decir lo mismo.

—Cuenta, Luciano, que dentro de su espíritu poco cultivado, tiene aficiones artísticas.

—A su manera. Las manualidades de que hemos hablado. Los relojes y la música. También en esto, como en todo, mezcla lo extravagante con lo ridículo.

Ahora fui yo quien sonrió.

—Sire, encuentro original hacer el ridículo con los relojes.

—En el terreno de hacer el ridículo nuestro buen rey Carlos no tiene rival. La nota grotesca queda atenuada por su naturalidad y buen corazón, pero no puede dejar de percibirse constantemente. En ocasiones el buen corazón se eclipsa en un ramalazo de la simpleza y brutalidad primarias. Aseguran que mandó encerrar dos mil ciervos en un gran parque amurallado, y se divirtió contemplando cómo sus artilleros los mataban a cañonazos.

Temo que el emperador, en su afán de encontrar justificado el destronamiento de los Borbones, nubla su proverbial perspicacia y acepta todas las versiones negativas. Las personas no actúan de forma tan incongruente. He de averiguar si hay algo de cierto en esa historia.

—Sire, no me habéis aclarado lo de los relojes.

—Los tiene a centenares. Forman una parte importante del equipaje que ha traído a Bayona y le sigue en el exilio. Todos los días al vestirle, un criado le entrega ocho o diez relojes de bolsillo, los reparte por todos los de su traje y pasea luego enérgicamente por la habitación, porque está convencido de que eso es bueno para los relojes.

—Al menos será puntual.

—Maniáticamente puntual. Un segundo de retraso y lo convierte en un drama. Menos en la música, en la que se sale de tiempo y además presume de ello.

—Sire, me tenéis que preparar para tanta sorpresa. Tampoco entiendo cómo puede presumirse de salir de tiempo en la música.

19

—Ya os digo que es una caja de sospresas; por eso os estáis encontrando con tantas. Me contó que ha empezado a tocar el violín cuando el reuma y la gota le entorpecieron el disfrute de la caza. No ha progresado mucho en la música. En España disponía de un cuarteto como acompañante. Entre sus componentes estaba el famoso violinista Boucher. Se empeña en que, como es rey, debe empezar antes que los músicos que le acompañan. Al hacerle Boucher alguna observación le dijo: «No creo que mi papel sea esperar a nadie, tampoco a ti.» Me lo contó riendo muy satisfecho, podéis imaginar el resultado.

—Sire, tiene que ser una exageración de cortesanos chismosos. No es posible.

—Otra vez me decís que no es posible. Espero que en lo sucesivo os fiéis más de mí —rió de nuevo el emperador—. Mandé que le buscaran unos músicos para acompañarle en las veladas de Bayona, y los dejó tocando solos, quejoso de que no sabían seguirle y se atropellaban intentando ir al mismo compás que el suyo. Creo que es de lo único que se me quejó. La diplomacia tampoco es una de sus virtudes. Nada más llegar a Bayona, en la visita que les hice en su residencia, repitió varias veces, como si una no bastase: «Vuestra Majestad no sabe lo que es tener que dolerse de un hijo, es la desgracia más penosa que se puede sufrir. No sabéis cuán grande es vuestra suerte de no tener hijos.» ¡El pobre cretino, incapaz de percatarse de mi amargura por no tener un hijo, un sucesor!

Como tantas veces cuando el emperador se queja de un defecto de otro, simultáneamente lo muestra en sí mismo. No resulta demasiado diplomático en mi presencia el tema del sucesor, después de haber regateado tantas veces nombrarme como tal, siendo yo como hermano mayor el heredero natural. Es humillante que haya pensado en sustituciones tan arbitrarias como el hijo de otro matrimonio de su mujer. Es la mejor prueba de que el cariño, que no cabe duda me tiene, está misteriosamente entrelazado de odio, rencor y desdén, cuyo origen no comprendo. Nuevamente era mejor cambiar el tema de la conversación.

—Sire, ¿ha heredado el príncipe de Asturias las cualidades diplomáticas de su padre?

—Es completamente distinto. Es bruto y malvado. Muy enemigo de Francia. Las condiciones diplomáticas es difícil valorarlas; en todos los días que permaneció aquí no conseguí sacarle una sola palabra. Desde nuestro primer contacto comprendí que nada me llevaría a reconocerle como rey de España.

—¿Pensabais hacerlo?

—No. No era ése mi proyecto, pero aún cabía alguna posibilidad.

—Él acudía sólo con ese propósito.

—Es cierto y también que no jugué limpio. Cuando dudó en Vitoria, intentando interrumpir el viaje, envié a Savary con órdenes de traerle de cualquier forma, de grado o por fuerza. La verdad es que, pese a todo, cuando me anunciaron que había cruzado la frontera no me lo podía creer.

—Afirman que no hubo que emplear la fuerza, que acudió de buen grado.

—Savary esbozó las amenazas, rodeándole con mis tropas «para su protección», y puso el acento en las promesas. Se extralimitó. Luego le hice pagar al general el exceso de iniciativa. Fijaos que le dijo al príncipe: «Os aseguro que el emperador os dará el tratamiento de rey. Puede que no en el primer instante, pero me dejaré cortar la cabeza si no lo hace antes de un cuarto de hora.» No tolero que mientan mis intenciones de forma tan descarada, ni con el propósito de cumplir mis deseos.

—No podíais sancionar a Savary, os traía en bandeja el triunfo.

—Al general Savary le di un escarmiento simbólico. Le concedí el honor de ser él mismo quien fuese a comunicar al príncipe de Asturias, la misma noche de su llegada, que yo había decidido no reconocerle como rey. No sé a cuál de los dos resultaría más violenta la escena.

Yo sí lo sé. Detesto a Savary. Es un cínico. Un militar con vocación de jefe de esbirros de policía secreta. Estoy seguro de que disfrutó del honor de tan alta comisión, sin padecer la vergüenza que hubiese puesto enfermo a cualquier hombre de honor. No dije nada al emperador. Si nota mi aversión por el general, me lo enviará a España.

—El mensaje de Savary sería anterior a vuestra entrevista con el príncipe Fernando.

—Primero fue la entrevista conmigo. A su llegada le invité a cenar en Marrac. Mandé que se le rindiesen honores sòlamente de alteza real. Le traté con amabilidad, pero siempre con el título de Vuestra Alteza. Ni una sola vez como rey. Le despedí en el primer peldaño de la escalera, sin bajarla.

—Prefiero no verme en situación semejante.

—No os la merecéis como él. Quedó mudo, y nada más regresar al alojamiento que le había dispuesto en Bayona, envió a quejarse a su consejero de Estado, Cevallos. ¿Qué creéis que me dijo? Que el edificio «a todo el mundo le ha parecido, y es, poco adecuado para la dignidad del huésped augusto que debe albergar». Tal minucia en situación tan grave sólo puede proceder de una mente pequeña. ¡Ocuparse de la casa y muebles de Bayona, cuando se pierden un reino y un imperio, cuando se le escapan entre los dedos de las manos España y América! Con tales ineptos España hubiese ido a la ruina. Os incumbe la hermosa tarea de regenerarla, como habéis hecho con Nápoles.

Al fin se le ha escapado un elogio. No interrumpí el discurso del emperador por si brotaba algún otro, pero se había agotado el manantial. Siguió con los españoles.

—En cuanto Carlos IV cruzó la frontera, mandé al príncipe de Asturias recado de que no quería más relación con él, y ordené que interceptasen sus correos. No lo podréis creer, pero en una de ellas hablaba de «estos cornudos franceses», y en otra nos llamaba «malditos», fijaos, «malditos», es casi italiano *maledetti*.

Lo pude creer perfectamente. Lo único que me extraña

es que al emperador le extrañase. También que le irritase más lo de *maledetti* que lo de cornudos. Se conoce que cuando los insultos se pueden traducir literalmente a nuestra lengua originaria, duelen más. Tras una pausa el emperador siguió hablando, ensimismado, como en un monólogo en que hiciese balance de su impresión de la familia real española.

—La reina María Luisa es fea y perversa. La emperatriz, a pesar de que les ha tomado apego, quedó horrorizada del odio a su hijo primogénito, del que dijo varias veces que merecía la muerte.

—¿Cuál es el aspecto de esa reina de amoríos tan sonados?

—Mantiene el afán de agradar. No existe nada más ridículo que esa mujer de sesenta años, ajada, de piel amarillenta, presentándose como una momia concupiscente, con gran escote y los brazos desnudos, sin guantes.

—Luciano dice que tiene bonitos brazos.

—Fueron el último vestigio de su antigua belleza; se los han elogiado tanto que cree seguir seduciendo con ellos; la intención es tan evidente que resulta molesta. Me ha correspondido ofrecerle el brazo en repetidas ocasiones, y lo entrega como quien presta un vaso precioso para que se le admire, y teme que se caiga y rompa en mil pedazos.

—En las bellezas marchitas, me agrada que brille aún un destello de presunción.

—Con la reina no hubieseis tenido ese placer. De paseo con ella del brazo, en el parque de Marrac, al notar que yo, distraído, caminaba demasiado ligero y le costaba seguirme, le pregunté: «¿Encontráis, Majestad, que voy muy de prisa?» Contestó con una sonrisa, mientras apretó insinuante mi mano entre su brazo y el costado: «Sire, es vuestra costumbre.» ¿Podéis creerlo?

Mi hermano parece hoy empeñado en que no voy a poder creer nada, la cosa no es para tanto.

—Sire, ¿no queda algún vestigio de esa aureola que nimba a las mujeres que han sido muy admiradas?

—Quizá el porte airoso, con cierta majestad, que logra con su costumbre de llevar la cabeza muy erguida. El resto no es grato. Caminar torpe y bamboleante, falta de gracia en los gestos. Tiene una voz desagradable, que emplea para hablar a gritos, aun más fuertes que los de su esposo el rey. Por lo menos lo hace en francés; es la única entre estos descendientes de Luis XIV que tiene un francés pasable.

—¿Y el príncipe de la Paz?

—Godoy tiene todavía un cierto aire de toro. De todas formas debe haberle costado mucho mantener tranquila a esa mujer.

El recuerdo del trato que los españoles han dado a don Manuel Godoy, no logro disociarlo del temor de que me lo proporcionen a mí si las cosas se tuercen. Quise preguntar por la suerte última del príncipe de la Paz, pero el emperador, ensimismado en su rememoración del grupo español, no me dio lugar al continuar sus reflexiones.

—¡Qué familia! Mañana o pasado Duroc os dará cuenta de sus relaciones que afectan temas de estado, pero creo que no podré olvidar la escena de la noticia de la rebelión del 2 de mayo. Recordaréis los detalles que os escribí.

—En vuestra carta me decíais que Madrid está a tres días de Francia. ¿Cuánto tardan los correos de Madrid?

—Este mensajero vino en dos días y algunas horas. Paseaba con Savary a caballo al atardecer del 5 de mayo, mientras la emperatriz hacía una visita de cortesía a los reyes españoles, cuando llegó el capitán Danoncurt, enviado por Murat desde Madrid con un despacho urgente del día 3.

Pese a haber advertido que ya me lo comunicó por escrito, repitió casi textualmente las palabras de la carta. Luego, en una especie de trance, dejó escapar algo que nunca le había escuchado:

—¡Al fin tenía un pretexto! ¡Años esperándolo! Desde el desliz de la proclama de Godoy de octubre de 1806, ha sido desesperante la sumisión española, doblegándose a cada una de nuestras exigencias. Sin obstáculo a la entrada de mis tropas. Con honores y rindiendo armas al paso del ejército de Junot por la frontera. Han cumplido las normas del bloqueo continental; el único país que lo ha hecho de verdad. Entregaron las plazas fuertes de San Sebastián, Pamplona, Montjuïc sin un disparo. Dejaron ocupar Madrid por el gran duque de Berg. Vinieron a Bayona el rey y el príncipe de Asturias, sometidos en todo. Pero ahora, ahora era distinto. Las bajas en mis soldados y esos dos mil españoles muertos, esos oportunos cadáveres por los que nunca podré felicitar bastante a Murat, me permitían representar el papel de Júpiter tonante y, en verdad, que lo adopté con gusto...

Quedé perplejo. Con mil preguntas que no osaba formular. Tampoco me dio ocasión el emperador. Siguió hablando:

—A galope tendido llegamos a la residencia de los reyes. Espolear frenéticamente el caballo, contagia nuestras emociones y me convenía llegar enfurecido. Nada más entrar le dije al rey: «Ved lo que recibo de Madrid, no puedo explicarlo.» Leyó la carta y en tono enérgico se dirigió al príncipe de la Paz: «Haz buscar a Carlos y Fernando.»

—¿Estabais solos?

—Luego me he enterado de que Savary y Godoy quedaron escuchando detrás de la puerta. Al entrar el príncipe de Asturias, que tardó bastante en aparecer, le interpeló con el ceño fruncido: «¿Tienes noticias de Madrid?» El príncipe miró con expresión perpleja, lógicamente no podía haber recibido noticias, pero su padre no le dejó exponerlo, siguió con talante muy violento: «¿No las tienes? Pues yo te las puedo dar.» Y leyó airadamente el despacho de Murat. «¿Crees que no tienes responsabilidad en ese saqueo?» No sé por qué habló de saqueo, pero fue la expresión que utilizó. El príncipe siguió mudo e inexpresivo. «Sí. Tú o los miserables que te dirigen. ¿Es para hacer degollar a mis súbditos para lo que te has empeñado en hacerme bajar del trono? ¿Crees que se puede reinar mucho tiempo con tales métodos? ¿Quién te ha aconsejado esa monstruosidad? ¿No aspiras a otro tipo de gloria que a la de un asesino? ¡Habla!»

—¿Qué dijo el príncipe?

—Como en todas las entrevistas que celebraron en mi presencia, el príncipe Fernando permaneció callado, silencio que rompió el rey de nuevo: «Ya te lo había dicho, que te perderías, y mira por dónde nos has metido a nosotros también; tu desatino nos habría hecho morir a nosotros si hubiésemos permanecido en Madrid. ¿Cómo hubieras podido impedirlo? Eres un pérfido y un traidor.» Carlos IV camina apoyado en un bastón, lo movió agitadamente en este parlamento y parecía que iba a golpear a Fernando con él cuando intervino la reina María Luisa: «¡Pero ¿vas a hablar de una vez?! Siempre pasa lo mismo: después de cada una de tus majaderías no sabes nada de nada.» Se aproximó amenazándole con el abanico.

—La escena no podía ajustarse más a vuestros deseos.

—De todos modos consideré oportuno interrumpirla.

—¿Contabais con alguien para sosegar a los reyes?

—No. Permanecíamos solos en la estancia. En la contigua seguían escuchando y espiando por la cerradura Savary y Godoy, y en una sala vecina aguardaban los grandes de España que habían acompañado a don Fernando. Desde su llegada a Bayona el 30 de abril, el rey Carlos sólo dirigía la palabra al conde de Fuentes, a todos los demás los consideraba traidores. Fuentes no debía hablarles, y ellos no deseaban hacerlo en presencia del conde, guardaban silencio, por lo que pueden haber escuchado alguna frase.

—¿Fue en esta ocasión cuando la reina dijo que su hijo merecía subir al patíbulo?

—Veo que os han informado.

—Sire, se comenta en todas las cancillerías.

—Pues la noticia sólo es aproximada. Lo dijo ante otros testigos en nuestro primer encuentro, a la llegada de los reyes a Bayona. En esta ocasión lo repitió al quedarse los reyes conmigo a solas, pero antes corté las recriminaciones iniciando las mías. Dije a don Fernando: «Príncipe, hasta este momento no he tomado partido sobre el asunto que os ha traído aquí. La sangre vertida en Madrid termina con mi irresolución. Esa masacre sólo puede ser obra de un partido, el que vos favorecéis. Jamás reconoceré como rey de España al primero que ha roto la larga alianza que desde hace tanto tiempo la une con Francia, y vos habéis roto esa alianza al ordenar la muerte de soldados franceses, a la vez que veníais a pedirme que sancionase la acción impía por la que pretendíais subir al trono. Ahí tenéis el resultado de los malos consejos que habéis seguido. Ya sólo tengo vínculos con vuestro padre, es a él a quien reconozco como rey, y le enviaré a Madrid como tal en cuanto me lo pida.»

—Era lo que los reyes venían buscando.

—Eso creía yo. Mi ofrecimiento, un tanto precipitado y que de todos modos no pensaba cumplir, fue lo que inclinó el fiel de la balanza en sentido contrario del esperado. El rey Carlos interrumpió con grandes muestras de excitación: «¡Yo! ¿Volver a Madrid como rey? ¡No lo deseo! ¿Qué voy a hacer en un país en que él ha armado todas las pasiones contra mí? Encontraría por todas partes súbditos sublevados. No quiero deshonrar mi vejez haciendo la guerra a mis provincias, o llevando mis súbditos al cadalso. No quiero hacerlo de ninguna manera; esto lo haría él mucho mejor que yo.»

El emperador quedó mirándome:

—Parecéis fatigado, no quiero abrumaros con demasiadas noticias a la vez. En cuanto vea un lugar adecuado, pararemos para un almuerzo breve y que podáis descansar. Son muchos días de viaje.

—Sire, parad cuando os convenga. Yo estoy tan fascinado por el relato que no siento fatiga. Es curioso que los historiadores atribuyen todo a las batallas, y los destinos de las naciones se deciden, a veces, en escenas como ésta, que ellos no conocen y, por tanto, no relatan.

—Estos encuentros influyen en que haya combates o que no ocurran, pero a la postre son las batallas las que marcan la historia.

—Por favor, continuad el relato.

—El rey siguió abrumando al príncipe con recriminaciones. Puede que olvide alguna; creo recordar las principales: «¿Crees que no cuesta nada el reinar? Mira los daños que has preparado a España. Has seguido malos consejos. Ya no puedo hacer nada. Sal ahora como sepas de este laberinto. No quiero mezclarme. ¡Vete!» El príncipe sólo interrumpió para decir que nada había tenido que ver con el 2 de mayo. Intervine de nuevo y le dije secamente: «Si de aquí a medianoche no habéis reconocido a vuestro padre como rey legítimo, seréis tratado como rebelde. ¡Marchaos!» Salió y, al atravesar la sala donde aguardaban, le siguieron los españoles adictos a su persona. Quedé unos minutos hablando con los reyes y regresé a caballo a Marrac. Por el camino se me ocurrió enviar a un oficial con orden al príncipe de la Paz de venir esa misma noche, para concertar un arreglo definitivo, todavía bajo la impresión de los sucesos del 2 de mayo.

—Por la fecha tiene que ser el segundo tratado de renuncia de la corona del rey Carlos, del que me enviasteis copia.

—Sí. Comprendo que lo que hice desde cierto punto de vista no está bien, pero la política exige que no deje a mis espaldas, tan cerca de París, una dinastía enemiga mía.

«Desde cierto punto de vista no está bien.» ¿Desde qué moral puede estarlo? No recuerdo en la Historia una maquinación semejante. Sigo sin comprender qué ha llevado a la casa real española de Madrid a Bayona, cada uno por su cuenta e intentando adelantarse al otro, a postrarse ante el emperador. ¿Voy a ceñir una corona así obtenida? Llevo diecisiete días diciendo en mi fuero interno que no, y con mis actos aceptándola. ¿Es cobardía ante el emperador? ¿Es la extraña fascinación con que me domina? O, contra lo que digo a todos y lo que me repito a mí mismo, ¿estoy dejándome seducir por el brillo de la corona de España?

En ese momento, ya cerca de Bayona, decidió el emperador parar a tomar un refrigerio en el prado rodeado por el meandro de un riachuelo. Pensé que sería el momento adecuado para departir con los dignatarios del séquito; algunos no los he visto hace años, pero el emperador no les hizo signo de que se acercasen. Permanecieron alejados, agrupándose según iban llegando los coches.

Me ha vuelto a impresionar el funcionamiento de máquina bien engrasada que tiene el cortejo imperial. Inmediatamente sacaron de los bajos de la carroza, para el servicio de mesa, una batería de cocina y un horno portatorio. En un instante encontramos instaladas las dos tiendas de campaña. Una para la mesa con los platos y las fuentes de *vermeille* y otra a cierta distancia, más pequeña y sin techo, en realidad dos biombos que forman un cuadrado, para el discreto alivio de la servidumbre humana al funcionamiento corporal.

Aunque empezaba a chispear, el emperador prefirió caminar por el prado, con el capote sobre los hombros y la mano en esa postura que tantas veces han reproducido los artistas. Marcha con viveza y para en seco al final del trayecto, mira a los ojos del interlocutor y vuelve a pasear por la misma línea que a la ida.

¡Cómo ha cambiado el emperador! Ha cumplido treinta y nueve años y está avejentado. Mucho más que yo, y con una obesidad que no se mitiga, pese a la enorme actividad que mantiene.

La transformación del carácter es aún más notable. Desde Tilsit ha recibido tales dosis de adulación y servilismo, que cualquier contradicción o reparo le parece un delito de lesa majestad. Antes, pedía consejo a los demás, escuchaba atentamente para utilizar los consejos útiles. Ahora ninguno se lo parece. Encuentra una pérdida de tiempo escucharlos y no los tolera. Las características del despotismo y de la ambición desenfrenada enturbian esta personalidad resplandeciente y su genio sin par.

Entre sus enemigos de París empiezan a circular rumores maliciosos sobre una alteración del equilibrio de su mente. De forma más diplomática, Metternich habla de un carácter en el que el menor atisbo de modestia es un recuerdo del pasado. Como resultado tiemblan y enmudecen en su presencia. Al no poderle aconsejar con serenidad de ánimo, empieza a aislarse en el ejercicio del poder. Es demasiado poderoso.

Napoleón, mientras pasea, habla en tono distinto del familiar que empleó en el carruaje.

—Conviene que en los días próximos os instruyáis al detalle de la crisis española. Después de haber tratado a fondo al príncipe de Asturias, comprendo que hubiera sido mejor esperar. Al menos a que los españoles, conociéndole también, se hubiesen desencantado de él. Los acontecimientos me han empujado.

Vimos aproximarse a Constant, el *valet* del emperador. El almuerzo estaba presto. En la puerta de la tienda de campaña esperaba el gran mariscal de palacio, Duroc. Al pasar junto a él se detuvo un instante y, mirándonos a los dos, comentó:

—Duroc está casado con una española, hija del marqués de Almenara; en cierto modo es vuestro «súbdito consorte».

Acentuó solemnemente las dos últimas palabras, y rió después de pronunciarlas. No invitó a entrar al gran chambelán, como yo esperaba. Al menos había recuperado disposición festiva de ánimo.

En la mesa sentí una gran curiosidad por lo que iba a ocurrir con el vino. Tiene el hábito de que sirvan vino de Chambertin sólo para él, y a los comensales otro, de los mejores pero distinto. Hoy es el día en que recibe solemnemente a otro soberano. Soy su hermano mayor. Nos encontramos solos en la mesa. Ha estado muy deferente. ¿El vino? Me lo sirvieron de otra clase. Es un tema ridículo porque, para colmo, ninguno de los dos bebe más que unos sorbos, pero ha servido para confirmarme lo que apuntó al dejarme llamarle «Sire» estando solos. No me considera a su nivel. No se me ha ocurrido preguntar qué vino le sirvió al zar en Tilsit; averiguaré qué hace cuando este verano se reúnan en Erfurt.

El emperador sigue siendo muy frugal. El almuerzo terminó rápidamente. En el café me dijo:

—Tengo una agradable sorpresa para vos. En Marrac nos espera para la velada mi corte... y la vuestra.

—Mi corte quedó en Nápoles.

—La española.

—Sire, ¿la habéis nombrado ya?

—No. Esa tarea os corresponde. Están en Bayona numerosos españoles, llamados para la Asamblea Constitucional. A los principales les di aviso de que estuviesen hoy apercibidos por si los necesitaba. Los más representativos de la grandeza, y de los consejos de Castilla, de Indias y de la Inquisición y del Ejército. He dado instrucciones para que, durante la tarde, los avisen que deben acudir y presentaros cada grupo un breve discurso de bienvenida. Prefiero que lo improvisen, por eso no les doy mucho tiempo para prepararlo.

—Sire. ¡Yo tampoco tengo presto el mío de contestación!

—Hoy bastarán unas vaguedades amables. Debéis inspiraros en mi proclama del 25 de mayo a los españoles, que habéis recibido durante el viaje. Mientras nos acercamos a Bayona haced el esquema de vuestra respuesta. No os turbaré con más conversación, pues debo repasar unos documentos.

Al subir a la berlina, Duroc entregó al emperador una abultada carpeta. Iniciada la marcha, comenzó a estudiar documentos. No me ofreció otra a mí para la preparación de mi discurso. Tampoco la pedí a mi séquito. No puedo leer ni escribir en el coche, me mareo. El emperador revisa los papeles a gran velocidad, escribe notas al margen o tacha alguna frase. Según lee los papeles, los tira al suelo, en cada parada acude un secretario a recogerlos y ordenarlos de nuevo. No interrumpió la tarea hasta llegar a Bayona.

Me preocupa la primera entrevista con mis nuevos súbditos. La impresión que les cause irá transmitiéndose a los restantes de Bayona, y de allí, por sus cartas y enviados, se extenderá a toda España. Se pensará que esta primera huella puede ir corrigiéndose en los días siguientes. No. La primera es la más efectiva, la que se difunde. Rectificar es muy difícil.

La entrada en la ciudad fue majestuosa. Un largo trecho antes de las murallas estaba guarnecido con tropas formadas que rendían honores. Comenzaron a sonar todas las campanas de la ciudad y a la vez las salvas de honor, que contestaban los cañones del puerto y de los barcos anclados en la ensenada. A las puertas de la muralla, la guardia de honor de la villa. Gallardetes y banderas. Una multitud abigarrada, tras los cordones de tropas en uniforme de gala.

En la plaza principal, sobre un estrado engalanado con banderas, las autoridades de la ciudad. Me extrañó que sólo paráramos unos instantes. El emperador recibió los homenajes sin bajarse de la carroza. Respondió con una inclinación y un gesto con la mano y partimos de nuevo. En ese momento me enteré de que Marrac no estaba en la villa, sino a una legua de sus murallas, en dirección a España.

Llegamos entre dos luces.

A una distancia notable había de nuevo tropas en formación, a los dos lados del camino. Marrac está rodeado de campamentos militares. Tenían encendidas multitud de hogueras ante las tiendas de campaña y en el parque del castillo de Marrac; luces en faroles colocados en el suelo y colgados de las ramas de los árboles, como un eco en la tierra de las estrellas que se habían encendido en el firmamento tras el crepúsculo. Era uno de los espectáculos más hermosos que se puedan contemplar.

En la avenida central las dos filas de soldados portaban antorchas. Dispararon de nuevo las salvas de honor, y entre gritos de la tropa: «¡Viva el emperador!, ¡Viva el rey José!», paramos ante la escalinata de palacio.

Al pie de la escalinata, iluminada por la luz de multitud de candelabros, la visión incomparable de la emperatriz rodeada de sus damas de honor.

Me invitó el emperador a que me adelantase. Sin esperar mi llegada, avanzó la emperatriz y, sonriendo, me dijo, en voz casi susurrada, pero acentuando la expresión en los gestos del rostro: «Viva su Majestad Católica el rey José Napoleón Primero.»

Majestad Católica. Es la primera vez que me lo oigo decir. Difícil que lo repitan de modo tan seductor.

Subí con los emperadores la escalinata, seguido de toda la corte. A mitad del tramo de la escalera, Napoleón dejó caer:

—No os extrañe encontrar a algunos de vuestros súbditos con la cabeza cubierta. Son los grandes de España. Tienen ese privilegio. Suele realizarse como una ceremonia ante cada nuevo rey. He ordenado que disfruten esta noche de ese honor. Les dará a ellos, y a los restantes españoles al contemplarlos cubiertos, la impresión de que en su esencia todo sigue igual para España. Cambia la dinastía, pero no la monarquía, a la que son tan fieles.

Típico de la certera minuciosidad de mi hermano. No puedo ocultar que sentí un cierto regocijo, que cuidé bien de ocultar, al ver que a Napoleón se le había olvidado algo que yo he aprendido con los napolitanos: no todos los pueblos saben ser tan disciplinados y puntuales como los franceses.

Los españoles no habían terminado aún sus deliberaciones.

Por la distribución de los muebles comprendí que Marrac se había adaptado para el acto de esa noche. En el segundo salón, el de mayor tamaño, encontré una tarima y sobre ella un sillón con pretensiones de trono. Las sillas distribuidas en semicírculo de varias filas permanecían vacías. Tenían que estar ocupadas por los españoles.

Acudió presuroso el ministro Champagny, a explicar que seguían en otra sala preparando los discursos. Mandó el emperador que, sin continuar las deliberaciones, acudiesen de inmediato. Regresamos nosotros al salón de la entrada, para dar lugar a la suya al salón del trono. Mientras hacíamos tiempo, departí con la emperatriz y sus damas. A la mayoría las conozco. A las más jóvenes, no. Sorprendente la belleza de algunas de ellas. La emperatriz, que es tan celosa, debiera tener cuidado en no presentar tentaciones tan difíciles de resistir al emperador. Una de ellas, me la presentó Josefina como su lectora; sin ser la más bella, me pareció de atractivo singular, acentuado por un gracioso mohín con el que desvía la boca hacia un lado al sonreír.

Cesó el ruido de movimiento de sillas en el salón contiguo, y acudió Duroc a comunicar que los españoles aguardaban.

Decidió el emperador que esperasen algunos minutos más y que luego yo entraría solo, acompañado del gran chambelán de palacio, Duroc, que haría las presentaciones, y de mis dos ayudantes de campo.

No voy a negar que sentí esa especie de encogimiento del estómago, que dicen notar los actores antes de salir a escena en un estreno... En realidad se iba a representar un gran acto teatral. Pido a la Providencia que no haya sido una farsa.

Se pusieron en pie a mi entrada, en el más absoluto silencio. Caminé por el centro, sin mirarlos, hasta estar sentado en el sillón. Por la altura de la tarima pude contemplarlos a todos.

Duroc inició los formulismos protocolarios. Durante ellos fui estudiando rostros y apariencias. Me gusta comparar la primera impresión con la que me producen luego al conocerlos mejor. Mis súbditos y yo nos veíamos por vez primera. Noté que su curiosidad era tan intensa como la mía. Nos percatábamos de que este primer encuentro iba a pesar mucho en nuestro común futuro.

Acostumbrado a las cortes europeas, que tanto se han transformado en los últimos años, el encuentro con los españoles me pareció una manifestación de ese fenómeno de la mente tan curioso, que los franceses llamamos *déjà vu,* ya visto, y que consiste en que al entrar en un lugar nuevo, aun sabiendo que lo es para nosotros, no podemos evitar la impresión de que lo hemos visto, de que ya hemos estado antes allí. Efectivamente, los había visto en el pasado. Parecían un residuo, un islote, del viejo régimen. No eran sólo las pelucas anticuadas, las casacas de añejo corte. También las posturas y los gestos. Comprendí que tendré que traer del pasado a una sociedad, a todo un país, como quien sube agua de un pozo, cubo o cubo.

Los grandes de España habían cumplido la orden del emperador de esperarme cubiertos. Por su distribución en la sala vi que estaban agrupados. No del todo. Lo mismo los que por su uniforme militar o por su hábito eclesiástico representaban otro estamento. La disciplina no parece ser la más destacada de las virtudes españolas.

Dentro del aspecto general de desván, donde algunas familias gustan conservar el guardarropa de la generación anterior, algunos chocaban por su aspecto contemporáneo. Como esa noche me los presentaron a todos, y tengo buena memoria para los nombres y fisonomías, sé quiénes son. Vestido impecablemente a la francesa el duque del Infantado y a la última moda inglesa el conde de Fernán Núñez, es un detalle que no va a agradar al emperador. También a la moda inglesa, aunque no la última, don Mariano Luis de Urquijo, antiguo ministro de Carlos IV. Los restantes, en una gradación entre el aspecto de actores que van a representar una comedia de época, en realidad de varias épocas distintas, y versiones torpes y pretenciosas de la actual moda francesa.

Inició los discursos, en nombre de los grandes de España, el duque del Infantado.

Me agradó el contenido y el tono. El duque sabe expresarse con respeto no teñido de servilismo. Todo fue bien al principio.

Señor. Los españoles esperan del reinado de Vuestra Majestad toda su felicidad. Se desea ardientemente vuestra presencia en España... Señor, los grandes de España se han distinguido siempre por su fidelidad a sus soberanos. Vuestra Majestad lo comprobará, y también nuestro afecto personal.

Aceptad, señor, estos testimonios de nuestra lealtad, con esa bondad tan reconocida por vuestros pueblos de Nápoles, y de la que el renombre ha llegado hasta nosotros.

El duque se expresó en un francés perfecto, sin acento, como el más distinguido de los parisinos. El tono de voz bien timbrado. Los ademanes nobles. Se había creado un ambiente de serena dignidad. Inició lo que parecía iba a ser el último párrafo de su parlamento:

... Las leyes de España no nos permiten ofrecer otra cosa a Vuestra Majestad; esperamos que la nación se explique y nos autorice a dar mayor ensanche a nuestros sentimientos.

En ese momento oímos gran estruendo. El emperador había abierto la puerta de una patada. Sí, lo he presenciado y yo mismo no me lo puedo creer. ¡De una patada! ¡Las dos hojas de la puerta!

Sin saberlo nosotros, permanecía en la estancia inmediata, escuchando los discursos. Le pareció que el duque estaba reticente, aplazando («...a que la nación se explique y nos autorice...») mi reconocimiento.

Como un basilisco se dirigió al duque, primero con una gruesa palabrota, luego le gritó: «¡Si sois un caballero, portaos como tal!»

Todos se pusieron en pie. Los grandes de España, tan ostentosamente cubiertos, destocados como autómatas, en un instante. Todos. Cuando me di cuenta, yo había bajado del trono y, aún me da más coraje reconocerlo, también de la tarima. Prosiguió el emperador:

En vez de altercar acerca de los términos de un juramento, si como creo pensáis quebrantarlo, poneos al frente de vuestro partido en España, lidiar franca y lealmente... Pero os advierto, si faltáis, quizá antes de ocho días seréis arcabuceado. Enmendad esas palabras. Habéis venido a reconocer a mi hermano. Hablad como se habla a un rey y ¡prestad juramento!

Salió el emperador tan bruscamente como había entrado. Quedamos petrificados, inmóviles y en silencio. Tal como he notado que me ocurre en momentos trascendentales, mi atención se concentró en una insignificancia, la anómala cantidad de moscas que había en el salón. En esta estación del año las hay en todas partes. En tan gran concentración no las he visto más que en una cuadra. También observé que ni uno solo de los grandes había vuelto a cubrirse.

El primero en recuperar el movimiento fue don Miguel de Azanza. Se acercó.

—Con la venia de Vuestra Majestad, me retiraré unos instantes, con el duque del Infantado, a cumplir los deseos de Su Majestad Imperial y Real.

Roto mi bloqueo interior, ardí en cólera. ¡Ofender en mi presencia, de tal modo, a uno de mis grandes! Logré que nadie pudiese percibir el enojo que me consumía.

Reconozco ahora que, como tantas veces acontece, ese desgraciado incidente fue una bendición. En esos «instantes», que fueron en realidad varios minutos, paseé entre los amedrentados españoles. Como si nada hubiese ocurrido. Me los hice presentar uno a uno por Duroc, enterándome de su rango y dedicación. Les fui hablando con especial afabilidad. Procuré dar un toque de atención personal siempre que identificaba sus intereses. Si vestía de obispo le expresaba mis deseos de salvaguardar la religión. A un militar con uniforme de artillería, el propósito de que no hubiese cañones más modernos y perfectos que los españoles. Si alguno se apoyaba en un bastón, mis solicitudes por las causas y deseo de recuperación, le debían dejar convencido de que ninguna otra cosa me interesaba tanto en este mundo.

Tranquilizados con mis palabras y muestras de afección, poco a poco recuperaron iniciativa. Fueron acercándose, buscando ser ellos quienes me saludasen, anticipándose a mis cortesías con las suyas.

Alguien, una vez presentado, no se resignaba a quedar fuera de mi atención, y hacía, suficientemente cerca para que yo pudiese escucharlo, comentarios de elogio. Algunos no hablaban francés y perdí el significado. No me gusta la adulación; por eso me chocó un personaje, al que los demás daban muestras de deferencia, don Pedro Cevallos, que elevando la voz y en francés exclamó: «*Ma foi, il faudrait être bien difficile pour ne pas aimer un roi comme celui-là. Il a l'air si doux! il n'y a pas à craindre qu'il ne réussisse pas en Espagne, il n'a qu'a s'y montrer au plus vite.*» (Por mi fe, habría que ser muy difícil para no querer un rey como éste. ¡Tiene el aire tan dulce!, no hay por qué temer que no triunfe en España, no tiene más que mostrarse lo antes posible.)

Al presentármelo unos momentos antes Duroc, caí en la cuenta de que era el mismo Cevallos, secretario de Estado de don Fernando, que protestó al emperador por la calidad del alojamiento de su rey.

Pasado el sobresalto, fueron animándose, quizá en exceso. Comenzaron a hablar todos a la vez. No era fácil entenderse.

Es curioso lo comunes que son las reacciones que pensamos tener sólo nosotros. Divertido, los vi prestar atención a las moscas. Voy notando que los españoles tienen inclinación a excederse en todo. No se conformaban con apartarlas a manotazos. Varios pretendían aplastarlas con el golpe allí donde se habían posado. Un canónigo ceñudo deslizaba lentamente la mano engatillada, y luego, en un movimiento rápido, lograba cogerlas en la mano. Debía darle asco aplastarlas entre los dedos, porque levantaba el puño cerrado y, en un gesto muy brusco, lo lanzaba hacia abajo; la mosca caía aturdida al suelo y allí la pisaba. Muy hábil, pero poco apropiado a la solemnidad del acontecimiento. Debió de pensar lo mismo un obispo que estaba a su lado. Le observé reconvenir al canónigo. Tengo que aprender el nombre de los dos. Ya sé el puesto que corresponde a cada uno.

Silencio sepulcral al regresar Infantado y Azanza. Se aproximó el duque.

—Señor, tengo tan turbado el ánimo que no sabría leer la enmienda de mi discurso con la dedicación que Vuestra Majestad merece. Pido vuestra venia para que lo haga en mi lugar el señor Azanza.

No quería el duque sufrir la humillación de retractarse

en público. Me pareció conveniente evitársela. Di consentimiento.

Recuperamos nuestros asientos, pero no la atención para los discursos. Tenían todos sus sentidos puestos en mi persona. Con su violenta entrada, mi hermano me había hecho el mayor de los favores. Marcar la diferencia de trato que podían esperar de cada uno de nosotros dos.

Tras las palabras de Azanza, habló el magistrado representante del Consejo de Castilla.

Vuestra Majestad es rama principal de una familia destinada por el cielo para reinar... quiera el cielo que nuestros deseos sean oídos y que Vuestra Majestad se convierta en el rey más dichoso del universo, tal como se lo deseamos en nombre del Tribunal Supremo, cuyos representantes somos.

Es chocante la manía de los españoles de mezclar al cielo en sus asuntos. Las frases ya no importaban demasiado, atendían mucho más a si yo sonreía o aceptaba con una inclinación de cabeza sus palabras.

A continuación el inquisidor don Raimundo Etenhard y Salinas, que representaba a los consejos de la Inquisición, de las Indias, de las Finanzas y de las Órdenes Militares, fue, para mi sorpresa, uno de los más laudatorios.

... Las órdenes que represento están llenas de fidelidad y de afecto a la persona de Vuestra Majestad, encargado de regir la patria, y hacen votos para que encontréis la felicidad en su seno, haciendo así la de vuestros súbditos. Elevaréis la patria al grado de prosperidad que debe alcanzar, sobre todo con la ayuda del genio y del poder de Napoleón el Grande, vuestro augusto hermano.

Ignoro si la última frase la improvisó el inquisidor, por si el emperador estaba de nuevo a la escucha. Sólo restaba, por fortuna, otro discurso, el del duque del Parque, en nombre del Ejército. Me garantizó, en frases que habrán podido ser escuchadas sin desagrado por cualquier oído suspicaz al otro lado de la puerta, su fidelidad y la del Ejército, en el que «combatiría como el primer soldado en defensa de su rey, si fuese preciso».

Era mi turno. Decidí hacer un discurso breve, que atendiese a los temores y esperanzas que yo imaginaba turbaban sus almas. Comencé, como es obligado con españoles, por una devota mención a la Providencia, «que me llamaba a tan gran tarea, sin duda por haber penetrado mi ánimo y leído en mi alma que: [estaba decidido a] conservar la santa religión católica y la independencia de la monarquía española, y la integridad absoluta de su territorio y del de todas sus colonias de América y de cualquier parte [...] resucitar el tiempo en que el mundo estaba lleno de la gloria del pueblo español». En el estribillo final insistí en el propósito de asentar la dicha en el seno de cada familia, gracias a una buena organización social... «Nos corresponde hacer felices a nuestros pueblos. Pondremos toda nuestra gloria en su felicidad. Ningún sacrificio nos será gravoso a ese precio. NOS PROPONEMOS REINAR PARA EL BIEN DE LOS ESPAÑOLES Y NO PARA EL NUESTRO.»

En verdad que creo en mis últimas palabras. En Nápoles he demostrado que es así como entiendo que puede reinar un monarca, sin ofender a su honor y a su conciencia. Si ahora voy a hacerlo en España, ese propósito será mi única guía.

Finalizado el acto, departí una media hora más con mis súbditos. Más que las palabras, que en cortesanos poco significan, era con los gestos y las miradas con lo que expresaban la confortación de su ánimo en el duro trance de mudar de dinastía, gracias al trato de mí recibido. Marcharon esperanzados.

Ausentes los españoles, recibí los parabienes de la corte imperial en un salón lateral, mientras a toda prisa retiraban las sillas y tarima del principal, e instalaban las mesas para la cena.

El emperador acudió en el momento de ir a sentarnos.

Disfruté del privilegio de estar al lado de la emperatriz. Conozco muy bien a mi adorable cuñada. Por su conversación comprendí que no había trascendido la penosa escena de las amenazas a Infantado. Me preguntó por Julie, mi esposa, y mis dos hijas con tal interés y cariño que, una vez más, quedé prendado de su bondad.

Terminado el café, por ser ya muy tarde, no se hizo la reunión que es habitual en Marrac. Vinieron todos a despedirme. El emperador me acompañó hasta el pie de la escalera. Mientras descendíamos emparejados, anunció que por salir él de inspección y no tener en mi alojamiento preparado el despacho, podría recibir en Marrac y usar el suyo. Es la mayor deferencia. ¿Por qué la ha enturbiado con una oblicua alusión a la escena de la sala del trono, justamente al despedirme?

—Repasad mañana mi proclama del día 25. Sois demasiado bueno. A las personas y a los pueblos no se los gana con caricias. Si no perciben el dominio, están dispuestos a la rebeldía. No lo olvidéis.

Indiqué a mis ayudantes de campo que utilizasen la carroza de respeto. Preferí ir solo en la mía. No hubiese podido seguir pláticas amables. Rumiaba mi despacho. «Sois demasiado bueno, la naturaleza os ha hecho demasiado bueno.» Es una cantinela que ha repetido hasta la monotonía en sus cartas a Nápoles. En la correspondencia ha interrumpido la frase en esos términos o similares. La conozco completa, tal como la ha escrito a otras personas: «José es demasiado bueno para ser un gran hombre. Carece de ambición.»

BAYONA, 8 DE JUNIO DE 1808

POCO MÁS de cuatro horas de sueño. Me he hecho despertar a las cinco. Deseo estar a las seis en Marrac, para que mi hermano no pueda argumentar «la debilidad de José». «Repasad mi proclama a los españoles.» Lo he hecho.

Españoles: Después de una larga agonía, vuestra nación perecía. He visto vuestros males; voy a aportarles remedio. Vuestra grandeza y vuestro poder son parte del mío.

Vuestros príncipes me han cedido todos sus derechos a la corona de las Españas. No quiero reinar en vuestras provincias, pero sí quiero conseguir eternos derechos al amor y a la gratitud de vuestra posteridad.

Vuestra monarquía es vieja; es mi misión rejuvenecerla. Mejoraré vuestras instituciones y os haré disfrutar, si me secundáis, de los beneficios de una reforma sin roces, sin desorden, sin convulsiones.

Españoles, he mandado convocar una asamblea general de diputaciones de las provincias y de las ciudades. Quiero comprobar por mí mismo cuáles son vuestros deseos y cuáles vuestras necesidades.

Cederé entonces todos mis derechos y colocaré vuestra corona en las sienes de otro yo mismo, garantizándoos una Constitución que concilie la santa y saludable autoridad del soberano con las libertades y privilegios del pueblo.

Españoles, acordaos de los que fueron vuestros antepasados; considerad a lo que habéis llegado. La culpa no es vues-

tra, sino de la mala administración que os ha regido. Estad
llenos de confianza y de esperanza en las circunstancias actua-
les, porque quiero que vuestros descendientes conserven mi re-
cuerdo y digan: «Es el regenerador de nuestra patria.»

No recordaba de memoria la proclama cuando anoche llegamos a Marrac. Tampoco allí me dio el emperador lugar a repasarla. En realidad ni me concedió oportunidad para lo que en Nápoles llaman «refrescarse». No sé ni cómo pude resistir. Al final del discurso el esfuerzo mayor no fue elegir las palabras, sino frenar los apremios del cuerpo, a punto de estallar.

A pesar de todo, creo que mis palabras reflejan el espíritu de la proclama del emperador. Al referirse a mí, como «otro yo mismo», parece que se ha puesto en mi lugar. Nunca hemos estado más identificados que en esta proclama. Quizá yo hubiese dado otro giro a «vuestra grandeza y vuestro poder son parte del mío».

Amanece muy temprano en junio. Llego al palacio también entre dos luces, como anoche. En la neblina traslúcida por el clarear, se percibe, con un halo, alguna que otra hoguera en los campamentos al borde del camino.

Traigo conmigo al general Merlin y a Franceschi-Delonne. A la vista del parque del palacio se cruza con mi comitiva la del emperador, que sale de Marrac. Mando detener mi coche para saludarle. Vano intento: la comitiva del emperador no modifica su marcha. Situación embarazosa ante mis ayudantes. Digo a Merlin que mande reemprender el camino. Franceschi-Delonne comenta que anoche escuchó que hoy el emperador va a visitar la barra de la ría, y piensa sondar él mismo su profundidad. Muy propio de mi hermano premeditar esa sabia minucia. Imagino los murmullos: «El propio emperador se ha tomado la molestia de... por sí mismo...», y con ellos acrecentarse la leyenda de su sabiduría y dedicación. También muy propio del meticuloso Franceschi-Delonne haber sido capaz de enterarse, en un día como el de ayer, de los proyectos del emperador para hoy.

Desde la derrota de Trafalgar, mi hermano está pendiente de reconstruir el poderío naval. Inspecciona los arsenales y los puertos. De todas formas, decepciona que no haya reservado un rato para conferenciar conmigo.

En el parque, por el suelo y colgados de las ramas de los árboles, los faroles, con las velas consumidas, reflejan en los cristales los primeros rayos del sol naciente. Unos jardineros los están retirando.

Ahora, iluminado por el amanecer, puedo contemplar el palacio. El *château* de Marrac es un caserón campestre. Grande y desgarbado. Tenemos en Francia tantos castillos y palacios de asombrosa belleza y majestad, que extraña la elección de esta residencia de nuevo rico de provincias, para cobijar en ella una de las más importantes alteraciones del destino de los pueblos y naciones.

De la escolta de noche, restan dos cordones de centinelas. Unos en la disposición normal, vigilando el entorno. Otros, de espaldas a éstos, miran las fachadas del palacio. La puerta principal, en el entresuelo, tiene una gran escalinata que desciende al jardín, en doble cadena de peldaños, una a cada lado, al modo italiano. Al pie de la escalinata me esperan el ministro Champagny y el gran chambelán de palacio, Duroc. Deben de haber sido avisados por el ruido de mis carruajes.

Escoltado por ellos y por mis dos ayudantes, nos dirigimos a las habitaciones de trabajo del emperador. Mi pasión por los libros hace que, al llegar al despacho, me acerque a curiosear en su biblioteca de viaje.

Una librería portatoria no puede contener muchos libros. Sorprende que tenga entre ellos la Biblia y los Evangelios. Más extraño aún que los acompañen el Corán y unos textos budistas y de otras religiones orientales. Por lo visto, después de haber recibido cartas credenciales de todos los monarcas de la tierra, se prepara para intercambiarlas con su «colega» Dios, quiere estar bien informado del protocolo. Es un maniático del protocolo. Va estableciendo también su propia liturgia. El emperador viaja con su altar y vasos sagrados, la gran mesa sobre la que están siempre extendidos los mapas. Mi hermano dispone de varias copias exactas de los muebles del dormitorio y del despacho. Se trasladan con él. Si alguna vez no es posible transportarlos con tanta rapidez, se prevé, y una copia de todo el mobiliario, biblioteca, útiles y ornamentos, le espera en el siguiente punto de parada. Tenga donde tenga su cuartel general, el espacio de descanso y el de trabajo son los mismos de siempre. Así se siente en casa. En cierto modo consigue estar en todas partes, como el «colega».

Comenzamos el trabajo de la mañana por la lectura de la comunicación, que el emperador hizo a los españoles, de la cesión de la corona a mi persona, el día 4 de junio, tres antes de mi llegada. Champagny aconsejó esta medida para cortar cuanto antes la confusión e insurrecciones que se van extendiendo por las provincias españolas. En la misma comunicación se justifica tal premura, por «las súplicas de los españoles». El texto es así:

... Todos los derechos que hemos adquirido a la corona de España [...] hemos resuelto cedérselos a nuestro muy amado hermano José Napoleón, actual rey de Nápoles y de Sicilia, a fin de que disfrute de la corona de España en toda su integridad e independencia... Nuestra primera idea fue esperar a la reunión plenaria de la asamblea de los notables, pero las súplicas que hemos recibido [...] no aplazar ni por un solo momento el tranquilizar enteramente en cuanto a su porvenir a todas las provincias de España [...] para que el rey de España se vea rodeado del poder y del asentimiento de todos los hombres amantes de su patria, a fin de que las tretas de nuestros eternos enemigos, que quisieran sembrar el desorden en España para facilitar el logro de sus ambiciosos proyectos en las Américas, sean enteramente desbaratadas.

Carece de la grandiosa rotundidad de la proclama. La renuncia a «esperar la reunión plenaria de la asamblea de notables», hace que éstos se hayan anticipado a recibirme anoche como su rey. La función de la asamblea se concentra por tanto en adoptar la Constitución, con las modificaciones que tengan oportuno hacer. Confío en que no sean muchas, por dos motivos. Primero que el texto constitucional es magnífico. Vuelve a brillar en su redacción el genio del emperador. Napoleón la escribió de su propia mano. Dedicó dos días enteros, el 18 y el 19 de mayo. Éste es el segundo motivo por el que deseo que los españoles no propongan muchas enmiendas. Herirá el amor propio imperial. No conviene hacerlo a los miembros de la asamblea. Ni a mí, que enfaden al emperador.

Por los datos que me van proporcionando Champagny y Duroc, la irritación de mi hermano con mis súbditos ha tenido sorprendentes irregularidades.

Refiere Champagny que, estando negociando con Cevallos, defendió éste con ardor los derechos de don Fernando. Entró el emperador, que escuchaba tras la puerta, y llamó a Cevallos «traidor». Quedo hondamente preocupado, al sospechar que el grave incidente de anoche no es un hecho aislado, pues parece ir convirtiéndose en una costumbre, en la transformación del carácter de mi hermano. Calificó de traidor a Cevallos por ocupar con «Fernando VII», como aquél llamaba al príncipe de Asturias, el mismo puesto que había ejercido con Carlos IV. Tras otros insultos, dijo al asustado ministro español que debía: «... adoptar ideas más francas, ser menos delicado sobre el pundonor y no sacrificar la prosperidad de España al interés de la familia Borbón.»

Disculpo a Cevallos por sus alabanzas de anoche. Mucho tuvo que aliviarle la diferencia de modales. «No sacrificar la prosperidad de España» es el argumento decisivo para convencer a mis vasallos, mas si por lograrlo les inducimos a «ser menos delicados sobre el pundonor», provocamos la más grave mutilación espiritual de mi reino. Los españoles tienen fama de una gran virtud colectiva, el pundonor. Si lo pierden, quedan a merced de sus muchos vicios. Lo grave, en las personas y en las naciones, no son sus defectos; lo irremediable es su falta de virtudes. Sólo vale la pena reinar en España si para ello no es preciso mancillar la honra de los españoles.

Con el canónigo Escoiquiz también mantuvo entrevistas privadas mi hermano. Intentó ardientemente convencer al emperador de que renunciase a su propósito de destronar a los Borbones. Duroc afirma que Napoleón estuvo «dulce y amable» con el canónigo, aunque calificó irónicamente de «cicerónica arenga» su defensa del príncipe, y, al despedirle, «le tiró amistosa, si bien fuertemente, de las orejas». Es original el concepto que tiene Duroc de la amabilidad y la dulzura.

Otros españoles que conversaron en privado con el emperador fueron Azanza y Urquijo. Fracasados ambos en su intento de inducir al emperador a la renuncia de sus planes, han decidido colaborar en ellos, y parece lo están haciendo con dedicación, «por evitar mayores males».

Duroc debe de estar incómodo con la actuación del emperador en la audiencia, pues, sin duda para justificarla, anticipó al estudio de documentos más importantes, uno interceptado al príncipe de Asturias en sus primeros días de Bayona. Va dirigido al duque del Infantado. Se dejó llegar a su destinatario. La copia conservada para el archivo imperial dice así: «Infantado: Te autorizo para que con los generales Quesada y Cruz, todos los que me sean fieles y todos los jefes que me quieran seguir, salves a tu rey. FERNANDO.»

—¿Hizo Infantado algún intento de rebelión?

—No, Majestad; aunque le hemos vigilado, no se ha percibido nada. De todos modos, el emperador escribió al gran duque de Berg advirtiendo esa posibilidad; y tiene la intuición de que el duque nos va a traicionar. Por eso le hizo ayer tan seria advertencia.

Si algo he de admirar en mi hermano sobre todas sus cualidades es la increíble capacidad de trabajo. En días pasados ha estudiado a fondo la administración, las finanzas, las leyes de España, e iniciado su reforma. Ha trabajado con

Azanza, Urquijo y O'Farril, ministro de la Guerra. La hacienda española está sumida en el caos. Adoptó medidas sabias para enderezarla. Las consultó por correo con su propio ministro del Tesoro Público Mollien. El encabezamiento de la carta tiene verdadera gracia: «... Tengo aquí al ministro de Finanzas de España, que todavía sabe menos que vos...» Ha dado un empréstito sobre los diamantes de la corona. Ha licenciado parte de las tropas españolas para reducir gastos, y su potencial de resistencia. Ha ordenado reorganizar y poner en pleno rendimiento los arsenales de Cartagena, Cádiz y El Ferrol. Escribió a Murat: «... Cuando la nación conozca toda esta actividad en sus puertos, será para ella la más hermosa proclama que se le pueda hacer...»

Simultáneamente a las reformas civiles, el emperador adoptó multitud de medidas para prevenir la rebelión, lograr el óptimo emplazamiento de sus tropas...

Sólo he podido repasar un pequeño número de los documentos que se acumulan para mi estudio en estos días.

Hice servir un sobrio almuerzo en la estancia inmediata al despacho. En el café, con la taza en la mano, me asomé al balcón a respirar un poco de aire puro.

Tras la llovizna de ayer a mediodía, tuvimos noche estrellada, neblina al amanecer, oí el golpear de la lluvia en los cristales durante el trabajo de la mañana. Ahora lucía el sol, y brotaba de la tierra ese aroma incomparable que surge tras la lluvia.

Apoyado en el antepecho, contemplé el parque de Marrac. Su muro marca los límites de un oasis ajardinado en medio de su inmenso campamento militar. Varios regimientos de caballería de la guardia imperial desarrollan sus ejercicios, con destellos del sol matinal en los metales bruñidos de los uniformes y de los arneses de las cabalgaduras. Los reflejos de la luz, sobre armas, arreos y grupas relucientes, se reparten desde los bordes de parque hasta la lejanía. Sobre ellos, en el aire denso por la humedad, flotan nubes de moscas, las que nos molestaron anoche y que ahora, con los primeros calores, inician su acoso con más empeño aún que en la víspera.

En la terraza sorprendo a algunas de las damas de la emperatriz. Entre risitas se pasan unas a otras un catalejo de campaña. Atisban las maniobras de los escuadrones de caballería y, también (parece ser el motivo principal de sus risas), los juegos y funciones de aseo de los soldados, que pululan en torno a las tiendas de campaña.

Veo que no hay demasiados entretenimientos matutinos en Marrac.

Vuelta al trabajo. Además de los asuntos de España tengo que ocuparme de los de Nápoles. Dejo una carta escrita al emperador, pidiendo su venia para condecorar, con mi nueva orden de «las Dos Sicilias», a varios oficiales franceses y napolitanos. También concedo varias recompensas. Aprovecho para incluir en ellas al padre y al cretino del marido de mi amada Giulia. Hoy llevo tres días sin carta suya. Las escribe a diario. Llegan acumuladas. Siento impaciencia. También por las de mi mujer, que dan noticia de nuestras hijas.

Enfrascados en nuestro trabajo, nos interrumpen para decir que piden audiencia dos españoles de alto rango.

—Quiénes son.

—El ministro Cevallos y el duque del Infantado. Piden disculpas a Vuestra Majestad por lo inesperado de su visita, y ruegan que si hoy no pueden ser recibidos se les cite para una audiencia.

Cevallos e Infantado. Desde mi llegada parece que no voy a poderlos apartar de mi atención. Pasan, o pasaban hasta anoche, por fanáticos partidarios del príncipe de Asturias.

Era conveniente recibirlos. Además siento mucho más agrado estudiando personas que leyendo documentos.

Para irme familiarizando con las reacciones de los españoles, di orden de que «pase el primero», esperando ver cuál elegían, si al ministro o al duque. Entró Infantado.

Le recibí a solas. Noté que la situación para el duque era

embarazosa. Sin duda venía a desahogarse sobre la interrupción de anoche.

Tenía marcada apostura. Vestía de modo impecable. Volví a notar su francés sin acento. Le acogí cortésmente, pero dejándole hablar.

—Deseo manifestar que no hubo en mis palabras de ayer la menor intención de menoscabo, en el respeto y devoción que debo a Vuestra Majestad.

—Duque, no lo he dudado.

—Gracias, Majestad. Tampoco hubo ánimo de descortesía en pedir al señor Azanza que leyese en mi lugar la rectificación. Me creeríais si os dijese que estaba tan turbado que no podía hacerlo por mí mismo. No es mi costumbre escudarme en engaños. No lo hice porque creí que ello manchaba mi honra, y el abandono del honor, Majestad, es lo único que no debo ofreceros.

—Estoy de acuerdo, duque: sólo quiero cerca de mí hombres escrupulosos en materias de honor. Comprendí vuestra intención de anoche.

—Sois muy generoso, Majestad.

Habiendo compartido con él el sobresalto que nos produjo el arrebato del emperador, decidí aliviarle la tensión del encuentro. Le pregunté si le acompañaba en Bayona la familia. Lamenté su soledad al saberle separado de parientes y allegados. Infantado, descargado de responsabilidades morales, empezó a mostrarse más relajado y amable. De hablar de sí mismo, pasó a hacerlo de mí. Cantó las alabanzas de mi labor en Nápoles.

—Señor, tengo feudos en Nápoles. Conozco por mis administradores, con detalle, las benéficas reformas que habéis implantado. Las grandes cantidades que habéis empleado en instituciones de enseñanza y de beneficencia. El reemplazo del sistema feudal por el código civil francés. La reforma de los impuestos. La venta de tierras de la corona. El cuerpo legislativo. Las escuelas públicas. El impulso a la universidad y a las artes. Que habéis dado empleo en la construcción de carreteras a los mendigos y desamparados.

—Es mejor hacerlos trabajar que sólo darles de comer. En cuanto a vos no os conviene la supresión del sistema feudal. Tiene mérito que la elogiéis.

—Majestad, mis ideas son las del siglo.

Acabó ofreciéndome sus servicios. Con sinceridad, colocando las cartas boca arriba.

—Vuestra Majestad debe saber que los españoles que estamos en Bayona amamos profundamente a nuestros príncipes. Con dolor en el alma los hemos visto partir. Hemos seguido lealmente sus órdenes de someternos al emperador, para evitar mayores males a nuestra patria. Creemos que el mejor servicio a nuestros príncipes y a España es ponernos a las órdenes de Vuestra Majestad. Las reconocidas cualidades de bondad y comprensión de Vuestra Augusta Persona, que ya hemos podido apreciar, pueden apaciguar los ánimos encrespados y traer la paz y la prosperidad. Sois nuestra última esperanza.

Para dar un mayor temple de cordialidad a la despedida, volví a hablarle de temas personales. Ya de pie, antes de abandonar la estancia, tuvo como una inspiración:

—Si Vuestra Majestad me lo permite, quisiera agradecer la gentileza con que me habéis tratado, con un pequeño recuerdo mío. Tenemos parecida envergadura. Si no os parece mal, os enviaré uno de mis uniformes, para que, si lo deseáis, podáis ir vestido de español.

¡Ya lo decía yo! ¡El condenado uniforme! No era una trivialidad. Ellos también lo han notado. Bueno: ya lo tengo. Lo envió un par de horas después. Queda como hecho a mi medida. El destino previsor me hizo con cuerpo de duque, pero he de decir que el destino se quedó corto en sus predicciones.

Cevallos se expresó luego en términos parecidos. No es el personaje ridículo que podía deducirse de mis informes anteriores. Digno, perspicaz, bien informado. Puede ser perfectamente utilizable. Su condición camaleónica de cambiar al instante de color, puede ayudarle a entrar sin esfuerzo a mi servicio. Anunció el deseo que tienen los restantes miembros de la junta de venir a cumplimentarme en pequeños grupos. Accedí. Les iré viendo los próximos días.

Era muy tarde para reanudar el trabajo de despacho. Debía ir a mi casa a mudar de ropa y regresar a Marrac para la velada.

Volví con el tiempo justo para la cena. Al terminar la comida, quedamos repartidos en grupos, hablando o en diversos juegos y entretenimientos.

Es una gran suerte que la moda nos permita disfrutar, de un modo tan generoso, de la belleza de las damas de la corte de la emperatriz. Su piel resplandece, con brillo más seductor que el de las joyas que portan, sobre las mesas de banquete y de juego.

Me intriga cómo un defecto puede aumentar el atractivo. La lectora de la emperatriz y su modo de sonreír anómalo. La leve desviación de la boca hacia un lado, en lugar de afearla, crea un gesto airoso que, combinado con la armonía de las líneas de su rostro, provoca el deseo de verlo repetirse de nuevo y un afán casi obsesivo de seguir contemplando a esta mujer.

Las restantes damas lo han notado. Me han hecho sentir su alerta celosa que no logran dominar. En mi mesa de juego alguien mencionó su cargo de lectora. Mademoiselle d'Auvilliers, de ingenio malicioso, replicó al instante:

—Tiene suerte con el puesto de lectora. Es el más cómodo del mundo. No se recuerda que nadie le haya leído un libro a la emperatriz.

En cambio sí recuerdo que a Napoleón le gusta que su esposa le lea páginas de sus libros preferidos. Tras haber repasado los tejuelos de los volúmenes de su biblioteca actual, sólo deseo por el bien de la emperatriz que no haya elegido el Corán.

Me hastío presto en los juegos de cartas. Abandoné mi mesa para recorrer las demás. En una de ellas se había sentado el emperador. Cosa rara, no suele hacerlo. Se formó un corro de curiosos en torno a la mesa. Jugaban a «la macedonia». Pidió el emperador la banca, nada más sentarse. Todos apostaron en contra. En el primer descarte sacó veintiuno. Había ganado. Recogió todo el dinero de las apuestas. Le advirtieron que dos monedas de oro no le correspondían, porque era la postura del conde de Swenfft, ministro de Sajonia, que también había sacado veintiuno y quedaban para el próximo envite. Con asombro de todos, Napoleón no devolvió el dinero. Dijo riendo: «Lo que es bueno de aprehender, es también bueno para guardar.»

Se levantó casi de inmediato. De excelente humor. Repartió unas cuantas amabilidades y cortesías y, acompañado de la emperatriz, se retiró.

Aproveché para hacerlo yo también. Caí en la cama rendido. Tardé en dormir. Martilleaba en mi cerebro una frase: «Lo que es bueno de aprehender, es bueno para guardar... Lo que es bueno de aprehender, es bueno para guardar.»

No puedo olvidar que el emperador ha aprehendido España antes que yo.

BAYONA, 9 DE JUNIO DE 1808

COMIENZA EL DÍA con una experiencia amarga. El marqués De Gallo ha obtenido la confidencia de que el emperador, antes de ofrecerme la corona, se la había brindado a nuestro hermano Luis, rey de Holanda.

Lo peor no es esta nueva postergación de mis privilegios de primogenitura; resulta aún más comprometido conocer la digna respuesta de Luis, que contrasta con mi sumiso doblegarme a Napoleón. Dice Luis:

... No soy el gobernador de una provincia. No existe más ascenso posible para un rey que el del cielo. ¿CON QUÉ DERE-CHO PODRÍA YO RECLAMAR UN JURAMENTO DE FIDE-LIDAD A OTRO PUEBLO si no permaneciese fiel al que yo he prestado a Holanda al subir a su trono?...

Bonito papel estoy haciendo después de conocer el recha-zo de Luis, y saber que sólo tras esta renuncia me ha ofreci-do a mí el trono de España.

Temo que para el emperador, nosotros, los «reyes del Imperio», no somos más que unos supergobernadores de provincia. Berthier se ha atrevido a expresarlo con crudeza a uno de mis «colegas»: «... para vuestros súbditos sois rey, para el emperador sois virrey.»

Luciano, en perenne rebeldía contra Napoleón, nos ani-ma a los demás hermanos a rechazar la sumisión. Como respuesta a una carta que defendía esta postura, recibió otra de Elisa, que le ha enseñado en la última entrevista que hemos tenido al inicio de este viaje. Elisa, al contrario que Luis, nos recuerda que todo lo debemos al emperador. Es tan clara la inteligencia de Elisa, que evoca el estilo lapidario del emperador:

... No es preciso pretender tratar con el amo del mundo como un igual.

La naturaleza nos hizo hijos del mismo padre, y sus prodigios nos han convertido en sus súbditos.

Aunque soberanos, todo lo recibimos de él. Hay un noble orgullo en reconocerlo, y me parece que nuestra única gloria está en justificar, por nuestra forma de gobierno, que somos dignos de él y de nuestra familia.

¿Quién tiene razón, Elisa o Luis? Me estoy portando como si la tuviese Elisa, aunque el cerebro y el corazón me inclinan a Luis.

El disgusto me ha dejado desganado para el trabajo, y más aún para acudir a Marrac. Envío noticia de que no asistiré a la velada por encontrarme indispuesto. Girardin lleva esta razón a palacio, y traerá los papeles para el trabajo.

En la mañana, ¿remordimiento por el abandono de Nápoles?, sólo trabajo con Gallo y Tascher en asuntos napolitanos.

En la tarde recibo en audiencia a numerosos españoles, solos o en pequeños grupos.

Se expresan en parecidos términos a como lo hicieran Cevallos e Infantado. Hay una cosa en que todos están de acuerdo: las pasiones dentro de la familia real española hacen incompatibles al rey Carlos y a don Fernando. Éste no aceptaría un nuevo reinado de su padre, por miedo a Godoy, y el rey Carlos no quiere reinar. El emperador está decidido a imponer su dominio en España, y posee todos los medios para realizarlo. Les parezco también a ellos la única solución.

Va serenando mi ánimo oírlo repetir, a todos y cada uno

de los españoles con que he hablado, y descarga la conciencia de la forma en que ha quedado vacante la corona que acepto.

Nadie parece dudarlo. La Providencia me ha elegido para salvar a un pueblo del más amargo de los destinos. Ante tan sublime tarea, rechazarla por escrúpulos de método, sería cobarde huida y abandono de un deber.

Mis nuevos súbditos me han parecido estar sumidos en la perplejidad. No comprenden aún lo que ha ocurrido. Ven con desolación el abismo que se abre a sus pies y se aferran a mí como la última esperanza.

Combinadas con actitudes de noble entereza, van mezclándose las mezquindades humanas. Muchos insinúan su aspiración a continuar en los empleos que han tenido hasta ahora. Es buena idea mantener en ellos a quienes lo merezcan. Dará sensación de continuidad con la corona de España a la nueva dinastía, que heredará así la notoria lealtad que los españoles de todas clases han mostrado a la monarquía.

Al terminar las audiencias me he enfrascado en los papeles que trae Girardin. Con ellos viene una incómoda orden del emperador: «Debo nombrar mi lugarteniente en España al gran duque de Berg.»

Nada puede resultar más dañino para mi imagen ante los españoles. Murat representa las muertes del 2 de mayo, las ejecuciones del 3. Nadie querrá sumarse al partido de un nuevo rey así representado. Napoleón y Murat han nacido para doblegar a los hombres, yo para apaciguarlos. ¿Por qué no deja que me represente otro «yo mismo», como él dice?

La responsabilidad de la conducta brutal del gran duque de Berg no es sólo suya.

Basta repasar las instrucciones que ha recibido del emperador.

... Si ocurre cualquier movimiento de rebeldía, lo reprimiréis a cañonazos, y haréis una severa justicia. Recordad la forma en que, siguiendo mis instrucciones, habéis hecho la

guerra en las ciudades. No se debe combatir en las calles. Se ocupan las casas de la cabecera de las avenidas, y se emplazan las baterías...

... Haced un gran escarmiento en cualquier pueblo con indicios de insubordinación, o en el que se hayan maltratado mis soldados o mis correos...

Estas órdenes son anteriores al 2 de mayo.

Mañana, a primera hora, tengo sesión de trabajo con el emperador. Trataré de convencerle de, al menos, posponer el nombramiento.

BAYONA, 10 DE JUNIO DE 1808

LLEGO A LAS SEIS Y MEDIA de la mañana a Marrac. El emperador está en el despacho trabajando. Por los papeles acumulados, lleva buen rato.

Como imaginaba, no me atrevo a aludir a la preferencia concedida a Luis. Debió de intuir mi desencanto, porque dijo, con la siembra de alusiones espinosas que emplea cuando desea herir, o parar un movimiento que le desagrada:

—Espero que la nostalgia de Nápoles, donde teníais mucho que disfrutar y poco que temer, no os haga flaquear en la empresa de España. Presenta obstáculos que vencer, también gran provecho.

—Sire, conocéis mi entrega. Los obstáculos no me hacen flaquear, pero desearía sortear uno de los principales.

Aproveché para proponer la sustitución de Murat. Vano empeño. A mi iniciativa opuso primero firmeza y, al insistir yo, enfado.

Quedé sin lo que buscaba, de mal humor y con la humillación de tener que firmar de inmediato el nombramiento que ya tenía preparado Champagny, y que, suponiendo mío, iban a recibir con enojo todos los españoles.

Habiendo aceptado la cesión de la corona de España, que mi muy caro y muy amado hermano el emperador de los franceses hizo a favor de mi persona... he venido a nombrar por mi lugarteniente general a S. A. I. y R. el gran duque de Berg, según se lo participo en esta fecha, por exigirlo así el bien general del reino...

YO, EL REY

En Bayona, a 10 de junio de 1808. Al decano del consejo.

«Por exigirlo el bien general del reino.» Nada más falso. Además Murat está gravemente enfermo. Napoleón hizo buscar a su médico, Yvan, y al mío, Paroise, para dar su opinión sobre los daños que Murat refiere en sus cartas. Las repasaron con nosotros. Yvan cree que puede ser resultado de un envenenamiento, como ha corrido el rumor. Paroise, más escéptico, opina que se trata de algo parecido al «cólico napolitano», que aqueja a la mayoría de los extranjeros que visitan mi capital, y que puede haber en Madrid un «cólico madrileño» similar, ya que parte de nuestras tropas está hospitalizada en Madrid con síntomas parecidos a los del gran duque de Berg.

Al despedir a los médicos, mi hermano hizo un aparte con el suyo, siempre tiene algún achaque, y tuve ocasión de quedar a solas con el mío. Paroise la aprovechó para susurrarme:

—Tenga por seguro Vuestra Majestad que la enfermedad del gran duque es el disgusto de que hayáis sido vos, y no él, el rey de España.

Paroise es un descarado-amable, que no creo sepa cuidar bien de mi cuerpo; gracias a Dios, estoy sano como un roble, pero sabe aligerar mis melancolías. Por eso lo llevo conmigo adonde voy.

El emperador dictó la carta a Murat, mientras llegaba Savary, a quien hizo buscar:

... La consulta que acabo de hacer a los médicos me tranquiliza. Espero que en estos momentos ya estéis restablecido. Nunca las circunstancias lo han hecho tan necesario...

Y, como veo que va siendo su costumbre, inmediatamente empezó a actuar de modo opuesto a como indicaba el escrito. Hube de sospecharlo cuando oí que llamaba a Savary. Debe de haberse percatado de que le detesto, porque ha decidido que sea precisamente Savary quien sustituya a Murat, habiendo tantos otros de mayor rango en España.

Tardó el general. Aproveché para insistir al emperador en que me dejase hacer mi política de benevolencia. Me escuchó con aire distraído, como diciendo: «Ya está éste otra vez con su cantinela», pero, ¡oh milagro!, tomó en cuenta mis reflexiones, porque cuando llegó el general, tras informarle de la misión que le encomendaba, noté en las recomendaciones que iba combinado mi espíritu con el suyo. Las recuerdo:

Es vuestra primera misión calmar los espíritus y evitar desórdenes. No perdáis un momento en restablecer la comunicación con el general Dupont, que partió hacia Andalucía y del que no tenemos noticias desde hace veinte días. Lo esencial en este momento es ocupar muchos puntos, para difundir desde ellos lo que se quiera inculcar a los españoles. Para evitar desgracias dispersándose de este modo, es preciso ser cauto, moderado y hacer observar una rigurosa disciplina. ¡Por Dios, NO TOLERÉIS SAQUEOS!...

Me atribuyo especialmente la última orden. Es una polémica que el emperador y yo hemos mantenido por carta durante meses en Nápoles. Él ordenándome hacer saquear las ciudades y pueblos donde hubiese la menor resistencia. Yo pidiendo, en cada carta, que no me obligase a tolerarlos. Hoy, de palabra, parece que le he convencido, veremos por cuánto tiempo.

También pongo fecha de hoy, para que endulce el nombramiento de Murat, mi proclama a los españoles; ordeno que se publiquen a la vez. He incluido las mismas ideas que en mi discurso a los miembros de la asamblea, la noche de mi llegada. Termino igual: «Para el bien de España, y no para el nuestro, nos proponemos reinar.»

Almorzamos, solos el emperador y yo, en el cuarto de

trabajo. Restaba tanta labor que mi hermano tuvo la mayor de las deferencias. No creo la haya repetido con nadie. Es uno de esos gestos entrañables que hacen que Napoleón siga siendo el hombre que más quiero. Olvidé a Murat y Savary. La causa de mi emoción parece una tontería: me prestó su bañera.

Pensó el emperador que si yo regresaba a mi casa a cambiarme para la cena perdíamos tiempo de trabajar unidos. También que no convenía presentarme sin afeitar de nuevo, y con el arrugado traje que llevo puesto desde las seis de la mañana.

—He mandado por vuestro traje para la noche y que vuestro *valet* traiga los útiles para ayudaros. También os cedo mi sala de baño. Constant os atenderá en ese menester.

Analizar los útiles de aseo de una persona enseña tanto sobre ella como el estudio de su biblioteca. El emperador tiene en Marrac una sala, inmediata a su dormitorio, donde, además de una bañera de mármol, está la suya de campaña, de lona encerada montada en un marco de madera plegable.

No sé por qué los Bonaparte damos tanta importancia al baño. Lo usamos mucho más que el resto de los franceses. Casi a diario. Paulina toma dos baños diarios: uno, en leche, que dice sienta bien a su cutis, y luego otro para limpiarse del mal olor y tacto pegajoso de la leche. Pero éste es un tema distinto, en el que hoy prefiero no pensar. Paulina es un quebradero de cabeza.

Desde que entré en la sala de baños se hicieron cargo de mi persona Constant, el ayuda de cámara del emperador, y otro *valet*. Dejaron fuera al mío, Cristophe, con la muda, para vestirme después.

Constant es un pícaro garboso, de los que gustan a mi hermano; por eso le lleva siempre consigo y le trata jocosamente, con bromas que el astuto criado sabe manejar para tener contento al emperador. Constant es una buena fuente de información.

—¿Qué bañera es la que usa el emperador?

—Majestad, preparo a diario las dos, pues algunos días Su Majestad Imperial prefiere la de campaña, que llevamos siempre de viaje. El baño es por la mañana, menos los días en que toma baño de mar; entonces usa la bañera al regreso, para quitarse la sal.

—¿Está tomando el emperador baños de mar?

—Sí, Majestad. Ha realizado varias excursiones a Biarritz. Le agrada una playa llamada Chambre d'Amour. Allí se baña. Creo que volvemos uno de estos días, si el tiempo es bueno.

Caí en la cuenta de la explicación de la manía familiar del baño: el recuerdo de nuestras inmersiones infantiles en Córcega. De niños, nadábamos desnudos, como pececillos, en las aguas azules y tranquilas del puerto y de las playas. No es hábito francés.

Constant insistió en ayudarme a desvestir, y me enjabonó en el baño.

—Con Vuestra Majestad es fácil, porque está quieto. El emperador dicta al secretario y lee papeles hasta durante el baño. También se mueve mucho en el agua; todos los días empapa el pañuelo de seda de Madrás que lleva anudado en la cabeza, y tengo que cambiárselo, si no se viste para salir. En esta última parte del baño, cuando chapotea, disfruta y se pone a cantar.

—¡Ah! Pero ¿canta el emperador?

—Sólo en ese momento. Lo hace a diario.

—¿Qué es lo que canta, si puede saberse?

—Si he de ser sincero con Vuestra Majestad, intenta cantar alguna aria que le ha gustado de las óperas que oye. Hay veces en que ni él mismo las reconoce; por eso acaba volviendo siempre a *La marsellesa*; ésta la canta a diario. Sí... no cabe duda de que Su Majestad Imperial se siente más seguro y más feliz con *La marsellesa*. Es la base de su repertorio.

Tampoco dejó lugar a dudas de que él estaba satisfecho de encontrar un auditorio tan ilustre, para poner de relieve la importancia y la buena organización de sus cuidados.

—Mantenemos día y noche al menos una de las bañeras con agua caliente. La vamos renovando con cubos que suben de la cocina. Su Majestad Imperial tiene a veces la fantasía de tomar, de repente, un baño a la hora más inesperada.

La llegada del emperador me libró de su *valet* y pasé a las manos del mío para el afeitado y arreglo.

Acudí presto a la reunión, pues la corte estaba ya aguardando.

Este preámbulo de la velada fue lo más notable de ella. En el comedor y los salones no ocurrió ningún episodio que merezca especial recuerdo.

BAYONA, 11 DE JUNIO DE 1808

DISGUSTO GRAVE y estúpido con el emperador. Otra vez es él quien ha provocado el incidente.

Hace días dio orden de que se preparase mi proclamación oficial, para realizarla hoy simultáneamente en Madrid y en Bayona. La asamblea de notables le ha entregado esta mañana la traducción francesa.

En el documento, la puntillosidad de los oficiales españoles de protocolo les ha inducido a seguir al pie de la letra el antiguo uso, y llenos de buena voluntad me proclaman como:

Don José, por la gracia de Dios, rey de Castilla, de Aragón, de las dos Sicilias, de Jerusalén, de Granada, de Toledo, de Valencia, de Galicia, de Córdoba, de Mallorca, de Menorca, de Sevilla, de Cerdeña, de Córcega, de Murcia, de Santiago, del Algarve, de Algeciras, de Gibraltar, de las islas Canarias, de las Indias occidentales y orientales, de las islas de Tierra Firme del Océano, archiduque de Austria, duque de Borgoña, de Brabante y de Milán, conde de Habsburgo, Tirol y Barcelona, señor de Vizcaya y de Molina...

Napoleón ha caído de lleno en uno de sus arrebatos de ira. Exige que en el futuro: «... se reduzca toda esa fastuosa y extravagante nomenclatura, al solo título de rey de España y de las Indias».

El pretexto de su irritación es la condición francesa de Borgoña y Córcega y que ni Flandes ni el Tirol, etc., pertenecen a España.

Creo que tras esta disculpa está su arrepentimiento por haber concedido algo que ahora le parece excesivo.

Temo que tenga la misma actitud de mezquino pesar por la anterior generosidad en la soberanía de mis estados. Es perfectamente capaz.

De las afirmaciones y promesas no tomo en cuenta las dirigidas a los españoles. Tampoco las que me hace a mí. Tengo un apoyo para mi tranquilidad. Ayer, revisando su correspondencia sobre España, leímos la carta que dirigió, la semana pasada, al zar Alejandro I de Rusia:

... Los asuntos de España me retendrán aquí un mes. Después acudiré a reunirme con Vuestra Majestad donde juzguéis necesario, a fin de conciliar las diferentes necesidades de nuestros imperios.

España cambia de soberano, no guardo nada para mí. La grandeza de FRANCIA NO GANARÁ NADA, si no es una mayor seguridad en el porvenir...

No creo que haga doble juego con el zar. La promesa: «... nada para mí... Francia no ganará nada», calma mis ansiedades. Es posible que respete la independencia y la integridad de España.

Es curioso cómo «el hombre más importante del mundo» (así le llama Luciano irónicamente, pero es verdad) combina su dedicación e inmenso talento a regir las naciones y a minucias personales. Con el mismo empeño. Hoy, con la airada nota mermando mis títulos en el futuro, debió haber venido otra de Duroc con el programa de la velada de esta noche. Nada.

Por si era un olvido, he enviado al general Merlin a preguntar al gran chambelán de palacio: «No hay instrucciones para esta noche.»

Para disipar el envanecimiento provocado por los vapores de incienso de mis extravagantes atribuciones, «rey de Jerusalén... del Algarve», me ha castigado, como a un niño travieso, sin ir a la fiesta. Es un respiro después de tantos días de fatiga. Tendrá, como parte negativa, un efecto de desaliento en los miembros de mi corte de Nápoles que me acompañan y a los que pretendo invitar a seguir conmigo a España. No quiero repetir el error de Carlos V, que trajo la revuelta de los comuneros. Todos mis ministros y grandes dignatarios en Madrid serán españoles. Sólo llevo a mis leales de Nápoles para mi asesoramiento, en puestos secundarios. Es un gran sacrificio por su parte. Lógicamente todos ellos preferirían permanecer en la órbita resplandeciente del emperador. Renuncian por apego a mi persona. Me entristece que su fidelidad les cause muestras del despego imperial, como la de esta noche.

Por la tarde acudieron, con renovadas nubes de incienso, los grandes de España. Están en Bayona los jefes de las principales familias.

El marqués de Gallo, tan puntilloso en Nápoles en temas de nobleza, me ha explicado la estructura de la española. A su cabeza están los grandes de España. En la asamblea de notables tienen su representación varios de ellos. Otros grandes forman parte de las comisiones del ejército o de altos tribunales; aunque son grandes, no acuden como tales, sino en otra función. En un escalón inferior a los grandes están los llamados «títulos de Castilla».

Algunos grandes acudieron acompañando al príncipe de Asturias. Los restantes han sido llamados para la asamblea. Han venido casi todos los designados. No así los títulos de Castilla. Faltan muchos de los que debieran estar.

Algunos de los grandes de España tienen tanto peso, por su poderío y la historia de sus antepasados, que su nombre se conoce en las demás cortes.

Es una suerte que los Bonaparte tengamos esta memoria casi infalible para los nombres y los rostros. Dicen que les ocurre lo mismo a los Borbones, curiosa coincidencia. Puede que tenga razón el consejero de Castilla en su discurso de mi recepción, y seamos «una familia destinada por el cielo para reinar».

Creo no olvidar ninguno de los grandes con quienes he conversado esta tarde: el duque de Frías, el de Híjar, el del Infantado, de Osuna, del Parque, de Montellano y del Arco. El príncipe de Castel Franco, el marqués de Santa Cruz, el de Muzquiz, de Bendaña, de Espeja, Noblejas, Montehermoso, el conde de Torremuzquiz, el de Orgaz y el de Fernán Núñez. El marqués de Ariza y de Estepa.

Con mi afición a observar a los hombres, he notado que los nobles españoles no se escalonan de acuerdo a su título de duque o marqués. Es fácil en una situación como la de hoy percatarse de la deferencia con que algunos duques tratan por ejemplo al marqués de Santa Cruz o a los condes de Orgaz y Fernán Núñez.

Este último es el que me llamó la atención por su atuendo a la inglesa. Hoy también acudió vestido de lord... El gran chambelán de palacio, Duroc, le tiene antipatía y cuenta, ridiculizándole, que Fernán Núñez se encontraba en el sur de Francia, en un viaje para asuntos personales, unos días antes de la llegada de los príncipes, y al enterarse de la presencia de la corte imperial se hizo presentar con toda solemnidad, pidiendo que el emperador le mostrase a la princesa de nuestra familia, que iba a contraer nupcias con el príncipe de Asturias. En Marrac cuenta esta historieta cada vez que aparece el conde. Creo que molesta a Duroc su atuendo inglés. No sé por qué muestra el gran chambelán tanto puritanismo de sastrería, también el emperador usa botas a la inglesa.

Por consejo del emperador he tomado como secretario íntimo a Hedouville, que habla perfectamente español. Comienzo a estudiar con él seriamente el idioma. Quiero que en la corte de Madrid se hable sólo en español.

Los grandes se han dirigido a mí, casi sin excepción, en francés. Contesto con alguna de las frases que voy aprendiendo de su idioma. Yo mismo noto que se me escapan el acento y los modismos italianos. La semejanza de estas dos lenguas es a la vez una ventaja y un inconveniente. Creo que mi esfuerzo está siendo bien recibido.

Al quedarme solo, con mi reducida corte napolitana, intentaron que no pudiésemos pensar en lo que cada uno inevitablemente teníamos en la mente: en nuestra ausencia de Marrac.

Contaron anécdotas y recuerdos. El deslenguado Girardin lo llevó al extremo, tomando el pelo a mi sobrino Marius Clary con mucha gracia, sobre la malévola seducción que ha hecho de una princesa napolitana, una criatura inocente de diecinueve años, «que ha hurtado a su decimosegundo amante». Reímos todos ruidosamente, pero al momento quedamos en silencio, haciendo un esfuerzo por buscar otra broma tras la que esconder nuestra decepción.

Me retiro a dormir con un regusto amargo de la jornada.

Hay que ver lo que fastidia dejar de ser «rey de Jerusalén».

BAYONA, 12 DE JUNIO DE 1808

SEIS DE LA MAÑANA. Accede el general Lebrun con un billete de Napoleón. Me espera en Marrac. Ni una alusión al disgusto de ayer.

El emperador ve con gran optimismo los «asuntos de España». No puedo compartir su euforia. De los 150 notables convocados en Bayona, sólo han llegado 62. Mi hermano comienza a no admitir crítica no sólo de las personas, sino de la propia evidencia de los acontecimientos. Se aferra al recuerdo de que hizo votar el consulado por una pequeña minoría, y afirma que, una vez votada la Constitución, quedará disuelta la junta y que podré «entrar en Madrid para reinar en paz y tranquilidad». No parece tan clara esa tranquilidad con las noticias que van llegando de la insurrección.

Mi hermano departió sólo unos minutos. Marchó luego a una inspección.

Duroc ha despachado conmigo esta mañana. Lógicamente defiende los puntos de vista del emperador y, conociendo mi respeto por la sagacidad de Talleyrand, me ha transmitido su opinión. Dice Talleyrand: «Si jamás una empresa ha podido parecer infalible, es precisamente ésta, en que la astucia y la traición lo han combinado todo de forma que apenas sea necesaria la fuerza de las armas. Parece imposible que España, invadida antes de que ni siquiera pueda apercibirse de ello, privada de sus príncipes y de su gobierno y de sus principales plazas fuertes, con un ejército mediocre en número y aún peor en calidad, sin concierto entre las provincias y

69

casi sin posibilidad de establecerlo, pueda soñar ni por un momento en resistirse, oposición que significaría irremediablemente su total ruina.»

Una vez más no estoy de acuerdo. Los españoles son los descendientes de los defensores de Numancia y Sagunto y de los conquistadores de América. La decadencia de su gobierno no impide que conserven rasgos de su tradicional fiereza y orgullo. Duroc me ha tenido que reconocer la certeza de los rumores que afirman que el príncipe de Asturias, antes de marchar, envió algunos emisarios con orden de resistencia a toda costa y que están cumpliendo su mandato donde pueden hacerlo. En Zaragoza, en Valencia y otras plazas importantes.

He dado a conocer a Duroc lo que no me atreví a relatar al emperador. Entregaré al gran mariscal de palacio copia de mi discurso ante el obispo de Grenoble, que vino a mi encuentro durante el viaje de Nápoles a Bayona hace quince días. Este venerable anciano fue mi maestro en el colegio de Autun. Guardo de él entrañable recuerdo, como uno de los mejores y más cariñosos consejeros de mi juventud. Quizá por ello abrí mi corazón ante él como no lo he hecho en ninguna otra ocasión pública.

Al encontrarme con el prelado, que venía a hacer su primera visita pastoral a la diócesis, sentí revivir el afecto filial de antaño; descendí de mi carroza para arrojarme en sus brazos. Emocionados los dos, el obispo comenzó a elogiar mi alto destino y a felicitarme por mi «próxima y probable elevación al trono de España». La emoción rompió los diques de la prudencia que suelo mantener. Girardin y Gallo se turnan tomando nota de los acontecimientos principales del viaje, para ayudar la redacción de unas futuras memorias. Repasadas atentamente las anotaciones de Girardin sobre este encuentro, las entrego a Duroc. Creo que reflejan exactamente mi discurso:

¡Ojalá vuestras felicitaciones pudiesen traer un feliz augurio a vuestro antiguo discípulo, señor obispo! ¡Vuestras oracio-

nes desvían las desdichas que preveo! La ambición no me ciega, y las joyas de la corona de España no nublan mi visión. Dejo el país de Nápoles, en el que creo haber hecho algún bien, en el que me complazco de haber sido amado de dejar tras mi memoria añoranzas. ¿Podrá ser lo mismo en el nuevo reino que me espera?

Los napolitanos no han conocido jamás una auténtica nacionalidad; conquistados por turno por los normandos, los españoles, los franceses, les importa poco quiénes sean sus amos, mientras éstos les dejen su cielo azul, su mar reluciente, un lugar bajo el sol y unas monedas para macarrones. Llegando allí encontré todo por hacer. He estimulado el abandono de su apatía natural, inyectado nervio a la administración, puesto orden un poco en todas partes. Han sabido agradecer mi buena voluntad y mis esfuerzos; me han brindado un amor tan intenso como el odio que sentían hacia el monarca precedente y su detestable ministro. En España, por el contrario, me espera una dura tarea. Será difícil despojarme por completo de mi título de extranjero, evitar el odio de un pueblo altivo y susceptible en el tema del honor, un pueblo que no ha conocido más guerras que las de independencia y que aborrece sobre todas las cosas el nombre de francés. Por un momento ha podido creerse que el odio al príncipe de la Paz nos atraería algunos partidarios, pero la invasión súbita de la capital del reino y de sus principales ciudades, sin que pueda cubrirse tal medida con el pretexto del derecho de guerra y de la seguridad personal, la sustracción que les hemos hecho de Manuel Godoy al juicio con el que le amenazaba la malquerencia pública; la presencia de tropas francesas no como aliadas, sino como fuerza conquistadora; la división interna de las opiniones, que sólo coinciden en la necesidad de un esfuerzo común para rechazar la invasión extranjera, todo me hace presagiar dificultades insuperables.

La península cuenta en este momento con más de cien mil soldados nacionales, a los que excitarán a la vez contra mi gobierno los monjes, el clero, los partidarios de la legitimidad (si es que aún quedan), los antiguos y leales servidores del

71

viejo Carlos IV, el oro y la capacidad de intriga de los ingleses.
Todo se convertirá en obstáculo a mis proyectos de mejoría;
serán desfigurados, calumniados, ignorados. Ante la insurrec-
ción para la que el mismo príncipe de Asturias ha dado ejem-
plo recientemente contra su propio padre, en medio de la co-
rrupción y de la anarquía, consecuencia natural de una larga
desmoralización y de los desórdenes de una corte disoluta, de
una dinastía desprestigiada, toda libertad sabia y moderado-
ra, ¿no será acogida del mismo modo que si se tratase de una
tiranía?

Señor obispo, veo un horizonte cargado de nubes sombrías,
cubriendo un porvenir que me alarma. ¿Seguirá la estrella de
mi hermano siempre tan luminosa y brillante en los cielos?...
No lo sé, pero tristes presentimientos me asedian aún contra
mi voluntad, me obsesionan y dominan. Temo que al brindar-
me una corona más hermosa que la que poseo, el emperador
ha cargado mi frente con un peso superior al que puedo sopor-
tar. Compadecedme, pues, querido maestro, compadecedme,
no me felicitéis.

Tras estas palabras abracé de nuevo al obispo y nos sepa-
ramos. Al leerlas hoy, Duroc ensombreció el rostro. Pidió
licencia para repasarlas una segunda vez. No hizo ningún
comentario.

Mi comportamiento estos últimos cuatro días no puede
haberle hecho adivinar una opinión y un estado de ánimo
semejantes. Tampoco el emperador. No dudo que Duroc le
pasará inmediatamente el escrito. Lo prefiero así. Me habría
interrumpido al primer párrafo, sin escuchar el razonamien-
to completo. Así quedarán las ideas claras. No creo que
pueda enunciar de un modo más conciso y eficaz la opinión
con que abandoné Nápoles para venir a Bayona. En estos
días, el contacto con los notables españoles, su docilidad,
esperanzas y el alivio que parecen haber experimentado al
conocerme y notar la afabilidad con que los trato, me hacen
concebir alguna ilusión de que este clima espiritual pueda
irse contagiando a sus compatriotas. ¿Estaré, contra lo que

dije al obispo, empezando a deslumbrarme por la ambición de una corona tan tentadora como la de España?

Para aliviar la tensión que se había creado entre los dos, lo mejor era cambiar el tema de conversación, por lo que pregunté al gran mariscal de palacio (¡Dios mío, de qué títulos altisonantes nos ha ido cubriendo el emperador a su entorno, para que flotemos como una permanente nube de incienso embalsamando su grandeza!) por la suerte de los reyes y príncipes españoles en las últimas semanas.

Duroc pareció quitarse un peso de encima. Abordó el tema con entusiasmo, combinando comentarios suyos, datos que retenía en la memoria, con otros que buscó en las carpetas llenas de documentos con las que acudió a la audiencia con «Su Majestad Católica don José Napoleón Primero, rey de España y de las Indias» (noto que me empieza a gustar).

Duroc no lograba disimular del todo el regocijo que le producía la incómoda situación de Talleyrand, príncipe de Bénévent, quien en su recién estrenado castillo de Valençay, regalo del emperador, ha tenido que recibir al príncipe de Asturias, en espera de las reparaciones del castillo de Navarra que le corresponde a don Fernando por el tratado. Los lamentos de Talleyrand se deducen de la carta del emperador. Creo que sólo por esto me la ha mostrado completa:

(Del emperador al príncipe de Bénévent, Bayona, 9 de mayo de 1808):

El príncipe de Asturias, el infante don Antonio, su tío, el infante don Carlos, su hermano, parten pasado mañana de aquí; permanecerán el viernes y sábado en Burdeos, y llegarán el miércoles próximo a Valençay. Mi chambelán de Tournon acudirá a preparar todo y recibirlos. Procurad que tengan adecuada ropa de cama y mesa, batería de cocina... Tendrán ocho o diez personas de servicio de honor, y el doble de domésticos. Doy orden al general primer inspector de policía de París, de llegar para tener organizado el servicio de vigilancia. Deseo que estos príncipes sean recibidos sin demasiado aparato, pero dignamente y con interés, y que hagáis todo lo posible por entretenerlos. Si tenéis en Valençay un teatro y hacéis venir algunos comediantes no habrá en ello ningún daño. Podéis llevar a madame Talleyrand con cuatro o cinco damas. Si el príncipe de Asturias se vincula con alguna joven hermosa, no habrá inconveniente, sobre todo si se juega sobre seguro. Tengo el mayor interés en que el príncipe de Asturias no cometa ninguna mala pasada. Deseo que se le divierta y ocupe. Los extremistas políticos desean que le encierre en Bitche o alguna fortaleza; pero como se ha entregado en mis brazos, y me ha prometido no hacer nada sin mis órdenes y, como todo va en España según mis deseos, he tomado la decisión de enviarlo a la campiña, rodeándole de amenidades y de vigilancia. Esto puede durar el mes de mayo y parte de junio; los asuntos de España habrán tomado para entonces un cariz que decidirá la línea que yo adopte.

En cuanto a vos, esta misión es de lo más honorable: recibir en vuestra mansión tres ilustres personajes para entretenerlos, está por completo dentro de los intereses de la nación y de vuestro rango.

Temo que tampoco supe disimular mi regocijo por el último párrafo. Linda encerrona para el malévolo Talleyrand tenerle sujeto en torno a un personaje apartado de la escena, como don Fernando, de cuyo carácter el emperador le ha escrito más precisiones al príncipe de Bénévent. Algunas coinciden literalmente con las que me comentó a mí de palabra: «En cuanto al príncipe de Asturias, es un hombre que no inspira el menor interés. Bruto hasta el punto de que no he podido sacarle una sola palabra. Cuando se le habla, da igual lo que se le diga, no contesta. Tanto si se le humilla como si se le halaga, no cambia de expresión. Para todo el que le conozca, su carácter se describe con una sola palabra: fullero.»

Fullero, ladino, desleal, marrullero... puede que sí. Tan bruto como piensa el emperador, no. ¿Qué mejor salida tenía que el silencio, ante mi hermano? A sus espaldas no lo ha guardado. Se asesoró de sus seguidores. Pidió auxilio desde el balcón a unos marineros españoles el primer día, su única ocasión. Hizo planes para evadirse, envió mensajes ordenando la rebelión. No es valiente, claudicó ante las amenazas. Eran amenazas de ejecución. ¿Quiénes hubiésemos resistido? No creo que yo hubiese resistido y me considero hombre de honor.

En el honor creo que está el principal fallo del príncipe de Asturias. Es un perro que lame las manos de quien le golpea. Traiciona a quien le sirve con abnegada lealtad. Lo ha demostrado en el proceso del Escorial, como también su disposición a rebajarse, sin límite, para salir de un apuro. Lo hizo allí y lo ha repetido ahora. Parece increíble, pero camino de Valençay ha escrito al emperador, pidiendo de nuevo la merced de casarse con una princesa de nuestra sangre... o de la familia de la emperatriz... o de la familia política de la emperatriz, de cuya boda tanto hemos refunfuñado los Bonaparte. El nivel de adulación de esta carta mendigando, ¡otra vez!, ese matrimonio, asombra. Confío a Duroc que no me extrañará si cualquier día me escribe felicitándome por llevar su corona, o al emperador dándole la enhorabuena por alguna victoria sobre los españoles.

—Vuestra Majestad no anda desencaminado: son ya varias las cartas que han llegado del príncipe de Asturias desde Valençay, y todas en el mismo tono de loa servil. Tanto que el emperador ha escrito el 24 de mayo al príncipe Talleyrand: «El príncipe Fernando, al escribirme, me llama su "primo". Tratad de hacer comprender, a través del duque de San Carlos, que esto es ridículo. Que debe llamarme simplemente: SIRE.»

—¿No me ha sido presentado el duque de San Carlos estos días?

—Sí, Majestad. El duque y Escoiquiz fueron los fieles a don Fernando, que le acompañaron a Valençay. El duque ha regresado llamado para participar en la junta, con la venia del príncipe de Asturias.

—¿Qué ha contestado el emperador a esta última petición de boda del príncipe?

—Quizá Vuestra Majestad se sorprenda al saber que la respuesta ha sido afirmativa. Aquí tengo copia de la carta del emperador: «... Se llevará a cabo el enlace que deseáis con una de mis sobrinas. Espero que con él encontréis la felicidad, y yo un nuevo motivo de tomar interés en todo lo que os concierne.»

—¿Tenéis los informes de Talleyrand sobre la vida en Valençay?

—Majestad, aquí están en orden.

Extraña misión la de Talleyrand en este momento. Me hace sospechar que ha perdido el favor con el emperador. Es peligroso. A Talleyrand se le puede apartar, no jugar con él. Pronto volverá a intrigar con la oposición. De momento ha puesto al mal tiempo buena cara y cumple su misión con celo. Podemos decir que con celo religioso, lo que resulta irónico en este antiguo obispo renegado. Los príncipes españoles empiezan el día oyendo misa a las nueve, y lo terminan con una «oración pública». No deja de tener gracia como lo describe el príncipe de Bénévent: «A las distracciones que les procuro, en las que nadie me ayuda, se añaden para ellos los consuelos de la religión; el infortunio enciende la fe y hace el alma más sensible. La jornada termina por una oración pública, a la que hago asistir a todo el que aparece por el castillo: los oficiales de la guardia departamental y hasta algunos hombres de la gendarmería. Todos salen de estas reuniones con mejores propósitos; los prisioneros y sus guardianes rezan de rodillas, unos junto a otros, al mismo Dios, parecen mirarse menos como enemigos.»

Además de estas costumbres pías, que la beatería de la corte española parece exigir (ya lo tendré en cuenta en Madrid), Talleyrand ha tenido el buen tino de conservar todo el protocolo de la corte española, aunque reducido a ese micromundo de jaula áurea que es Valençay. Comen ellos solos, o con las personas que designan. No se permite a nadie aproximarse sin su permiso, y todos han de hacerlo en traje de corte, «yo mismo sigo estrictamente estas reglas». Cuenta Talleyrand que en España a los dos príncipes no se les permitía estar juntos o pasear sin permiso escrito del rey Carlos IV. Ni montar a caballo, bailar o cazar, pese a la pasión del rey por esta dedicación. El primer disparo de escopeta lo han realizado en Valençay; los hijos de un rey que no hizo otra cosa. Aquí aprenden a montar, su equitación era pésima. Entran y salen por el parque y de excursión (vigilada discretamente) cuando lo desean, «nunca han disfrutado tanto ni han podido sentirse tan hermanos». Es notable que, pese a su forzado aislamiento, se tuviesen tanto afecto y comunidad de ideas. «La terraza que está ante el castillo se ha convertido en sala de baile; nos las arreglamos para que los príncipes se encuentren, como por azar, en una de esas danzas, que se llaman rondas, en las que puede uno mezclarse sin saber bailar y no hacer mal papel.» Les hemos llevado al guitarrista Castro, que les canta aires españoles. «Sigo las reiteradas instrucciones de su Majestad Imperial y Real, de que se los trate bien y pasen agradablemente el tiempo.»

Curiosamente, dos fallos del viejo zorro se deben a su refinamiento. Uno ha sido el de las comidas, hasta que ha comprendido que «tenía que pedir un buen Boucher (su envidiable cocinero), que pusiera todo su arte y todo su empeño en hacer esos pésimos potajes españoles, que es lo que les gusta».

El otro fracaso de Talleyrand ocurrió en la biblioteca. Esta vez yo le hubiese pillado por la mano. En Italia aprendí una interesante frase: «Ignorante como un príncipe romano»; presumen con necio orgullo de tener la cabeza vacía. En Francia, cuando la revolución cortó las cabezas de tantos aristócratas, aquellas testas empelucadas estaban repletas de conocimientos y de ideas. Los peinados a lo «Titus» del Imperio cobijan el mismo abarrotamiento cultural obsesivo.

Aprender, y presumir de ello, es un vicio francés. No lo es español. Ya lo he percibido en los que voy tratando estos

77

días. ¿Cómo estos dos pobres príncipes, en el vacío en que han transcurrido sus vidas, pueden tener afanes intelectuales? Con lo ladino que es el príncipe Talleyrand, esta vez ha obrado con tozudez ingenua. He sonreído leyendo sus vanos esfuerzos: «... traté de que pasaran algunas horas en la biblioteca, en esto no tuve éxito». Fracasado con el texto de sus libros, intentó interesarles en la belleza intrínseca de ediciones de bibliófilo. Lógico rechazo. «Recurrí después a las obras que tienen grabados, por si las estampas los entretenían; descendí incluso a las imágenes; no me atrevo a decir hasta qué punto fue todo inútil... además, su tío, el infante don Antonio, temía la inmoralidad o el carácter pernicioso de los libros que componen una buena biblioteca y siempre encontraba un pretexto para sacarlos de ella, sin la menor oposición por parte de los príncipes.»

Tuvo más éxito al aire libre, con las excursiones en carroza y especialmente a caballo. Trajo para don Fernando el mejor profesor de equitación de Francia, Foucault. El afán del príncipe en perfeccionar su monta, y los progresos realizados, siendo tan apático en todo, hicieron temer que el príncipe estuviese preparando su fuga. Aquí reconozco que Talleyrand recuperó su maligna astucia: mandó que los mozos de cuadra no trabajasen los caballos, que les pusieran pinchos bajo la silla y otros trucos para que, excitados en extremo, los sustos y caídas del augusto jinete le hagan perder la vocación ecuestre.

Ésta es la situación actual de mi predecesor y mi rival en el trono de España.

BAYONA, 13 DE JUNIO DE 1808

EL EMPERADOR ha salido hacia Capbreton, por lo que Duroc
no podrá trabajar conmigo. En Marrac, mi hermano, a los
miembros de su casa les exige a la vez la más alta capacita-
ción y servilismo de cortesanos. El general Duroc, como
gran mariscal de palacio, tiene la obligación de estar a la
espera del emperador en cada una de sus salidas, para aguar-
darle en la puerta y acompañarle en su augusta llegada a los
aposentos imperiales. Hoy le inutiliza esta interesantísima
tarea.

Están en su lugar el general Bertrand, ayuda de campo,
y Meneval, secretario de Su Majestad Imperial y Real. Mejor.
Al menguar el rango de los interlocutores tendré más libertad para hacer preguntas y copiar documentos con la ayuda
de Girardin y Franceschi-Delonne. Duroc envía todo el *dossier* de ayer, completado con los papeles que por nuestra
última conversación deduce que me interesan... y con los
que a él le interesa que me interesen. Debió de quedar incómodo con nuestro diálogo y, sin duda para compensar su
silencio ante mis comentarios sobre la duplicidad de conducta con los príncipes españoles, ha indicado a Meneval
que, antes de pasar a los papeles de Carlos IV, me haga leer
una carta del emperador al príncipe de Asturias sobre las
consecuencias del motín de Aranjuez y el encarcelamiento
y proceso de don Manuel Godoy. En verdad que la carta, en
sus consejos, refleja tan profunda sabiduría de gobierno, que
conviene memorizarla a cualquier jefe de estado.

Hermano mío: He recibido la carta de V. A. R.: ya se habrá convencido V. A. por los papeles que ha visto del rey su padre del interés que siempre le he manifestado: V. A. me permitirá que en las circunstancias actuales le hable con franqueza y lealtad. Yo esperaba, en llegando a Madrid, inclinar a mi augusto amigo a que hiciese en sus dominios algunas reformas necesarias, y que diese alguna satisfacción a la opinión pública. La separación del príncipe de la Paz me parecía una cosa precisa para su felicidad y la de sus vasallos. Los sucesos del norte han retardado mi viaje: las ocurrencias de Aranjuez ha sobrevenido. No me constituyo en juez de lo que ha sucedido, ni de la conducta del príncipe de la Paz, pero lo que sé muy bien es que es muy peligroso para los reyes acostumbrar a sus pueblos a derramar la sangre haciéndose justicia por sí mismos. Ruego a Dios que V. A. no lo experimente un día. No sería conforme al interés de España que se persiguiese a un príncipe que se ha casado con una princesa de la familia real, y que tanto tiempo ha gobernado el reino. Ya no tiene amigos: V. A. no los tendrá tampoco si algún día llega a ser desgraciado. Los pueblos se vengan gustosos de los respetos que nos tributan. Además, ¿cómo se podría formar causa al príncipe de la Paz sin hacerla también al rey y la reina vuestros padres? Esta causa fomentaría el odio y las pasiones sediciosas; el resultado sería funesto para vuestra corona. V. A. R. no tiene a ella otros derechos sino los que su madre le ha transmitido: si la causa mancha su honor, V. A. destruye sus derechos. No preste V. A. oídos a consejos débiles y pérfidos. No tiene V. A. derecho a juzgar al príncipe de la Paz; sus delitos, si se le imputan, desaparecerán en los derechos del trono. Muchas veces he manifestado mi deseo de que se separase de los negocios al príncipe de la Paz: si no he hecho más instancias ha sido por un efecto de mi amistad por el rey Carlos, apartando la vista de las flaquezas de su afección. ¡Oh miserable humanidad! Debilidad y error, tal es nuestra divisa. Mas todo esto se puede conciliar; que el príncipe de la Paz sea desterrado de España, y yo le ofrezco un asilo en Francia.

En cuanto a la abdicación de Carlos IV, ha tenido efecto

en el momento en que mis ejércitos ocupaban España, y a los ojos de Europa y de la posteridad podría parecer que yo he enviado todas esas tropas en el sólo objeto de derribar el trono a mi aliado y amigo. Como soberano vecino debo enterarme de lo ocurrido antes de reconocer esta abdicación. Lo digo a V. A. R., a los españoles, al universo entero; si la abdicación del rey Carlos es espontánea, y no ha sido forzado a ella por la insurrección y motín sucedido en Aranjuez, yo no tengo dificultad en admitirla, y en reconocer a V. A. R. como rey de España. Deseo, pues, conferenciar con V. A. R. sobre este particular.

La circunspección que de un mes a esta parte he guardado en este asunto debe convencer a V. A. del apoyo que hallará en mí, si jamás sucediese que facciones de cualquier especie viniesen a inquietarle en su trono. Cuando el rey Carlos me participó los sucesos del mes de octubre próximo pasado, me causaron el mayor sentimiento, y me lisonjeo de haber contribuido con mis instancias al buen éxito del asunto del Escorial. V. A. no está exento de faltas; basta para prueba la carta que me escribió y que siempre he querido olvidar. Siendo rey sabrá cuán sagrados son los derechos del trono; cualquier paso de un príncipe heredero cerca de un soberano extranjero es criminal. El matrimonio de una princesa francesa con V. A. R. le juzgo conforme a los intereses de mis pueblos, y sobre todo como una circunstancia que me uniría con nuevos vínculos a una casa, a quien no tengo sino motivos de alabar desde que subí al trono. V. A. R. debe recelarse de las consecuencias de las emociones populares: se podrá cometer algún asesinato sobre mis soldados esparcidos; pero no conducirían sino a la ruina de España. He visto con sentimiento que se ha procurado exasperar los ánimos. V. A. R. conoce todo lo que hay en el interior de mi corazón: observará que me hallo combatiendo por varias ideas que necesitarán fijarse; pero puede estar seguro de que en todo caso me conduciré con su persona del mismo modo que lo he hecho con el rey su padre. Esté V. A. persuadido de mi deseo de conciliarlo todo, y de encontrar ocasiones de darle pruebas de mi afecto y perfecta estimación.

Con lo que ruego a Dios os tenga, hermano mío, en su santa y digna guarda.

NAPOLEÓN

Bayona, a 16 de abril de 1808.

Si Duroc ha querido impresionarme con la carta, lo ha conseguido, aunque no sólo en el sentido que él busca. ¡No han transcurrido dos meses y parece que el mundo ha cambiado! Ya no consiente que le llame primo quien en esta carta recibe el tratamiento de «hermano mío». «Me portaré con su persona como con el rey su padre.» Lo ha cumplido escrupulosamente, a los dos les ha arrebatado el mismo trono.

«Se podrá cometer algún asesinato de mis soldados esparcidos», ya ocurrió. «Conducirían a la ruina de España», ¿llegaré a tiempo para contrarrestar esta siniestra profecía?

«Ya no tiene amigos [Godoy]. V. A. no los tendrá tampoco si algún día llega a ser desgraciado.» «Los pueblos se vengan gustosos de los respetos que nos tributan.» «Es muy peligroso para los reyes acostumbrar a sus pueblos a derramar la sangre haciéndose justicia por sí mismos.» «V. A. R. debe recelar de las consecuencias de las emociones públicas.»

Nadie duda el genio y la sabiduría política del emperador, ni su capacidad de expresarlo en frases memorables. Cada línea es una prueba de ese talento, pero no está empleado con nobleza. Califica de fullero a Fernando, a quien anima a venir: «... deseo, pues, conferenciar con V. A. R. sobre este particular»; «Lo digo [...] al universo entero, si la abdicación del rey Carlos es espontánea y no ha sido forzado a ella por la insurrección de Aranjuez [...] reconocer a V. A. R. como rey de España». Cuando mi hermano escribe estas bellas frases al «fullero» de Fernando, el 16 de abril, tiene en su poder desde dieciocho días antes la carta que desde Aranjuez le envió Carlos IV el 23 de marzo:

Señor mi hermano: V. A. sabrá sin duda con pena los suce-
sos de Aranjuez y sus resultas; y no verá con indiferencia a un
rey que, forzado a renunciar a la corona, acude a ponerse en
los brazos de un grande monarca aliado suyo, subordinándose
totalmente... Yo no he renunciado en favor de mi hijo, sino por
la fuerza de las circunstancias cuando... escoger entre la vida o
la muerte, pues esta última hubiera seguido después de la de la
reina. Yo fui forzado a renunciar... Dirijo a V. M. I. y R. una pro-
testa contra los sucesos de Aranjuez y contra mi abdicación...
De V. M. I. y R. su muy afecto hermano y amigo.

CARLOS

¿Cuál es el más fullero?

Unida a esta carta del rey Carlos, figura en el *dossier*
imperial una de tres días después (26 de marzo de 1808) de
la reina María Luisa a Murat, gran duque de Berg: «... Mi
hijo Fernando era el jefe de la conjuración... contra la vida
del rey mi esposo y la mía, lo que obligó a tomar la resolución de abdicar. Desde el momento de la renuncia mi hijo
trató a su padre con todo desprecio...»

Por tanto, el emperador contaba con documentos que
hacían imposible una leal aproximación a don Fernando. La
venida a Bayona sólo podía tener funestas consecuencias
para él. Para conseguirla, el emperador envió a Savary a
Madrid para apoyar a Murat en urgir ese viaje. Titubeó don
Fernando en Burgos y de nuevo en Vitoria.

La carta del emperador, que merecería todos los elogios
si hubiese sido escrita antes, y sin tener naipes marcados en
la bocamanga, es tanto un testimonio de su talento como
una prueba de su doblez, de su cínica determinación de
traicionar todas las promesas cuando cree conveniente a los
asuntos de estado. A los suyos. Sé que nuestros lazos de
sangre no garantizan que yo mismo quede libre de una treta
semejante si le conviene.

Esta carta del 16 de marzo será un documento irrempla-
zable para los historiadores del futuro.

El 17 de marzo, al recibir la carta, el príncipe de Asturias está aún indeciso. Príncipe de Asturias sólo para nosotros, Fernando VII, rey de España, para todos sus súbditos. Acogido con entusiasmo sin precedente, ovacionado con delirio en Madrid y en todas las ciudades y pueblos del trayecto. Unánimemente. Sin una sola voz en discordia en toda España.

Lo que los «informados» dignatarios no perciben, lo ve con claridad el resto de sus súbditos: le piden a voces que no salga de España.

Algunas figuras prócer, menos aturdidas por los temores o la ambición, aconsejan al rey una fuga, disfrazado y de noche, para eludir el cerco de las tropas de Savary y Verdier. Nuestros servicios de información detectaron tres proyectos que figuran en los informes que hoy analizamos: uno, el de don Mariano Luis de Urquijo, huyendo por Urbina, donde el alcalde tiene todo preparado. Otro, del duque de Mahón por Vergara y Durango hacia Bilbao, para allí embarcar. Un tercero, del conde de Torre Muzquiz encaminado hacia La Rioja.

El monarca español titubea toda la noche del 17. Ignora que Savary tiene orden del emperador de raptarle en la noche del 18 al 19 si no ha logrado que don Fernando vaya voluntariamente.

El partidario más cerril de la venida a Bayona era el canónigo don Juan de Escoiquiz: por inexplicables motivos resultó la voz más influyente. Isabel la Católica confiaba en el cardenal Cisneros, arzobispo de Toledo. Fernando VII lo hace en un canónigo. ¿Ha descendido el nivel de los príncipes de la Iglesia españoles a lo largo de los siglos, hasta no merecer que sus reyes los escuchen, o son éstos los que han bajado al nivel de los canónigos?

La carta del emperador contiene graves acusaciones: «V. A. no está exento de faltas... cualquier paso de un príncipe heredero es criminal» y, junto a ellas, una terrible afrenta: «... sería funesto para vuestra corona. V. A. R. no tiene a ella otros derechos sino los que SU MADRE le ha transmitido...» ¿Insinúa el emperador que Fernando VII no es hijo de su padre el rey Carlos, y que por tanto los derechos sólo le vienen de su madre? Aunque no se interprete como yo lo hago, resulta inconcebible que parte de los consejeros de don Fernando afirmasen que esta misiva contiene: «grandes pruebas de amistad de parte del emperador» y que, por tanto, convenía acceder a los deseos imperiales e ir a su encuentro en Bayona. Es también el mensaje que Savary llevó una vez más.

Savary está hecho a la medida para la misión. Es una de esas personas abyectas, de quienes conviene disponer a los grandes hombres, para no mancharse ellos con la ignominia de las traiciones. Ya lo ha empleado mi hermano, con eficacia, en varios temas graves, como el turbio asesinato del duque de Enghien.

El general Savary tiene la facha de un guerrero, simple y leal, con la que inspira confianza. Tras esa máscara se esconde el espíritu de un jefe de policía secreta, sin el menor escrúpulo en los medios empleados.

En la mañana del 18 se presentó el general ante Fernando VII, que estaba rodeado de su séquito. Al insistir Savary en la necesidad de acudir a Bayona a ser reconocido como rey por el emperador, el ministro Pedro de Cevallos tuvo un arranque de sensatez e interrumpió: «Don Fernando VII es el rey de España, ha sido reconocido por todos los españoles, ¿para qué necesitamos el reconocimiento del emperador?» Savary, acercándose, le susurró al oído: «...para la supervivencia de España, y para la de vuestra persona, señor ministro». Obtuvo el efecto deseado.

Entonces fue cuando, vuelto hacia don Fernando, le aseguró que se dejaría cortar la cabeza si el emperador no le reconocía como rey.

El día 19, Fernando VII y su séquito emprendieron viaje, llegando en la misma jornada a Irún. Todos menos Savary, porque al salir de Vitoria se le descompuso el coche, quedando rezagado con gran parte de su escolta. Los españoles no supieron aprovechar esta última oportunidad, y el día 20 dejaron atrás el Bidasoa y toda posibilidad de supervivencia de los Borbones como dinastía reinante.

En la carta del emperador se hace referencia a los sucesos del Escorial y de Aranjuez, preludio y causa inmediata de todos estos acontecimientos tan complejos como difíciles de creer. Bertrand y Meneval traen en sus carpetas los documentos de los sucesos. Conviene que con Girardin y Franceschi-Delonne los ordenen y resuman, para estudiarlos esta tarde. Conozco la versión oficial de ambos episodios. Para mi futuro gobierno será una ayuda escudriñar en sus entresijos confidenciales con los documentos que hoy, quizá por última vez, están en mis manos.

Cuando el emperador permanece en Marrac almuerza siempre solo y en pocos minutos. En su ausencia he tenido el placer de ser invitado a la mesa de la emperatriz. Grata pausa en el trabajo. El paso de los años ha ajado algo su belleza. Conserva íntegra la gracia y distinción, el encanto de los modales que hacen de su trato una experiencia única. Siempre amable y cariñosa, se mueve con elegancia natural que es milagrosa conociendo su historia. La duquesa de Abrantes lo ha comentado con rotundidad: «He tenido el honor de ser presentada a muchas princesas de sangre, y debo reconocer que jamás ninguna me ha impresionado tanto como Josefina. Es la elegancia y la majestad. Nunca una reina ha sabido estar mejor en un trono, sin haberlo aprendido.» ¡Lástima que la emperatriz haya perdido los dientes!

Los dientes de la emperatriz. Es un tema que me viene a la mente cada vez que estoy en su presencia, aunque hago todo lo posible por evitarlo. El sello de la fealdad y la repugnancia, estampado en medio del precioso rostro de una mujer casi divina que, en este momento, atrae las miradas del mundo entero.

Los pocos dientes que se vislumbran entre sus labios perfectos están negros y carcomidos. Son una especie de embajadores que traen cartas credenciales de la muerte. En las calaveras siempre impresionan los dientes, tanto los que restan como los que faltan. Los de la emperatriz inducen a imaginar su cráneo, a adivinarlo bajo la piel, tras esa noble frente, los arcos airosos de las cejas, las mejillas sonrosadas, el sutil mentón.

Hace pocos años se consideraba hermosa toda mujer que no tuviera desfigurado el rostro por las cicatrices de la viruela. El feliz descubrimiento de la vacuna ha disminuido tanto este azote de la humanidad, que en la nueva generación es una rareza. Los admiradores de las mujeres podemos disfrutarlas con un cutis de seda, que en mi juventud era un preciado privilegio. Hoy encontramos bella a toda joven con la dentadura completa. Los sacamuelas nos arrancan con ellas los dolores. Sería un regalo del destino que aprendiesen un día a repararlas; «arreglamuelas», puede convertirse en uno de los oficios más agradecidos y provechosos. Aún no nos ha llegado la hora de esta bendición.

Es evidente que Josefina no olvida un momento su dentadura. Usa el abanico para tapar la boca, en un gesto que logra sea agraciado, destacando la belleza de los ojos en línea horizontal sobre la curva del abanico que se ilumina, en un sutil juego de tensiones, con la luz de su mirada. Los hombres miramos con predilección cuatro centros del encanto femenino: los ojos, la boca, el escote y las manos. Con la hábil acentuación del anzuelo de los otros tres intenta que olvidemos el cuarto, al que también cuida esforzadamente. Casi todas las personas desdentadas curvan hacia dentro los labios. La emperatriz con la boca cerrada consigue mantener el contorno de sus labios perfectos. Repite el milagro de mantenerlo durante la sonrisa, pero Josefina tiene, como una de sus mayores gracias, un carácter jovial y está inclinada a reír alegremente. Éste es el momento peligroso, que suele resolver con el abanico... casi siempre. Cuando no lo consigue, el horror, como un látigo envenenado, nos azota el espíritu a los espectadores.

La dentadura de la emperatriz no atormenta sólo su vanidad, sufre dolores agudos, que atenúa con opio. En su neceser de viaje hay dos cajitas circulares de oro: una para el opio en granos, otra lo contiene disuelto en tintura de láudano.

Antes de las comidas, otra situación dramática: suele retirarse a frotar las encías con el polvo y la tintura de láudano. Dicen que el sopor que a veces la obliga a recogerse en su aposento tras el yantar, se debe a esa necesidad de alivio de sus sufrimientos. Durante la comida los disimula con entereza, nadie nota el dolor ni las dificultades para masticar. Jamás realiza esos movimientos con la lengua entre los dientes y las mejillas con que tantas personas vulgares tratan de menguar sus molestias. Tiene razón la chismosa de la Abrantes: ha nacido con cuerpo y espíritu de reina.

Por fortuna también ha logrado maestría en el control del movimiento de los labios al hablar. Nadie que no esté prevenido notará su miseria dental. Y todos podemos disfrutar sin menoscabo en la complacencia de su conversación encantadora, del tono dulce, insinuante, acariciador de esta persona de bondad y gracias excepcionales.

La emperatriz, con sus damas, aguarda en la terraza de Marrac orientada al norte. El clima de Bayona, tras días de llovizna o niebla, ofrece jornadas radiantes en que el sol ilumina y calienta los colores, y en las que se busca la sombra para, desde ella, mejor gozar del efecto de luz en los jardines.

Siento un especial afecto por mi cuñada, quizá para compensar el encono que le tienen mis hermanas. Me recibió con su afabilidad de siempre:

—Parecéis fatigado; espero que vuestro trabajo de esta mañana, además de cansaros, no os haya dado motivos de pesadumbre.

—No, Majestad, ha sido muy interesante. Pero ¿por qué lo suponéis?

—Llegan de la península noticias desagradables. Desde el principio los asuntos de España me tienen acongojada. Cuando he oído a otras personas hablar de «un negro presentimiento», pensé que era influencia de las novelas que habían leído. Ahora lo tengo yo por primera vez. Quizá se deba a la pena que me ha causado la desgraciada suerte de los príncipes españoles.

—Sé que habéis hecho lo posible por hacerles amable la estancia aquí y endulzar sus amarguras.

—Era mi obligación, y no he tenido que recordar el deber para cumplirla; desde el primer momento me inspiraron simpatía.

—¿También la reina María Luisa? He oído decir que os pareció abominable.

—Se dicen demasiadas cosas en Marrac, como en todas las cortes. No la encontré abominable a ella, como vos repetís, sino a la relación con su hijo. Este torbellino de pasiones y resentimientos es siempre amargo, pero ¡entre una madre y un hijo!... Es difícil que nosotros adivinemos quién tiene la culpa. La reina se entregó por completo a mí desde el primer día, como el rey Carlos al emperador. Llegó tan demacrada de rostro como abatida de ánimo. No sabiendo cómo ayudarla le envié mi peluquero, para que mejorase su aspecto en la cena de gala de la primera noche de Marrac, e hiciese mejor efecto a la corte francesa.

—¿Logró vuestro peluquero el milagro?

—No seáis malvado. La reina mejoró de aspecto y creo que le dio ánimo. Es lo que más me ha agradecido; no dejó de pedir consejos para su tocado. Me agradó, era una buena disculpa para eludir temas menos agradables. También ella se desvivió en darme consejos útiles para mi aspecto.

—¿Es posible que se atreviese? Los españoles que he visto aquí parecen figuras de museo, con sus atuendos arcaicos y modales de otros tiempos, y de la reina me han comentado que parecía una momia concupiscente. ¿Qué consejos os podía dar a vos?

—Otra vez sois malvado, mejor dicho, son malvados los que os han dado esas imágenes. La reina es una anciana que se viste como cree que debe hacerlo para las ceremonias de la corte. Por su edad ha perdido vista y la miopía la engaña ante el espejo. A su edad no ha perdido la pasión por agradar, y ese fuego pasional también la ciega ante el espejo. Es digna de lástima, no de execración.

—Majestad, ese «fuego pasional», que tanto daño ha hecho a España, disculpa la calificación que antes se me ha escapado y de la que asumo responsabilidad.

—Me consta que no es vuestra: la he escuchado antes y bien sabéis a quién.

—Hoy he leído una carta del emperador en que, con un hábil eufemismo, califica ese turbio torbellino de sentimientos: «flaquezas de la afección».

—Si os referís a la relación con el príncipe de la Paz, me parece no sólo más delicado, sino más exacto. ¡Flaquezas de la afección!... Yo lo llamaría misterios de la afección.

—Es un extraño *ménage à trois,* no sé aún cómo se dice en español.

—Decidlo como el emperador, «flaquezas de la afección». Las cortes de Europa llevan años escuchando esa historia como algo vergonzoso y sucio. Vistos de cerca los personajes, el efecto es distinto. Se ilumina con una aureola de cariño. De todos los amores, el que parece más intenso es el del rey Carlos por don Manuel Godoy.

—¿Es que hay, además, sentimientos contra natura?

—No, ¡por Dios! —rió la emperatriz—. Nada más lejos de este nudo de amores que el pecado innombrable. Siento haber podido dar esa impresión.

—No habéis sido vos, Majestad; ha sido mi malicia. Sigo sin comprender qué consejos útiles de belleza os puede haber dado a vos la reina de España.

—Dios quiera que sean útiles. En relación con ellos está el primer favor que deseo pediros en vuestro nuevo reino.

—Concedido de antemano, Majestad. Da un grato incentivo a mi próximo reinado servir para seros útil en algo. ¿De qué se trata?

—He encargado a madame Gazzani que os lo detalle después del almuerzo. Es algo sin importancia, pero confidencial.

Me pareció un regalo el proyecto de hablar confidencialmente con la lectora, cuya sonrisa ladeada tanto seduce. Concentrada la atención en la emperatriz, sólo había saludado maquinalmente a los restantes asistentes: las damas de la emperatriz, el general Ordener, su primer caballerizo, y un joven oficial polaco a quien el emperador ha tomado simpatía y al que se le ve pulular constantemente por Marrac, como el *mignon* oficial de la corte.

En este momento Beausset, prefecto de palacio, encargado del servicio de mesa, luchó abnegadamente con su imponente barriga para lograr la reverencia con que debe indicar a la emperatriz que la comida está presta.

Me senté a la derecha de la emperatriz, teniendo a la mía a madame de Montmorency y enfrente a la hermosa y elegante madame Maret. La elegancia siempre conlleva distanciamiento, y es tan acusada en la Maret que enfría su belleza. La elegancia en tal grado hace función de coraza que defiende el cuerpo. Una mujer para resultar irresistiblemente apetitosa, además de guapa, debe parecer asequible. Aunque luego no lo sea. Especialmente si no lo es.

La belleza incitante surgía a borbotones, como de un manantial caudaloso, de la otra mesa, la de la lectora de la emperatriz, la Gazzani, quien, dentro de su buen estilo, mantiene una leve vulgaridad, rasgo que, aunque nos fastidie reconocerlo, tanto nos agrada a los mujeriegos. Es chocante que, aun durante la comida, conserve puestos los guantes. A su vera el coqueto polaco, como pez en el agua, y al lado de éste, una beldad asombrosa, que hasta ese instante no había percibido. Algún oficial de servicio, otras damas menos llamativas y una de aspecto extraño: una mujer joven, no mal parecida pero mucho peor vestida y aderezada que las otras y en claro estado de gestación, ensimismada, con expresión tímida, signos de encontrarse incómoda e inmersa en profunda melancolía.

Sé diferenciar las cosas importantes de las que no lo son, pero también me interesan éstas. A veces despiertan mi curiosidad, mi insaciable curiosidad, más aún que las trascendentales. Nos ocurre a todos los aficionados a la filosofía.

En cuanto a mi cuñada entró en conversación con el general Ordener, a su izquierda, aproveché para preguntar a madame de Montmorency por las dos damas, la diosa de hermosura y la discreta melancólica. No debí haber emparejado la pregunta. Como cualquier otra mujer cargante, la Montmorency dejó de lado la historia de la más guapa para contarme, con todo detalle, la de la insípida, hacia la que sólo la compasión, una intuición de que merecía compasión, había inclinado mi curiosidad.

Intuición certera. La historia es tragicómica. La Montmorency, en su afán laudatorio hacia el emperador, detalló el relato como si se tratase de una hazaña de mi hermano. A mí me ha parecido muestra de su despótico endiosamiento actual. Hace unas semanas, durante la visita de los monarcas españoles, el emperador acudió a inspeccionar los arsenales y el puerto.

Un tipo de navíos que ahora le interesan son los corsarios. Embarcaciones convencionales, aligeradas de peso y con tripulaciones adiestradas para esquivar la persecución de los ingleses y atacar navíos con rico cargamento y poca defensa. No parece propio de un emperador subir a bordo de un buque corsario, pero lo hizo al *Almirante Martin,* que partía a cumplir una misión en las Antillas. Tras arengar a la tripulación, dialogó con el capitán corsario, un tal Darribeau, famoso por su osadía. Justo el tipo de personaje que puede interesar a mi hermano. Departió jocosamente con él, con mucha más amabilidad que la que hubiese mostrado con cualquier almirante. El corsario se portó... como un corsario con la vanidad halagada. Esa clase de desplantes graciosos y con jactancia divierten al emperador:

—¿Os falta algo para garantizar el éxito de vuestra arriesgada travesía?

—Una sola cosa, sire, y que no está a mi alcance lograr: un cirujano para atender los heridos en caso de combate.

El emperador dirigió su catalejo a los muelles. Muchos curiosos, sabedores de la visita imperial, esperaban en el malecón para presenciar el regreso del cortejo. Entre ellos, del brazo, una pareja de jóvenes enamorados. Él de uniforme. Al emperador le pareció identificar los colores de la sanidad del ejército.

—¿No es aquél un médico militar?

—Eso parece, sire.

—*Parbleu!,* mandad a buscarle inmediatamente.

Partió una embarcación de remos desde el costado del barco. Regresó con el joven, que efectivamente era médico militar.

—Os felicito: tenéis ocasión de hacer un brillante servicio a Francia, acompañando al capitán Darribeau en su arriesgada misión.

—Majestad, estoy de licencia convaleciente de una herida en una pierna... casado hace unos meses, mi esposa espera nuestro primer hijo. Está sola aquí, sin parientes ni amigos, sólo me tiene a mí.

—La emperatriz os hará a ambos el honor de ocuparse de ella hasta vuestro regreso. En cuanto a vuestra pierna, también os felicito, embarcado no es preciso caminar.

El emperador regresó a tierra, entre aclamaciones de la tripulación al descender del barco y de los paseantes del muelle al llegar al embarcadero. Entre ellos aplaudía, ignorante de su suerte, la esposa del cirujano militar, el que por su parte, sin equipaje y sin poder ni despedirse de su esposa, veía desde la cubierta izar velas, pues la hora del crepúsculo era apropiada para intentar, en la oscuridad inmediata, burlar la vigilancia inglesa de la costa y partir hacia su prolongada navegación. Aún nada se ha vuelto a saber del buque corsario.

La joven tímida, gestante y ensimismada en la mesa de la lectora de la emperatriz, es la esposa del médico. Comprendo su melancolía. Así mi hermano dispone ahora de todos nosotros.

Las comidas de la corte imperial son interminables. Por eso el emperador almuerza solo, para no perder tiempo. Le sirven un potaje, tres entradas, dos entremeses, dos postres, café y la botella de vino de Chambertin, de la que ya he hablado. Sólo prueba unos bocados de cada plato, y se los hace servir con velocidad de aspas de molino. Pese a su frugalidad está engordando.

Las del comedor de corte, como la nuestra de hoy, se prolongan mucho más con un número mayor de platos. Los comensales actúan sobriamente y se sirven poco de cada uno.

No me importó la duración del almuerzo, pues la conversación era ligera e interesante, como ocurre en torno a Josefina, pues, por el instinto humano de imitación a los superiores, sus modales se contagian al círculo de allegados. El problema eran las moscas.

Dichosas moscas de Marrac. Nunca he visto a esos desagradables insectos en mayor concentración en un palacio. Los días de sol, alternando con los de lluvia de este año en Bayona, deben de haber favorecido esta explosión, pero ni en mi alojamiento de Bayona, ni en los edificios en que tengo las reuniones con los españoles, hay tantas. Las de Marrac, como las de la plaga de Egipto, además de infinitas en número son especialmente activas, no pican, ¡muerden! Quizá las atraigan y exciten la extraordinaria concentración de caballos y mulas de los regimientos que rodean nuestro parque.

No he entrado en la cocina de Marrac; supongo que allí tienen uno de sus cuarteles generales. El otro aquí, en el comedor. Se apiñan en racimos negros en los cristales de las ventanas, en las lámparas y especialmente sobre nosotros. Atraídas por la comida, se embravuconan, pegajosas y agresivas sobre las manos, los restos y los labios, en un ataque que, a la vez, repugna y duele.

Cuando deambulamos por los salones, se las puede espantar de un manotazo, bueno, de una sucesión casi ininterrumpida de ellos, que a nadie extraña, pues todos hacen lo mismo, o con ayuda de un pañuelo o, las señoras, del abanico. En la mesa es distinto. Hay que frenar esta brusca reacción de defensa. La emperatriz da ejemplo no descomponiendo jamás el gesto. Los restantes tratamos de imitarla. El resultado es una especie de ballet sedante, en que movimientos pausados de los brazos permiten pasar a las manos junto a los lugares oportunos, simulando que se trata de los ademanes naturales de apoyo a la conversación. Al acentuarse más de lo usual en Francia, me hace un cómico efecto de que esos empingorotados cortesanos imitan, en el apoyo al movimiento de manos al hablar, a mis súbditos de Nápoles. No se lo digo, creerían que los llamo provincianos. Se consideran el centro del universo. Puede que lo sean.

Pese al forzado mimo con que espantamos las moscas, éstas, aturdidas por su número y frenética actividad, caen constantemente sobre los alimentos. En las sopas, salsas y postres quedan flotando o adheridas. Toda la corte, con el ejemplo de los emperadores, las aparta suavemente con los cubiertos.

La emperatriz se percató de mi desentrenamiento en esta tarea, y me dijo sonriendo:

—Los primeros días las separábamos en el borde del plato. Como no resultaba agradable, hice colocar estos otros platitos al lado de las copas, donde ahora las dejamos. Ante la llegada de los reyes españoles, nos encontramos especialmente incómodos por esta anomalía, y mandé poner sobre la mesa esos potes de cristal, con agua azucarada. Como veis, nos libran de muchas que quedan dentro.

Efectivamente, ahogadas en el almíbar había tantas en cada recipiente, que parecían tinteros. Pensé que sería mejor hacerlos de porcelana en vez de cristal. Se han acostumbrado y no perciben la repulsión que provocan en el novicio. Conviven con ellas. Sólo las combaten con los vapores del *orpin,* bastante eficaces. Aunque no disminuyen en la mesa, caen muertas a miles bajo las ventanas, de donde los criados, cada rato, con una escoba y recogedor se llevan pilas de ellas.

No pude evitar la pregunta a mi cuñada:

—¿Cómo reaccionaron los reyes españoles a esa plaga?

—Veo que Vuestra Majestad está obsesionado con la familia real española. He de confesar que me ocurre lo mismo.

Ayer hizo un mes de su marcha y, pese a ello, vuelven una y otra vez al pensamiento.

Josefina, inducida por la puntillosidad protocolaria de mi hermano, me da tratamiento oficial, incluso cuando estamos a solas... Siguió la emperatriz:

—Nos disculpamos ante los reyes en la cena de la primera noche por tan inesperada molestia. El rey Carlos, bonachón y jovial, dijo que no lo había notado, añadió, riendo, que ha pasado tanto tiempo en las caballerizas que está habituado. Estaba muy alegre por tener a su lado al amado «Manuel». Creo que ya os lo han contado. «Manuel, dónde está Manuel», y la gracia que le hizo al emperador, que, pese a no tener Godoy puesto previsto en la mesa, le hizo sentar inmediato al rey, contra todas las normas. Ya sabéis lo severo que es en el protocolo; creo que los reyes españoles no se percataron de la singularidad de esa concesión. No estaba el buen rey Carlos para fijarse en unas modestas moscas. Sólo nos atendía al emperador, a mí, al príncipe de la Paz y a la reina. El resto de las personas parece que son elementos del paisaje para él.

—La reina estará menos familiarizada con las cuadras. ¿Cómo reaccionó?

—Sospecho que en España están acostumbrados a las moscas. Ninguno perdió el apetito por las que venían en las fuentes o caían en los platos. Comieron abundantemente de todo, repitiendo de muchos y animándose el uno al otro a hacerlo. Menos las verduras. El rey Carlos gritaba al verlas: «Las hierbas son para las bestias.» El príncipe de Asturias es aún más voraz. Además de nuestras comidas, solicitó otra a las once de la mañana. Dice que le acostumbró su ama de cría de pequeño. Es llamativo cómo los españoles del más alto rango copian las costumbres de sus servidores. Preveniros, Majestad, en vuestro nuevo reino, especialmente en Madrid, los nobles y, aún más chocante, las damas de la corte se mezclan con el populacho e imitan sus hábitos, lenguaje y vestuario; creo que a esos trajes los llaman de majo y manolas. Tendréis que aprender.

—Ya estoy aprendiendo español; se me hace un poco cuesta arriba tener que estudiar además todos esos modismos populares, imagino que hablarán en *argot*. Me dispongo a no eludir ningún esfuerzo que me acerque a mis súbditos.

—¿Quién os está enseñando el idioma de Cervantes?

—El señor Hedouville, por consejo del emperador.

—Os podría ser útil madame Gazzani; lo habla sin acento. Aunque nació en Italia, su madre, bailarina de teatro, ha trabajado muchos años en España; allí pasó la infancia mi lectora.

Me turbó que por dos veces en el almuerzo me orientase hacia aquella mujer. ¿Habrá intuido mi inclinación hacia ella? Josefina tiene fama de poseer un sexto sentido. Madame Maret llevó la conversación hacia la izquierda de la mesa, ocasión que aprovechó la maliciosa Montmorency para susurrarme:

—Los encantos de madame Gazzani no son indiferentes al emperador. La emperatriz debe confiar en vuestro atractivo para las damas, para apartar a ésta de un camino peligroso. Aunque dado vuestro refinado gusto, quizá no os agraden la excesiva delgadez de madame Gazzani, su falta de clase y esas manos tan vulgares que la obligan a llevar siempre guantes.

Reconozco que madame Montmorency sabe aprovechar el tiempo y las oportunidades. ¿Es posible más veneno en menos palabras? He mirado de reojo a la mesa de la lectora. Sigue deslumbrante de belleza, pero mi vecina ha conseguido que ya la vea de otro modo. Este talento aplicado a la diplomacia puede hacer variar el mapa de Europa en un par de meses. Le insinuaré a Talleyrand que tome lecciones.

Terminó la comida y pasamos a la terraza a tomar café, menos la emperatriz, que no lo consume y se retiró. Al despedirse me dijo:

—Vuestra Majestad, os ruego que no olvidéis informaros de mi encargo.

Por supuesto no pensaba relegarlo al olvido. Tomé sitio

en la terraza, ofreciendo un asiento inmediato a la lectora. Los demás, al no hacerles yo ningún ofrecimiento, no se atrevieron a acercarse, dejándonos en una cómoda intimidad.

Tiene ojos sensacionales de mirada pícara e incitante, la boca, con la atractiva irregularidad que me chocó desde el primer día, deja ver unos dientes pequeños y blanquísimos, con encías perfectas. Los brazos, efectivamente, un poco delgados, pero esa flaqueza no se vislumbra en el generoso seno de la lectora. ¡Al diablo los brazos!, nunca nos han importado un ardite a los Bonaparte. Tanto en los asuntos de estado como en los del lecho, sabemos concentrarnos en lo más importante.

—Creo que tenéis un encargo para mí.

—Vuestra Majestad comprenderá cuando lo explique por qué la emperatriz ha preferido no hacéroslo directamente. En sus conversaciones con la reina María Luisa, notó que tenía una envidiable dentadura. La reina de España confesó que sus dientes eran postizos. Ya sabéis, Majestad, lo que la emperatriz padece con la suya. La reina María Luisa manifestó una curiosidad insaciable por todos los datos de adorno, incluso de aseo de la emperatriz. Trajes, sombreros, alhajas, afeites. Quedó muy asombrada de que los emperadores se bañen a diario, y de las veces que cada día la emperatriz muda de camisa y ropa interior.

Quise interrumpir a madame Gazzani, pues la charla tomaba un cariz indelicado, pero esa mujer habla en voz aguda, no agradable, a una velocidad desenfrenada y nada fácil de cortar. Va a resultar que tiene razón la Montmorency.

—La emperatriz cambia todos los días tres veces de ropa interior, y, las medias, esa maravilla que hacen sólo para ella en las sederías de Lyon, las estrena cada vez. Jamás repite ni consiente que otras personas las utilicemos después. A mí me encantaría poder lucirlas, aunque reconozco que mis piernas no son como las de la emperatriz.

Tenía razón mi vecina de mesa. Esta mujer es de una falta de clase notoria. Decidí frenar su facundia indiscreta.

—Escuchad, madame Gazzani. En mi viaje desde Nápoles, al visitar a mi hermano Luciano, éste me relató una anécdota interesante sobre mis nuevos súbditos. Pasando por esa zona de Italia, una princesa procedente de Viena, que iba a contraer matrimonio con uno de los reyes españoles de la casa de Austria, los alcaldes ofrendaron, como un gran presente, unas cajas de medias de finísimo encaje que ellos fabricaban. El jefe de la escolta española, enfurecido, se las arrojó al rostro diciéndoles: «¡Las reinas de España no tienen piernas!» La princesa se echó a llorar creyendo que iban a cortárselas en España, pero opino que el alférez español tenía razón.

—Disculpe Vuestra Majestad, no me había percatado de que estaba siendo inconveniente.

—Sosegaos, no es para tanto —empiezo a utilizar modismos reales españoles—. Además, no me habéis explicado cuál es el encargo de la emperatriz.

—Perdón, Majestad, tenéis razón. Hay en España unos artistas que fabrican en porcelana los dientes postizos y saben colocarlos. Son los de la reina María Luisa, que llamaron la atención de la emperatriz. Desea que le enviéis a esos artífices.

Me pareció que había estado duro con la atribulada beldad. Daba lástima verla pedir tantas disculpas y perdones. Cambié de tono:

—¿Se informó la emperatriz de cómo puedo localizar a esos hábiles artesanos?

—Sí, Majestad, y lo he traído apuntado.

Me entregó un billete. Abriéndolo, leí: «Antonio Saelices e hijos. Medina de Rioseco.»

—Medina de Rioseco. Nunca he oído hablar de esta ciudad, pero decid a la emperatriz que será el mayor placer servirla con este primer encargo en España. También, si vos deseáis algo, lo haré con gusto.

—Gracias, Majestad; mi único deseo ahora es no haberos incomodado.

—Por supuesto que no. Además me podéis ser útil dándome alguna lección de español, al menos al hablarme en esta lengua me haréis más grato el aprendizaje.

—Mi único deseo es complaceros, en cualquier cosa.

Dijo las últimas palabras en tono insinuante, la mirada pícara. Alentada por mi talante, se embaló, hablando con la velocidad anterior:

—Será un honor mantener conversación con Vuestra Majestad en español. Como lectora de la emperatriz, mi habitación está aquí, en palacio; en el tercer piso. Si en alguna ocasión deseáis una clase sin que os interrumpan; es modesta pero amplia y bien iluminada y tiene una buena mesa de trabajo.

Demasiado rápida esta Gazzani. Una aventura con ella, tan apetecible en apariencia, puede acabar en quebraderos de cabeza que ahora no convienen. Ya veré lo que decido.

Con unas frases de cortesía rutinaria para los demás del grupo, levanté la reunión. Debía seguir el trabajo.

Esperaban los cuatro ayudantes con los papeles, tal como pedí. Separados los del destino de los reyes al marchar de Bayona, y aparte los de los acontecimientos anteriores.

Preferí invertir el orden y empezar por el destierro de los reyes. Marcharon el día 12 de mayo de Bayona. Al contrario que a la llegada, en que acudió con tanto aparato a recibirlos, el emperador no los despidió. Encargó esta misión al señor Castellane, quien, no sabiendo qué decirles, les deseó simplemente «Buen viaje».

Con los reyes iban el príncipe de la Paz, su hija la duquesa de Alcudia, un par de españoles leales y algunos dignatarios franceses de segundo rango como séquito oficial. Llegaron el día 23 a su destino en Fontainebleau. Once días de camino. En las ciudades del trayecto se los recibió y despidió con solemnidad por las autoridades y con muestras de gran simpatía por la población. La carta del emperador al ministro Cambacérès del 15 de mayo (a los tres días de su marcha, diez días después de la abdicación en favor del emperador) dice: «No es necesario rendir al rey Carlos honores extraordinarios, ni en Compiègne ni en Fontainebleau...

Lleva poco séquito. Aparte de la reina y el pequeño infante don Francisco, no tiene más que siete u ocho oficiales de honor y el cuádruple de domésticos. Posee algunos caballos.»

Los reyes quedaron sólo unos pocos días allí, marchando hace dos semanas a Compiègne, de donde ya han avisado que no les sienta bien el clima, y que desean establecerse en Marsella, con la reina de Etruria, el infante don Francisco y el príncipe de la Paz. Se ha aceptado su demanda de traslado, que aún no emprendieron.

Éste ha sido el final del reinado de mi predecesor. Espero no merecer uno tan mezquino.

Conocido el fin, conviene repasar el principio del fin. Tarea muy difícil en este caso, pues se mezclan problemas nacionales e internacionales, políticos y personales, motivos y pretextos. Todo consta en los voluminosos legajos que he estudiado esta tarde.

En situaciones semejantes tengo por costumbre conocer en líneas generales la apariencia superficial de los hechos. Luego analizo con detalle los documentos que me parecen esenciales, sopesando lo que puede adivinarse y no está escrito. Es donde se vislumbra muchas veces y, aquí también, el nudo del problema.

Debemos distinguir en este laberinto dos temas: los motivos que han llevado a la decisión de dominar España y la estrategia empleada para llevar a buen término tan compleja tarea.

Motivos que han llevado al emperador a intentar el dominio de España

Hay una razón de estado permanente: asegurar la retaguardia de los Pirineos, para que ningún ataque español pueda comprometer la acción guerrera o política de Francia en el resto de Europa. Dentro de esta política domina la obsesión del emperador por imponer a las demás naciones su sistema de bloqueo continental a todo el comercio con Inglaterra, única nación que le desafía y que domina los mares. A través del «dominio total de la tierra», quiere Napoleón doblegar a Inglaterra.

España, en el último decenio, ha colaborado fiel y abnegadamente con Francia. Es la nación que más escrupulosamente cumple las normas del bloqueo continental. El rey Carlos IV temía y al mismo tiempo idolatraba a mi hermano. Faltaba, pues, una razón política y estratégica para un ataque a España, nación que, pese a su decadencia, es demasiado poderosa para arriesgar un ataque frontal contra ella. Ha perdido su flota en Trafalgar por imposición nuestra. Nos paga una ruinosa indemnización por el privilegio de mantener su neutralidad. No se puede pedir más a un vecino y aliado.

A falta de razón, mi hermano, como suele hacer, ha buscado un pretexto. Se lo sirvió en bandeja una imprudencia del príncipe de la Paz. El 14 de octubre de 1806, creyendo que Francia podía perder la guerra en el Norte, lanzó una proclama a los españoles, poniendo al país en pie de guerra, sin señalar contra qué nación enemiga. El sentido común hace presumir que era contra Francia, y el rey de Prusia, Federico Guillermo, traicionó la confidencia española, informando al emperador de que España pensaba atacarle por la retaguardia. El mismo día de la proclama de Godoy, el emperador obtuvo la resonante victoria de Iena. De todos modos, este intento de traición de Godoy no es una razón, sino un pretexto para mi hermano, que, pese a su realidad en aquel momento, ni Godoy ni España han vuelto a dar el menor atisbo de deslealtad. Comprendido el riesgo que corrieron y, escarmentados, se sometieron servilmente a todas las exigencias del emperador. No había razón para prever que será de otro modo en el futuro. En buena política no vale la pena arriesgarse a modificar una situación como ésta.

El otro motivo no es de estado, es personal: el odio del emperador a la dinastía borbónica. Hay una curiosa lucha de pasiones en el alma de mi hermano. Sin percatarse, trata de imitar, y, si es posible superar, a Luis XIV. Que este pensamiento tenga carácter obsesivo en su mente, explica algunas de sus acciones que, de otro modo, resultarían incomprensibles. Paradójicamente, la identificación con el gran rey santifica la decisión de eliminar a sus últimos descendientes coronados. Ya ha bajado del trono a todos los Borbones de Italia. Sólo quedaban los españoles. A éstos los impuso Luis XIV con un cambio de dinastía en España. El emperador, siguiendo el ejemplo siempre alabado del Rey Sol, implantará una nueva dinastía en España, la de los Bonaparte. El estudio de los documentos confidenciales muestra que ha dudado mucho entre dos opciones: una transitoria, con el matrimonio de una de nuestras princesas con el príncipe de Asturias. La otra colocar en el trono a uno de sus hermanos. Aquí es donde yo entro en juego, del modo más involuntario y desganado.

Refuerza este tema personal del odio a los Borbones, el que lo comparte Talleyrand, quien tanta influencia tuvo sobre Napoleón. Le sigue consultando en los asuntos graves. Lo ha hecho muy especialmente en el de España. Talleyrand no propuso la eliminación total de los Borbones, sino su debilitamiento, tomando en prenda alguna provincia que garantice la defensa desde el otro lado de los Pirineos y anule preocupaciones estratégicas. Se podían dar compensaciones a costa de Portugal.

Compruebo que el emperador, en un doble juego incluso con su asesor confidencial, fingió acceder a las propuestas de Talleyrand, mientras preparaba la ejecución de las suyas.

La decisión de neutralizar España quedó firme en la mente imperial, sólo faltaba decidir el cómo llevarla a cabo.

ESTRATEGIA PARA DOMINAR ESPAÑA

Creo que ha existido una planificación inicial, y luego improvisaciones aprovechando los acontecimientos.

El primer paso era asegurar que no hubiese entorpecimiento internacional para algo tan importante como la asimilación de España y su imperio, que va a romper el equilibrio de Europa.

El emperador lo consiguió en la paz de Tilsit con Prusia y Rusia en julio de 1807. Hace menos de un año. Una cláusula secreta compromete a Francia a tolerar la anexión de Finlandia por Rusia. Ésta, a cambio, acepta la intervención de Francia en España. Austria, único poder al margen del tratado secreto de Tilsit, vencida y agotada, no podrá oponer resistencia eficaz. La suerte de España estaba echada.

Mi hermano insiste mucho en que ha sido obligado por las gravísimas dimensiones en el seno de la familia real española, pero estas cláusulas son cuatro meses anteriores a la primera noticia de conflicto entre el rey Carlos y su hijo. También es anterior la decisión de inundar cautelosamente la península con tropas francesas.

En esos meses el emperador está representando ante toda Europa el papel de «un hombre de paz». Es aún más importante representar este papel pacificador dentro de la propia Francia, que está empezando a resentir tantas cargas bélicas, aun endulzadas con triunfos, conquistas y gloria. Decide el emperador que la guerra en España se gane sin un solo combate. Sin derramamiento de sangre, «o muy poca».

Adopta dos decisiones inteligentes: mermar el número de las fuerzas españolas y entrar en España tropas francesas en tal número y poderío, que los españoles comprendan que toda resistencia es inútil y no lleguen ni a iniciarla.

Opina el emperador que el ejército español es débil, torpe, indisciplinado, falto de pertrechos y movilidad, con mandos ineptos. De todos modos, procura menguar el número de tropas. Pide, y obtiene de España, que sus mejores fuerzas vayan a Etruria. Catorce mil hombres, lo más selecto del ejército español, pasan a la Toscana, y al destronar a los Borbones reinantes en Etruria (la reina María Luisa es hija de Carlos IV), encuentra peligrosa la permanencia allá de soldados españoles y los envía al punto más lejano: a Dinamarca. Es el cuerpo expedicionario del marqués de La Romana. Nuestros generales de Dinamarca informan que estas tropas elegidas son una calamidad. La flor y nata del ejército español carece del entrenamiento adecuado, desconoce las técnicas militares contemporáneas. Nuestros oficiales están ayudando a adiestrarlas. Es fácil suponer el grado de ineficacia del resto del ejército español.

Hacia esos días mi hermano pronunció la frase que se ha hecho famosa: «Sé cuando conviene quitarse la piel de león para cubrirse con la del zorro.» Debía de estar pensando en España.

Portugal sirvió de pretexto. Decidido a terminar con la buena armonía y comercio de Portugal con Inglaterra, embaucó a los gobernantes españoles con promesas sobre Portugal, y solicitó la venia para que tropas francesas, «aliadas de España», pasasen por sus provincias camino de Portugal. Consiguió también que España prestase parte de sus tropas restantes, para, unidas a las francesas, entrar en Portugal. Así mermó aún más el ejército que quedaba en España. He calificado severamente de alevosía la estrategia contra España. He de decir que el comportamiento de España hacia Portugal fue igualmente execrable. A mi juicio, es el más grave pecado de los gobernantes españoles. Cierto que el emperador los tentó de forma difícil de resistir: en la carta del 12 de octubre de 1807 al rey Carlos IV, le propone:

... es hora de cerrar los puertos de Oporto y Lisboa... Me entenderé con Vuestra Majestad para hacer con este país [Portugal] lo que convenga, y EN CUALQUIER CASO SU SOBERANÍA OS PERTENECERÁ, como parecéis desear...

Tres días más tarde, el emperador hizo un nuevo alarde de la extraña forma de romper relaciones con un país, de la que va formando una costumbre por su repetición: aprovechar una gran recepción al cuerpo diplomático en París, para dirigirse violentamente contra un embajador, abrumándole con reproches e insultos a su país. En esta ocasión le tocó la mala suerte al señor Lima, embajador de Portugal. En sólo dos días los portugueses, aterrados, rompieron relaciones con Inglaterra y declararon la guerra a los ingleses. El emperador quedó sin pretexto, pero mi hermano no cambia fácilmente de idea. Tenía concentrado en la frontera española un fuerte cuerpo del ejército al mando de Junot. Dio al general Junot orden de seguir:

(17 de octubre de 1807) ... Me entero en este momento de que Portugal ha declarado la guerra a Inglaterra, no me basta; seguid vuestra marcha... Es preciso que estéis en Lisboa el primero de diciembre, como amigo o como enemigo. Manteneos en la mejor armonía con el príncipe de la Paz.

Al día siguiente, Junot, al mando de ese ejército, entra en España por Irún. Los españoles los reciben con ovaciones y fiestas. Al pasar las tropas obsequian con refrescos a «sus aliados los soldados franceses».

No hay ningún acuerdo con el gobierno español que permita esta entrada. Tampoco el asustado gobierno de Carlos IV se atreve a impedirla.

Junot coloca destacamentos en puntos clave de la geografía española. A marchas forzadas, que van dejando hombres extenuados por el camino, sin artillería, como un relámpago, aparece ante Lisboa, que se entrega sin lucha el 30 de noviembre. Un día antes de lo imaginado por Napoleón. La antevíspera la familia real portuguesa se ha embarcado a refugiarse en Brasil.

Durante esos doce días el emperador ha hecho dos cosas trascendentales: acorrala al enviado español en París, Izquierdo, llevándole a firmar el 27 de octubre el tratado de Fontainebleau, que mi hermano va a incumplir desde el primer día. En realidad, desde antes de haberlo firmado, pues durante esos mismos días se ha ocupado de la otra medida trascendental: concentra un ejército de cien mil hombres en la frontera española, pertrechado del mejor armamento.

En las semanas siguientes seguirán llegando fuerzas francesas a la frontera española. Mientras tanto, el mismo día de la firma del tratado de Fontainebleau (que repartía Portugal, dándole al príncipe de la Paz el Algarbe y el Alentejo como estado soberano en toda propiedad, para él y sus descendientes) se inician en El Escorial los inesperados acontecimientos españoles.

LOS INESPERADOS ACONTECIMIENTOS ESPAÑOLES

La causa de El Escorial

Es tan confuso el tema y hay de él tantas versiones contradictorias, que prefiero separar los hechos y las interpretaciones.

El conflicto estalla en apariencia el 29 de octubre de 1807, a las seis y media de la tarde, pero los hechos fundamentales comienzan dieciocho días antes, el 11 de octubre, fecha en que el príncipe de Asturias escribe al emperador:

Señor:
El temor de incomodar a V. M. I. en medio de sus azañas y grandes negocios... me ha privado de manifestar a lo menos por escrito los sentimientos de respeto, estimación y afecto que tengo al héroe mayor que cuantos le han precedido, enviado por la Providencia para salvar Europa del trastorno total que la amenazaba, para consolidar los tronos vacilantes, y para dar a las naciones la paz y felicidad...
Si los hombres que le rodean aquí (al rey Carlos IV) le dejasen conocer a fondo el carácter de V. M. I. como yo lo conozco, ¿con qué ansias procuraría mi padre estrechar los nudos que unen nuestras dos naciones? Y ¿habrá medio más proporcionado que rogar a V. M. I. el honor de que me concediera por esposa una princesa de su augusta familia? Éste es el deseo unánime de todos los vasallos de mi padre, y no dudo que también el suyo mismo (a pesar del esfuerzo de un corto número de malévolos), así que sepa las intenciones de V. M. I.

Esto es cuanto mi corazón apetece; pero no sucediendo así a los egoístas pérfidos que rodean a mi padre, y que pueden sorprenderle por un momento, estoy lleno de temores en este punto...

Sólo el respeto de V. M. I. pudiera desconcertar sus planes, abriendo los ojos a mis buenos y amados padres, y haciéndolos felices al mismo tiempo que a la nación española y a mí mismo. El mundo entero admirará cada día más la bondad de V. M. I., quien tendrá en mi persona el hijo más reconocido y afecto.

Imploro, pues, con la mayor confianza la protección paternal de V. M., a fin de que no sólo se digne concederme el honor de darme por esposa a una princesa de su familia, sino allanar todas las dificultades y disipar todos los obstáculos que puedan oponerse en este único objeto de mis deseos.

Este esfuerzo de bondad de parte de V. M. I. es tanto más necesario para mí, cuanto yo no puedo hacer ninguno de mi parte mediante a que se interpretaría insulto a la autoridad paternal, estando como estoy reducido sólo al arbitrio de resistir (y lo haré con invencible constancia) mi casamiento con otra persona, sea la que fuere sin el consentimiento y aprobación positiva de V. M. I., de quien yo espero únicamente la elección de esposa para mí.

...Escrito y firmado de mi propia mano y sellado con mi sello en El Escorial, a 11 de octubre de 1807.

De V. M. I. y R., su más afecto servidor y hermano

FERNANDO

Ésta es la carta que menciona en la suya del 16 de abril de 1808 el emperador. Napoleón ha retrasado todos esos meses en darla por recibida y contestar, y de ella le dice a don Fernando:

V. A. no está exento de faltas; basta para prueba la carta que me escribió y que siempre he querido olvidar... cualquier paso de un príncipe heredero cerca de un soberano extranjero es criminal.

Un paso semejante se considera criminal en España y en cualquier otro país. Un príncipe heredero, sin conocimiento del rey, pide a un monarca extranjero algo tan decisivo como la futura reina, y se compromete a no hacer nada «sin el consentimiento y aprobación positiva» del soberano extranjero.

Más que de crimen tiene la carta condición de desatino y de una ingenuidad impropia de un príncipe de veintitrés años. Pretende «conocer a fondo el carácter» del emperador, con quien no ha tenido el menor trato de ninguna especie, y se le entrega «como el hijo más reconocido y afecto», en la misma carta en que comete tan serio desmán contra su auténtico padre y señor. La esperanza de obtener una correspondencia de afecto equivalente es tan ilusoria que hace pensar en una mengua de inteligencia o de criterio. Parece no haber intención de daño ni desdoro al rey. Sólo irresponsabilidad.

Por ironía del destino, este desatino criminal o «crimen desatinado» inconsciente es el que en lugar de agravar su suerte en el proceso de El Escorial, va a salvar a don Fernando y a todos sus cómplices. Mas por el momento nadie en España conocía esta carta, excepto el príncipe y alguno de sus consejeros.

Importa hacer constar que don Fernando considera su conducta inocente, ya que escribe la carta en lugar de dar otros pasos «que se interpretarían insulto a la autoridad paternal».

Nuestro embajador parece metido hasta las orejas, neciamente, sin la menor utilidad para Francia, en el complot de El Escorial. Estalló este escándalo, como dije, en la tarde del 29 de octubre. Informado el rey Carlos de que el príncipe de Asturias escribía muchas cartas, y velaba por las noches para redactarlas, entró en sospechas. Por lo visto, cada vez que el pobre don Fernando está activo en algo, tanto montar a caballo como mantener correspondencia, todo el mundo sospecha. Tal debe de ser su indolencia natural.

Dispuso el rey Carlos que, entrando de improviso en la

estancia de don Fernando, se recogiesen sus papeles. Se le hizo comparecer en el cuarto de Su Majestad el rey; en presencia de los ministros de despacho exigió explicaciones sobre el contenido de los papeles.

Inmediatamente, con gran solemnidad y talante amenazador, el propio rey, seguido de sus ministros y del gobernador del consejo, rodeados de la guardia real, llevaron al príncipe a su habitación. Tras pedirle la entrega de la espada, quedó preso, con centinelas. La servidumbre del príncipe fue a prisión.

En la corte española no se conocía un escándalo semejante, desde que Felipe II tuvo que arrestar en el alcázar de Madrid al príncipe Carlos. Aquella prisión estuvo justificada por la demencia de don Carlos y sus desmanes. Pese a ello, ha tenido una nefasta influencia en la imagen de España y sus reyes, que perdura en Europa desde hace más de dos siglos.

No es tan clara la necesidad de haber arrestado, ostentosamente, a don Fernando. Sin duda uno de los mayores desaciertos que conoce la historia de España, que contiene tantos, es la forma en que Carlos IV dio la noticia pública del suceso.

Apresuradamente hizo publicar al día siguiente el famoso decreto del 30 de octubre, del que recibimos copia en todas las cortes de Europa. Ahora que la estudio en relación con datos más objetivos, creo conveniente repasarlo entero:

Dios que vela sobre las criaturas no permite la ejecución de hechos atroces cuando las víctimas son inocentes. Así me ha librado su omnipotencia de la más inaudita catástrofe. Mi pueblo, mis vasallos, todos conocen muy bien mi cristiandad y mis costumbres arregladas; todos me aman y de todos recibo pruebas de veneración, cual exige el respeto de un padre amante de sus hijos. Vivía yo persuadido de esta verdad, cuando una mano desconocida me enseña y descubre el más enorme y el más inaudito plan que se trazaba en mi mismo palacio contra mi persona. La vida mía, que tantas veces ha estado en riesgo, era ya una carga para mi sucesor, que preocupado, obcecado y enajenado de todos los principios de cristiandad que le enseñó mi paternal cuidado y amor, había admitido un plan para destronarme. Entonces yo quise indagar por mí la verdad del hecho, y, sorprendiéndole en su mismo cuarto, hallé en su poder la cifra de inteligencia e instrucciones que recibía de los malvados. Convoqué al examen a mi gobernador interino del consejo, para que, asociado con otros ministros, practicasen las diligencias de indagación. Todo se hizo, y de ella resultan varios reos, cuya prisión he decretado, así como el arresto de mi hijo en su habitación. Esta pena quedaba a las muchas que me afligen; pero así como es la más dolorosa, es también la más importante de purgar, e ínterin mando publicar el resultado, no quiero dejar de manifestar a mis vasallos mi disgusto, que será menor con las muestras de su lealtad. Tendréislo entendido para que circule en la forma conveniente. En San Lorenzo a 30 de octubre de 1807.

En este decreto destacan dos afirmaciones: «... el más inaudito plan que se trazaba en mi mismo palacio contra mi persona», «la vida mía... era ya una carga para mi sucesor, que... había admitido un plan para destronarme».

Además de enviar el rey Carlos IV copia de este decreto al emperador, le escribe una carta en que añadía a las mismas acusaciones la de que don Fernando «había maquinado contra la vida de su madre», por lo que merecía ser castigado y revocada la ley que le destina a suceder en el trono, poniendo en su lugar a uno de sus hermanos. Termina pidiendo los consejos y asistencia de Su Majestad Imperial y Real.

El día 5 de noviembre se publican tres documentos esenciales. El decreto de perdón del rey al príncipe, que ha pedido clemencia a sus padres, expresado arrepentimiento y denunciado a sus cómplices. Junto a él, en un mismo cuerpo, las cartas del príncipe Fernando a los reyes:

La voz de la naturaleza desarma el brazo de la venganza, y cuando la inadvertencia reclama la piedad, no puede negarse

*a ello un padre amoroso. Mi hijo ha declarado ya los autores
del plan horrible que le habían hecho concebir unos malvados:
todo lo ha manifestado en forma de derecho, y todo consta con
la escrupulosidad que exige la ley en tales pruebas. Su arrepentimiento y asombro le han dictado las representaciones que
me ha dirigido y siguen:*

«Señor:
»*Papá mío: he delinquido, he faltado a V. M. como rey y
como padre; pero me arrepiento, y ofrezco a V. M. la obedien-
cia más humilde. Nada debía hacer sin noticia de V. M.; pero
fui sorprendido. He delatado a los culpables, y pido a V. M.
me perdone por haberle mentido la otra noche, permitiendo
besar sus reales pies a su renocido hijo.*

»FERNANDO
»*San Lorenzo, 5 de noviembre de 1807.*»

«Señora:
»*Mamá mía: estoy muy arrepentido del grandísimo delito
que he cometido contra mis padres y reyes, y así, con la mayor
humildad, le pido a V. M. se digne interceder con papá para
que permita ir a besar sus reales pies a su reconocido hijo.*

»FERNANDO
»*San Lorenzo, 5 de noviembre de 1807.*»

El emperador no había dado por recibida la carta de don
Fernando. Comprende que su embajador puede estar impli-
cado de un modo que deje comprometido el honor imperial; decide actuar tajantemente. Ordena a Masserano:

*... escribid inmediatamente a vuestra corte que jamás el prín-
cipe de Asturias me ha escrito* —innecesaria mentira de mi
hermano, que puede verse desmentido, y que aumentó las
suspicacias españolas sobre su lealtad—, *que mi embajador
no entró en ningún tipo de intriga. Decidles que desde este
momento tomo bajo mi protección al príncipe de Asturias, que*

si se le toca, por poco que sea, o si se acusa a mi embajador, declararé la guerra a España y me pondré a la cabeza de mi ejército para invadirla...

El ministro Champagny dice a don Eugenio Izquierdo, representante atemorizado del rey y de Godoy en París:

... Me limito a decir a usted de orden del emperador:

1.º) Que muy de veras pide a S. M. que por ningún motivo ni razón, y bajo ningún pretexto, se hable ni publique de este negocio [la causa de El Escorial] *cosa que tenga alusión al emperador ni a su embajador en Madrid...*

2.º) Que si no se ejecuta lo que acabo de decir lo mirará como una ofensa hecha directamente a su persona, que tiene, como usted sabe, medios de vengarla, y que la vengará.

3.º) Declara positivamente S. M. I. y R. que jamás se ha mezclado, y asegura solemnemente que jamás se mezclará en cosas interiores de España...

Mi hermano tiene la costumbre de decir una cosa y hacer otra, pero dar órdenes apoyadas en amenazas a un país, y en el mismo escrito afirmar «positivamente» que ni se ha metido ni jamás se meterá en sus cosas interiores, y escribirlo en las mismas líneas, es muestra de su actual ceguera para la menor oposición a sus deseos. Me preocupa por su honor. Me desasosiega que su genio, que todo lo ha superado, empiece a superarle a él mismo.

Tal es el miedo que el emperador inspira en Europa, que el gobierno español suspende el proceso de El Escorial. El ministro marqués de Caballero había afirmado delante de los reyes que: «... el príncipe de Asturias es reo de pena capital por siete capítulos». El 25 de enero de 1808 los jueces absolvieron por completo y declararon libres de todo cargo a los reos, entre ellos Escoiquiz, el duque del Infantado, el duque de San Carlos, el conde de Orgaz y el marqués de Ayerbe.

El mismo 25 de octubre el emperador da orden de que

nuevos ejércitos suyos penetren por distintos puntos en España y, «discretamente», se vayan apoderando de las principales fortalezas.

Nunca se aclarará del todo el enredo de El Escorial. Con los datos que hoy tengo parece que don Fernando, en toda su irresponsabilidad y conducta malicioso-pueril, no pretendía ni destronar a su padre ni atentar contra la vida de su madre. El rey Carlos se precipitó al hacer una apreciación tan desorbitada de las faltas de su hijo. Fue injusto y, además, aún más irresponsable que don Fernando al publicar el decreto de acusación y luego las dos vergonzosas cartas en que el príncipe reconoce su culpa y pide perdón. Puede que esté en lo cierto la condesa de Albany, que en esos días escribió desde Madrid: «... todos estos príncipes son unos cretinos.»

El emperador había llegado a la misma conclusión un par de semanas antes. El 10 de enero escribe a Carlos IV sobre el tan manido tema del matrimonio de don Fernando en nuestra familia, en forma que mucho debió doler al rey:

... Vuestra Majestad debe comprender que ningún hombre de honor desea vincularse por lazos de familia a un hijo deshonrado por su real proclama, sin tener la seguridad de que ha recuperado todas vuestras gracias.

El rey Carlos dio garantías en este sentido. Es sorprendente cómo todos los españoles se aferraban a esta idea del matrimonio, como a una única tabla de salvación.

El emperador tampoco desecha del todo el proyecto. En uno de los intentos de acercamiento a nuestro díscolo hermano Luciano, llevé con venia del emperador la proposición a la hija mayor de Luciano. Ha producido tal daño en todas las cortes la publicación de los documentos de El Escorial, que mi sobrina, que es hija de un príncipe en desgracia que está en el exilio y arruinado, contestó a la proposición de matrimonio con el heredero del trono de España y de las Indias:

114

Mi honor no me permite unirme a un hijo que ha traiciona-do a su padre.

Aunque con esta respuesta fracasaba mi misión, siendo hombre de honor, no pude dejar de alabar cómo mi sobrina defiende el suyo.

Éstos son los hechos. Interpretaciones las hay de muy variado pelaje. Dejo su análisis para mañana. Alaban que el emperador trabaje algunos días quince horas. Hoy empecé a las cinco de la mañana. Llevo dieciséis de tarea. Nadie se ha percatado ni lo hará notar. Pasaré a la historia como «débil y flojo para el trabajo», pues así hace ya muchos años me definió mi hermano, y no cambia de parecer. El suyo se impone a los demás.

Son las nueve. No me siento con fuerzas para asistir a la velada de palacio, que suele prolongarse hasta las doce. Doy licencia para retirarse a mis agotados colaboradores. Debo pedir la venia del emperador para marchar a mi alojamiento.

El gran salón de Marrac está lleno con los invitados que disfrutan de los sorbetes y otros refrigerios esperando la cena. Pocas personas y bien elegidas, como es habitual. Algún invitado de compromiso. No está el emperador. Muchas noches no acude. En estos casos la emperatriz suele ir a hacerle un rato de compañía antes de reintegrarse para la cena.

La emperatriz pone de buen talante a mi hermano. Es momento oportuno para pedir una breve audiencia y despedirme. Está de ayudante de campo Lavalette. Me desagrada. Dice el marqués de Gallo que Lavalette es el encargado de registrar toda nuestra correspondencia y mostrársela al emperador. Es una de sus misiones, pero hay tareas que tiñen de colores agrios a quienes las ejercen. Indico a Lavalette que solicite mi audiencia al emperador.

Mientras regresa el general, paseo por el salón. Están preparadas las mesas para los juegos de whist y de la macedonia, con los que se entretienen después de la comida. Se han formado algunos grupos.

En un rincón el joven polaco, Chaplowski, con las más hermosas. Veo acercarse al pintoresco Roustan, el mameluco del emperador, perro fiel que no se le separa más que cuando le envía a una misión confidencial. Hoy viene vestido de griego. Tanto él como el emperador parecen recrearse en esa costumbre de los variados uniformes de Roustan, que en realidad son disfraces. Se acerca a madame Gazzani, susurra algo en su oído y ésta se levanta y sale. Si hubiese sido un lacayo portando la librea de todos, de esos que sólo notamos cuando queremos que nos sirvan algo y tardan, podría haber pasado inadvertido. Pero mandar a Roustan, con su ridículo traje de falda blanca luminoso como un faro, eso equivale a publicarlo en el *Monitor*. Aunque la emperatriz no esté en este momento en el salón, es indelicado. Directamente, o de reojo, todo el mundo ha visto salir a madame Gazzani.

Otro grupo, de pie, escucha y ríe en torno a Castellanne, prefecto de la zona donde estamos, a quien tocó la ingrata misión de despedir a Carlos IV. Habitualmente los graciosos me aburren, éste no. Además de gracia tiene un encanto personal llamativo. Sabe combinar el descaro con la cortesía. Es un soplo de aire fresco entre tanta ampulosa hipocresía y aburrido circunloquio. En el corro está el único español asistente, el conde de Fuentes.

Es persona que también me resulta simpática. No al modo de Castellanne, Fuentes es serio y un poco solemne, pero con esa irradiación de noble dignidad de algunos españoles que comienzo a apreciar.

Fuentes era el único español invitado junto a los reyes a las reuniones de Marrac, porque a todos los otros nobles los consideraba Carlos IV unos traidores. Fuentes quiso marchar con su rey. No se le permitió, porque debe asistir a las sesiones de la asamblea que comienzan pasado mañana. La emperatriz le sigue llamando a palacio. Le hice seña de que se acercase. Busqué dos asientos un poco apartados, ofrecí uno al conde.

—Es un honor, Majestad.

—Para mí un placer departir con vos.

—Es posible que Vuestra Majestad no lo sepa, pero tengo audiencia para veros mañana.

—No lo sabía y me satisface haberme anticipado a vuestro deseo. Veo con simpatía la lealtad que habéis mostrado hacia vuestro soberano. Deseo recompensarla manteniéndoos el antiguo puesto en la corte.

En lugar de la reacción de mal disimulado alivio que he percibido en tantos cortesanos en situación parecida, nubló su rostro el conde. Tras una pausa, en que miró ensimismado al suelo, dirigió sus ojos a los míos.

—Señor. Es otra muestra de la bondad de vuestro corazón. Me duele deciros que no puedo aceptar. Vuestra Majestad, en los tiempos difíciles que se avecinan, precisa servidores activos y despiertos. Yo no podría seros útil. Necesito tiempo para componer mi ánimo, desolado por la suerte del rey mi señor. No sé mudar de lealtades tan presto. Merecéis, por vuestra bondad, ser mejor servido de como yo podría hacerlo. Con vuestra venia deseo recogerme apartado de la corte.

Es la primera renuncia que recibo. No esperaba el desplante. Eso pasa por mi tendencia a ofrecer antes de que pidan. No percibí en la expresión de Fuentes ni altivez ni despego. Las palabras amables que mezcló a su negativa, las dijo en tono de sincero aprecio. Hombres así deseo acercar a mi partido. No quise dejar impresión de estar molesto por su renuncia.

—Vuestra sinceridad os honra, conde. Como he comprobado que no vais a ocultar la verdad, deseo preguntaros algo sobre el rey Carlos.

—Decid, Majestad.

—Por mejor servir a España procuro enterarme de lo que en ella ha ocurrido, especialmente en la familia real. El rey Carlos me ha parecido, en las referencias, un hombre bueno y de sentimientos delicados.

—Señor. No me precio de conocer bien a mi rey, sino de bien haberle servido. Si de una cosa puede estar seguro Vuestra Majestad, es del gran corazón y de la bondad natural del rey Carlos.

—Por eso no me cuadra una de las historias que me han contado de él. Deseo que me digáis si es cierta.

—Majestad, el odio y la envidia son las dos maldiciones que pesan sobre nuestra raza. España está sembrada de calumnias y difamaciones.

—Sospecho que ésta es una de ellas. Por eso os pregunto. Me han dicho que en su pasión por la caza, el rey mandó disparar a sus artilleros sobre dos mil ciervos cercados en un parque, para divertirse con el espectáculo.

El conde crispó las manos sobre los brazos de la butaca y pareció ir a incorporarse. Controló el gesto, pero las palabras salían de su boca sibiladas con ira. Los ojos encendidos.

—¡¿Cómo es posible, Majestad, cómo es posible que hayan cometido la villanía de contaros semejante infundio!? Mi padre fue montero mayor de Su Majestad. Improbable que una historia semejante me sea desconocida. Imposible que el rey Carlos haya ni pensado en algo parecido.

—¿De dónde creéis que procede la difamación?

—Señor. Antaño podría haber sido un embajador veneciano, ahora no sé...

Interrumpió su frase, creo poder completarla: ahora el embajador de Francia.

—No, conde; os pregunto de qué acontecimiento deformado por la malicia puede haber surgido esta leyenda.

—Dejad que piense un poco, Majestad... no sé... Recuerdo que en uno de los palacios reales, el de Riofrío, cuyo parque está cercado de una tapia, se crían gamos, no ciervos, como en la historia que os han contado. Allí se celebran grandes monterías para la corte y los embajadores. Ahora me viene a la memoria que en una de ellas una epidemia había matado a casi todos los perros de las reales, que acosan a los gamos. Esos animales tan ágiles sorteaban a los ojeadores de a pie. Se acordaron de los cañones usados para las salvas de honor; los dispararon sin proyectiles, porque el

118

ruido asusta y pone en movimiento a las reses, y la montería pudo celebrarse. Sin duda, de esta ingeniosa improvisación sacaron esa mentira de estúpida crueldad. No me extraña, Majestad, la historia de mi patria se conoce en Europa a través de «verdades» como ésta. Ocurre tanto para los grandes hechos como para la que en Francia, Majestad, llamáis «pequeña historia». Al resultado se le conoce como leyenda negra y forma la opinión por la que se nos juzga. El buen rey Carlos no se ha librado. Cuentan de él otras historias tan falsas como ésta.

—Gran parte de la culpa la tenéis los españoles. Muchas de esas historias las han escrito compatriotas vuestros.

—Vuestra Majestad tiene razón, es uno de nuestros defectos.

—Pienso adoptar las costumbres españolas, pero en ese terreno prefiero contagiaros nuestra manía nacional de alabar sin mesura todo lo francés. En relación con cosas de otra monta, ¿qué nuevas tenéis de la insurrección?

—Graves, Majestad. Los avisos que nos llegan a los españoles de Bayona son mucho más serios que los que oigo en la corte imperial. Conviene que Vuestra Majestad esté apercibido.

—Es mi primera obligación. ¿Aceptaréis formar con otros miembros de la junta una comisión para aconsejarme?

De nuevo oscureció su talante el conde. Tras un largo silencio y en otro tono de voz, que había aligerado durante el relato de Riofrío, respondió interrumpiéndose en cada frase, como si tuviera que sopesar las palabras:

—No he explicado aún a Vuestra Majestad el motivo de mi audiencia de mañana. Es despedirme... y con vuestra venia lo hago ya ahora. No participaré en las sesiones de la asamblea. Tampoco lo hará el duque de Medinaceli. Yo pensaba pretextar motivos de salud. Vuestra sinceridad, que ahora conozco mejor, me impide un engaño, ni con la excusa de la cortesía.

—Estáis convocado para la asamblea. No os darán licencia para partir, os detendrán igual que al duque de Medinaceli.

—El duque partió anoche y ha cruzado la frontera. Por eso he osado mencionarlo. Yo lo haré en la madrugada de mañana... a no ser que Vuestra Majestad me haga arrestar.

—No retendré a nadie en mi partido por la fuerza. Quiero comenzar el reinado con un perdón general y otras medidas de clemencia. ¿Cómo imagináis que os voy a hacer arrestar? —resentido por el desaire, no resistí la tentación de burlar su tono solemne. Encampané un poco la voz—: Id en buena hora, conde, id con Dios donde vuestra conciencia os lleve.

Me levanté para dar fin a la conversación con el conde, al ver acercarse en mi busca al general Lavalette. Al ponerse en pie el conde dijo en voz baja, casi como para sí mismo:

—Quiera la Providencia, señor, que mis compatriotas os conozcan, antes de que sea demasiado tarde.

Acompañado por el general hasta la puerta de los aposentos del emperador, encontré a mi hermano de pie tras la mesa cubierta de mapas, atendido por el príncipe de Neufchâtel. Ambos saludaron: el emperador con amabilidad, Berthier del modo seco de este mariscal, tan grande estratega como frío cortesano.

—Sire, me gustaría retirarme para preparar la jornada de mañana.

—Veo que la de hoy ha sido dura. Medid vuestras fuerzas, van a resultar necesarias. Mañana a las siete me acompañaréis a pasar revista a la guardia imperial. Luego os llevarán los documentos a vuestro alojamiento para seguir el trabajo de hoy. Para la velada os espero en mi palco en el teatro de Bayona. He traído a una compañía de la Comédie Française, para una representación en vuestro honor... Una hora antes el príncipe de Neufchâtel pasará por vuestro palacio para informaros de la situación de mis ejércitos en España; ahora debe seguir la tarea conmigo. Hasta mañana.

—Sire, hasta mañana.

En el coche, de regreso a Bayona, guardé silencio, que Girardin, que me acompañaba, supo respetar. No puedo dejar de reflexionar sobre mi hermano y su extraño comportamiento conmigo. Con las cortesías y halagos, incluso con las pruebas de afecto, no deja de incluir alguna crítica o reticencia. «Medid vuestras fuerzas», «... ahora debo seguir la tarea» (cuando me retiro agotado) y ese tono imperativo, «... me acompañaréis», «... os espero». Con ¡el rey de España! Luego, tanto afán de grandiosidad, hasta en lo insignificante. «He traído a una compañía de la Comédie Française.» Sé por mi malicioso sobrino Clary que ha traído unos cuantos cómicos de París y que ha mandado elegir a las actrices «más en atención a su figura que por su talento», excepto las de los papeles principales. Está en todo, pero no hace falta mencionarlo con tanta pompa. «Vuestro palacio», es la casa en que se alojó el príncipe de Asturias, la que hizo protestar a Cevallos. La verdad es que es la mejor de Bayona.

Para la revista de mañana vestiré el uniforme español, el que me regaló el duque del Infantado. Es de la orden de Carlos III. Lo llevaré también al teatro.

Si este cochero no apresura el paso voy a quedar dormido antes de alcanzar el lecho.

BAYONA, 14 DE JUNIO DE 1808

A LAS SIETE MENOS CUARTO, en la explanada en la que se iba a celebrar la revista de las tropas, los generales y el alto estado mayor aguardaban al lado de la tribuna. Ensillados y prestos los dos caballos del emperador.

La variedad de uniformes de los generales refleja la diversidad de las tropas que ocupan la explanada en formación. Granaderos y coraceros de la guardia imperial, fusileros, infantería, las legiones del Vístula, caballería pesada con las corazas relucientes, caballería ligera con el traje de los galones de oro, caballería polaca, ingenieros, cazadores, artillería ligera.

A primera vista se distingue que hay veteranos y tropas bisoñas, de los últimos reclutamientos a los que, tras un apresurado entrenamiento, se envía a España.

Los generales se cuadran y forman para saludarme. Quedo de pie, de conversación con ellos en espera de mi hermano. Noto tenso al general Durosnet, caballerizo mayor del emperador. Tiene motivos. Uno de los fines de la revista de hoy es comprobar los progresos en el adiestramiento de la caballería polaca.

El emperador siente atracción por las tropas exóticas unidas a su ejército. Los polacos mostraron en una revista del mes pasado irregularidades en la maniobra. El emperador encargó a su caballerizo que se ocupase en persona de superarlas: «Quiero que hagáis de estos escuadrones la mejor caballería del mundo.»

122

Unos minutos antes de las siete, el ruido de los cascos de los caballos de la escolta y el de los carruajes envueltos en la polvareda anunció la llegada del cortejo imperial. A galope, para frenar en seco ante la tribuna.

Descendió el emperador en uniforme de granadero. Tras saludarnos, rechazó esta vez cabalgar e inició la revista de las tropas a pie.

Los soldados manifiestan una súbita mutación ante la presencia del emperador. Parecen mesmerizados. Mi hermano también cambia entre la tropa. Nunca le he visto sentirse más a gusto. Pasa las revistas a fondo, no de modo formulario. Un botón desabrochado, una hebilla sin brillos y muda el semblante. También el responsable y sus superiores se encuentran con motivos para cambiar de gesto. Se recrea en la perfección marcial. Habla, bromea, elogia. Interrumpe la marcha, comenta con su escolta de mariscales, vuelve a caminar ante los escuadrones.

De regreso a la tribuna, en lugar de consentir el plan de maniobras establecido, eligió él las que debían realizarse, improvisando los movimientos de los escuadrones. Mandó despejar la explanada a la infantería a paso ligero, para formarla al otro lado del campo. Ante cierta torpeza en el desplazamiento de los batallones de reclutas inexpertos, cuando los jefes temían la ira imperial, dijo: «Buenos muchachos, pronto podré estar orgulloso de ellos.» Es difícil adivinar las reacciones de mi hermano.

Hizo desfilar, a galope, a la artillería ligera y los furgones de intendencia. «El avituallamiento es tan importante como la capacidad de fuego.» Repentinamente ordenó parar a un vagón, desmontar la lona y poner en el suelo la carga. Bajó a inspeccionarla, haciendo desclavar algunas cajas. Satisfecho del contenido, regresó a la tribuna.

En estas revistas en que participa la guardia imperial no se sabe si asombra más la vistosidad o la perfección. Tampoco si el emperador obtiene más placer con la admiración de los extraños o con su propio deleite.

Pudo quedar complacido de mi pasmo al ver maniobrar

a la caballería polaca de su escolta. El general Durosnet ha cumplido el encargo. Es la mejor caballería del mundo. Les hizo pasar a galope tendido, entrelazándose a una velocidad de vértigo, en los movimientos más complejos y arriesgados por el peligro de colisión. La disciplina inculcada por Durosnet convierten a estos escuadrones en la más perfecta máquina bélica. El emperador comentó complacido: «No creo que exista un ejército capaz de resistir una carga de esta caballería.»

Al acompañarle a su carroza me fijé en Roustan, su mameluco, con el más rutilante de los uniformes. Hoy ha venido vestido de mameluco, sin duda para desconcertar.

—Os veré en el teatro. Ahora trabajaré para vos.

—Gracias, sire.

Partió entre las ovaciones de la tropa. Los soldados bisoños cambiaron con su presencia. En un contagio colectivo del coraje de la guardia imperial al maniobrar conjuntamente ante el emperador, estos hombres, antes desalentados por su destino a España, marcharán mañana con orgullo y decisión.

He logrado organizar los salones del primer piso de mi casa, para el trabajo y las audiencias. Me esperan los mismos de ayer y... un volumen igualmente abrumador de legajos.

—Antes de entrar en materia, debo comunicar que he dado licencia para no asistir a la asamblea de notables al conde de Fuentes y al duque de Medinaceli.

Fue Meneval quien tomó la palabra, mientras abría una carpeta.

—Sólo están en Bayona sesenta y cinco, Majestad. Con estas dos ausencias se reducen a sesenta y tres. Debieran asistir ciento cincuenta. El embajador La Forest y el ministro Piñuela envían desde Madrid una lista con otros nombramientos para sustituciones. Esperamos que vayan llegando. Los dos licenciados por Vuestra Majestad son de la comisión de grandes de España. Si no tenéis inconveniente pueden ocupar sus puestos el marqués de Ariza y el conde de Castel-Florido.

Reemprendido el análisis donde ayer lo dejamos, resulta de los documentos que no figura en el proceso de El Escorial ninguna prueba terminante de que don Fernando pretendiese destronar a su padre o atentar contra la vida de su madre.

El escrito de puño y letra del príncipe de Asturias, en un largo alegato, respetuoso en la forma si no fuera por las tremendas acusaciones que contiene, en que trata de convencer al rey Carlos de la mala conducta y peores propósitos del príncipe de la Paz... y de la reina. Todo en un cuadernillo de doce hojas y otro de cinco y media.

Tras las espinosas acusaciones a Godoy de la relación con la reina, le atribuía don Fernando la intención, con carácter de «sospecha», de querer subir al trono y acabar con toda la familia real. Un argumento esgrimido por don Fernando para pensar en el propósito de don Manuel Godoy de privarle de la herencia de la corona era: «... haberle alejado del lado del rey, sin permitirle ir con él de caza, ni asistir al despacho».

Don Fernando, además de hacer acusaciones, da consejos y propone medidas: conceder al príncipe heredero «facultad para arreglarlo todo, a fin de prender al acusado y confinarle en un castillo», «embargarle los bienes, la prisión de sus criados, de doña Josefa Tudó y otros», según conviniese, en averiguaciones posteriores y conveniencias que el príncipe «sometería a su augusto padre para su aprobación».

Suplica una reunión con personas que puedan asesorar imparcialmente al rey sobre la realidad de las acusaciones, con tal que no estuviesen presentes la reina ni el valido, y que... llegado el momento, no se separase al padre del lado de su hijo, «para que los primeros ímpetus de los sentimientos de la reina no alterasen la determinación de S. M.»

Termina rogando a su padre que guarde secreto, en caso

de no acceder el rey a su petición, pues, descubierta la denuncia, peligraría su vida.

En la iniciación de la causa de El Escorial, se descubre además la carta al emperador, un decreto que don Fernando había expedido de su puño y letra y sello, sin fecha, en favor del duque del Infantado, «luego que falleciese su padre el rey», para que tomase el mando de todas las armas, incluida la guardia real.

Más que de «crimen horrendo», «hechos atroces», «inaudita catástrofe», etc., como publica don Carlos en su decreto, aparece una gran torpeza e ingenuidad.

Ahora que por documentos posteriores, y por el comportamiento de todos estos príncipes en Bayona, los conocemos mejor, comprendemos el aislamiento y abandono, la humillante relegación de don Fernando. Por las circunstancias de esta familia y el protocolo de la corte española, no tenía libertad ni para hablar paseando con su hermano. Es disculpable que tal aislamiento le llevase a hacer una composición ilusoria de las reacciones que pueden tener los dos destinatarios de sus escritos, el rey y el emperador.

Dada su edad y falta de experiencia, era imposible que pudiese comprender la compleja relación del valido con sus padres. Un marido engañado, al saber, ¡al fin!, la traición y deshonor, reaccionará del modo convencional, y lo único que puede oponerse, trayéndole de nuevo a engaño, son las argucias de la esposa descubierta; por eso pide precauciones para que los «primeros ímpetus de los sentimientos de la reina no alterasen la deteminación de S. M.».

No podía sospechar que «los ímpetus del sentimiento» hacia don Manuel Godoy eran tan intensos, o quizá aún más, en el rey que en la reina. Las «flaquezas de la afección», que mi hermano supo intuir, no podía adivinarlas un joven. Los hechos posteriores las han confirmado.

El rey vende España y las Indias, para comprar un lugar tranquilo en que pasar el resto de su vida en compañía de la reina y del príncipe de la Paz. Ha partido hacia el exilio, satisfecho, con ellos dos y con doña Josefa Tudó, amante del valido, que es, a la vez, esposo de una sobrina del rey, la condesa de Chinchón.

Quien tiene razón es la emperatriz: no basta con las flaquezas, son «misterios de la afección».

Los documentos que he repasado hoy aportan nuevas pruebas de este ciego cariño, que los acontecimientos de Aranjuez, con la prisión y malos tratos al valido, convierten en desgarrada angustia. Los reyes piden a Murat que salve la vida de Godoy «antes que la nuestra», pues «es nuestro único amigo» y, afirma la reina hablando del rey: «Que la muerte del príncipe de la Paz produciría la suya, pues no podría S. M. sobrevivir a ella.»

Leer tantos documentos seguidos tiene el peligro de desordenar las ideas. Don Fernando no podía conocer esas reacciones porque ocurrieron cinco meses más tarde, tras el motín de Aranjuez. Me es fácil rememorar la fecha: coincide con mi onomástica, el 19 de marzo.

En estos cinco meses ocurrieron muchas cosas en España.

La ira de don Carlos al suponer amenazada su autoridad y ver ultrajadas a las dos únicas personas que quiere, y que quiere con toda su alma, lanza el proceso de El Escorial. Ya analicé cómo las amenazas del emperador cortan ese proceso. El 25 de enero de 1808 los jueces absolvieron y dejaron libres de todo cargo a los reos.

Durante el proceso y en las semanas siguientes, nuevos ejércitos franceses entran en España y se adueñan de las plazas fuertes principales. El 22 de diciembre de 1807 había penetrado Dupont al mando de veintiocho mil hombres, sin convenio previo con España, en infracción del tratado de Fontainebleau. Francia no se ocupará ni en simular que lo cumple. Dupont, que se porta con mucha menos discreción que Junot, «manda y ordena» a su paso por las ciudades españolas. Comienza la alarma y el resentimiento hacia esas tropas «aliadas y amigas». El 9 de enero entra un nuevo ejército al mando del mariscal Moncey.

El 1 de febrero hace público en Lisboa que la casa de

Braganza ha dejado de reinar, y que Napoleón le ha ordenado que gobierne Portugal «en su totalidad», en nombre del emperador. Por tanto, mi hermano descubre su proyecto de no cumplir ninguno de los apartados del tratado de Fontainebleau; entre ellos, los del reino para Godoy en el sur y, como compensación, otro para el rey de Etruria en el norte.

A primeros de febrero entra en Cataluña el ejército del general Duhesme y, en el mismo mes, se produce la toma de fortalezas, por estratagemas que los generales franceses relatan con satisfacción por su astucia, que, si bien no produjeron derramamiento de sangre, han encendido la ira y el resentimiento de los españoles.

Es memorable la treta empleada para tomar la fortaleza de Pamplona, el 16 de febrero. Llegó a la ciudad el general D'Armagnac con tres batallones sin previo aviso. Pidió permiso al virrey de Navarra, marqués de Vallesantoro, para alojar sus tropas dentro de las murallas de Pamplona. Se le concedió como aliado. Aparecía difícilmente expugnable la ciudadela, con sus puentes levadizos e imponentes defensas. D'Armagnac quiso meter dentro soldados suyos para facilitar el asalto. Empleó la argucia de solicitar permiso para mantener dentro de la ciudadela a dos batallones de suizos, «de cuya fidelidad dijo no fiarse», pero el virrey manifestó que no podía consentir sin permiso de Madrid. D'Armagnac, hombre lleno de recursos, logró que los franceses fuesen a buscar sus raciones dentro de la ciudadela, en la que con trato tan amistoso se descuidó cada vez más la vigilancia. Logró D'Armagnac que le cediesen para su alojamiento un palacio contiguo a la entrada principal del fuerte. Escondió, poco a poco en su casa, durante la noche del 15, buen número de granaderos especializados en acciones de asalto, que entraban con disfraz de paisanos y allí quedaron esperando. Al día siguiente, a la hora de ir a recoger los víveres al interior de la ciudadela, junto a los soldados que llevaban las cestas, acudió otro grupo más numeroso, fingiendo bromear con ellos y lanzándoles bolas de nieve. Simularon los primeros huir por el puente levadizo. Entre risas y bolazos de nieve entraron los demás aparentando acosarlos, mientras los españoles de guardia contemplaban divertidos aquel simpático jugueteo. A una señal convenida se lanzaron, todos a la vez, sobre los desprevenidos centinelas españoles, impidiéndoles subir el puente levadizo. Entraron como un relámpago los granaderos que aguardaban escondidos en la casa del general D'Armagnac, que así, en un instante, como de broma, sin un herido, se apoderó de la importante fortaleza de Pamplona.

A los pocos minutos se enteró el virrey. Con la noticia le llegó una carta del general D'Armagnac, en la que también en tono festivo le pedía disculpas por lo que había hecho «impulsado por la necesidad», y esperaba que el incidente «no alteraría la buena armonía propia de dos fieles aliados». La carta fue juzgada por el destinatario como «género de mofa que hacía resaltar su fementida conducta». El virrey recibió orden desde Madrid de no provocar el menor incidente con las tropas francesas.

Por la similitud de los sucesos debían de tener los mariscales franceses instrucciones de proceder así, dejando a la improvisación de cada cual y a su ingenio la argucia empleada. Doce días más tarde el general Duhesme empleó un ardid parecido para tomar la ciudadela de Barcelona. Anunció que sus tropas saldrían hacia Cádiz, con gran alivio de los preocupados barceloneses y, cortésmente, ofreció una revista de despedida de sus tropas delante de la ciudadela. La sagacidad francesa parecía ir emparejada en todos esos sucesos con la indisciplina hispana y con su irreflexión. Parece increíble: la guarnición española había marchado a la ciudad, cada cual a su albedrío, tanto oficiales como soldados, dando el peligro por terminado y con una cierta descortesía hacia el desfile de despedida con que los obsequiaban los franceses. Quedaron sólo veinte soldados de guarnición. Se acercó un oficial francés con su destacamento, de gala y batiendo tambores a saludar al oficial de guardia español. Con el ruido de los tambores ahogaron las voces de los sucesivos centinelas españoles sorprendidos y, en lucido desfile entraron, sujetaron el puente para permitir el paso de los demás y... quedó en sus manos la fortaleza.

El capitán general de Cataluña rindió el mismo día la de Montjuïc, sin defenderla. Como todos, tenía severas órdenes de Madrid de no «provocar» a los franceses, y Duhesme, ya sin disimulo, dijo que sólo obedecía órdenes del emperador y que si no rendían la fortaleza la tomaría por fuerza.

Lo mismo ocurrió días más tarde en San Sebastián, donde el comandante general de Guipúzcoa, duque de Mahón, quiso defender la plaza. Recibió orden de Godoy, el día 3 de marzo, escrita y firmada por el príncipe de la Paz:

... que ceda el gobernador la plaza, pues no tiene medio de defenderla; pero que lo haga de un modo amistoso, según lo han practicado los de las otras plazas, sin que para ello hubiese tantas razones ni motivos de excusa como en San Sebastián.

Las «razones y motivos de excusa» eran de fuerza mayor: la llegada a la frontera de un nuevo ejército, bajo el mando de mi no menos impresionante cuñado Joaquín Murat. Murat, gran duque de Berg, con tratamiento de alteza imperial, condición de esposo de una hermana del emperador, de modales despóticos y amedrentadores. Se le entregó la plaza de San Sebastián el 5 de marzo. El día 13 ya estaba en Burgos. Como general en jefe de los cien mil hombres que por entonces tenía el emperador en España, dio una proclama a sus soldados «para que tratasen a los españoles, nación por tantos títulos estimable, como tratarían a los franceses mismos; queriendo el emperador el bien y la felicidad de España».

Importa mucho sopesar el proceder de Murat, que es opuesto a la política que yo preconizo, y ha pesado muy negativamente en la evolución de los asuntos de España.

Al avanzar Murat con su ejército por Aranda y Somosierra hacia un Madrid desguarnecido, cundió el pánico en la corte, que marchó a Aranjuez, con la mayoría de las escasas tropas acantonadas en la capital. Corrió entre el pueblo el rumor de que la familia real, a imitación de la portuguesa, se dirigía hacia el sur para embarcar con rumbo a América.

El furor popular por lo que consideraban una huida que los dejaba desamparados, combinado con las intrigas e incitaciones de partidarios del príncipe de Asturias, hicieron estallar el motín de Aranjuez, con la consiguiente abdicación de Carlos IV en su hijo.

Los hechos fundamentales son de sobra conocidos. Sirven para enjuiciar a mis predecesores en el trono de España. Algunos hechos secundarios, perdidos entre los documentos, me han llamado la atención, porque creo que sirven para valorar algunos rasgos que tienen mis nuevos súbditos, de los que carecen otros pueblos.

En el saqueo del palacio de Godoy en Aranjuez y en los que ocurrieron al día siguiente en su palacio de Madrid y en las casas de su madre y de su hermano Diego, acaeció algo extraño. En todas ellas arrojaron los objetos de valor, obras de arte «y preciosidades» por las ventanas para quemarlos ante las fachadas. Dice el relato de Madrid: «... quemáronlo todo, sin que nada se hubiesen quedado ni escondido».

Igualmente en el de Aranjuez: «... el pueblo, si bien quemó y destruyó los muebles y objetos preciosos, no ocultó para sí cosa alguna, ofreciendo el ejemplo del desinterés más acendrado.»

Nada de esto imagino en Nápoles o en Francia, con el populacho amotinado en una orgía de violencia, y menos aún otro rasgo. En el saqueo encontraron las condecoraciones del valido: «... las veneras, los collares y todos los distintivos de las dignidades supremas a que Godoy había sido ensalzado, fueron preservados y puestos en manos del rey.» ¡Los españoles! Noble y extraño pueblo.

Semejante proceder se repitió en otras ciudades y provincias: júbilo delirante por la proclamación de Fernando VII y por la caída del valido. Paseo triunfal del retrato del primero, y arrastre del retrato del segundo con asalto a las casas de los protegidos locales del valido, y desmanes contra sus personas. Extraña combinación de fiesta y motín, sin rasgos revolucionarios que muchos temían, y eran de esperar.

Con los nuevos informes me voy haciendo una composición diferente de cómo era la situación en España. Debemos ver qué hacían en esos días los españoles, el emperador y Murat, y su relación mutua.

Mientras por todo el mapa de España se extiende, desde Aranjuez y Madrid, la buena nueva del triunfo de don Fernando, inundando de alegría las provincias, don Fernando y sus allegados siguen en Aranjuez y Murat decide precipitar la llegada a Madrid, anticipándose. Lo consigue entrando en la capital del reino el día 23 de marzo.

Don Fernando y sus consejeros gastaron esos preciosos tres días en las primeras provincias del nuevo gobierno, que, como protestó un comentarista español, se iniciaron «con el fatal sistema de echar por tierra lo actual y existente, sin otro examen que ser obra del gobierno que había antecedido».

Carlos IV había abdicado ante todos sus ministros y ceñido la corona a las sienes de su hijo el día 19 a las siete de la tarde en Aranjuez. La noticia llegó a Madrid ese mismo día a las once de la noche. Por lo avanzado de la hora, el júbilo sólo lo disfrutaron algunos grupos. El día 20 el gozo fue universal, en frenesí colectivo, alentado por el anuncio oficial por la mañana en carteles, y ya publicado por la tarde. Las multitudes delirantes de entusiasmo fueron enturbiando su talante en la noche del 20, y comenzaron a cometerse desmanes, que fueron reprimidos por el consejo, que prohibió siguiese «esta suerte de regocijos».

En los tres días siguientes don Fernando VII fue cambiando algunos ministros de su padre por los que le siguieron, y tengo yo ahora aquí, y que conmigo se van a reunir esta tarde en su mayoría: Miguel José de Azanza, antiguo virrey de México, Hacienda; Guerra, don Gonzalo Ofarril; Gracia y Justicia, don Sebastián Piñuela; don Pedro Cevallos sigue de consejero de estado.

Llamó, para aconsejarse de ellos, a los encausados de El Escorial: Escoiquiz y los duques del Infantado y de San Carlos. Entre los tres decidieron en los asuntos de más importancia. Escoiquiz no sólo era un admirador entusiasta de mi hermano, de su genio y poderío; confiaba además ciegamente en la bondad y rectas intenciones del emperador. Sólo esto explican algunas decisiones posteriores del grupo que rodeaba a Fernando VII.

Inician el proceso de Godoy, al que para mayor seguridad mandan trasladar al castillo de Villaviciosa, y también encarcelan a otros que en realidad no tenían más delito que el haber sido amigos o favorecidos del príncipe de la Paz.

La decretada confiscación de los bienes de Godoy era ilegal; sólo podían haberlos embargado una vez celebrado el juicio.

Lanza Fernando VII un manifiesto garantizando la misma actitud de amistad con Francia y de colaboración con el emperador que había mantenido su padre, y pide a los españoles comportamiento que merecen los «amigos y aliados» para las tropas francesas. Deciden también enviar emisarios del máximo rango al emperador y a Murat, gran duque de Berg. Viajan a Francia los duques de Medinaceli y de Frías y el conde de Fernán Núñez. Sale el duque del Parque al encuentro de Murat «para obsequiarle y servirle».

Por tanto, Fernán Núñez no estaba en Francia para «un asunto particular», como dicen, sino cumpliendo el encargo de su rey. Lo que hizo fue adelantarse a los dos duques, quizá por la vanidad de ser el primero. Tampoco encuentro tan risible que demandase ser presentado a la princesa prometida del rey Fernando VII. Toda la corte española y el gobierno en pleno seguían aferrados a esta idea, como la única vía de salvación de España. El motivo de la embajada de los tres grandes era, entre otras cosas, acelerar el enlace.

Acuerdan desde Aranjuez la entrada de don Fernando en Madrid el día 24 de marzo. Murat ha llegado la víspera, con cuarenta mil hombres y se ha adueñado de la ciudad, cuya guarnición sigue en su mayoría en Aranjuez.

Las dos entradas en Madrid fueron espectaculares, cada una a su modo. Conviene compararlas:

El rey adentra en su capital con poca escolta, y toda la población rodeándole en delirio.

La entrada de Murat, la víspera, fue entre el más brillante cortejo y la manifestación de un poderío militar como jamás habían conocido los españoles. Los madrileños, el día 23, seguían viendo con simpatía a Murat y al emperador. Creían que gracias a ellos se habían librado de Godoy y que Murat aceleró la entrada en Madrid para recibir a don Fernando.

Mi cuñado Joaquín, gran duque de Berg, une a la vanidad más desenfrenada y el mayor aprecio de sí mismo que conozco en persona alguna, un notable sentido de la teatralidad. Demasiadas veces se conduce como un actor. En la interminable caravana de su equipaje va un furgón cargado exclusivamente con los perfumes, tarros de pomada y cosméticos que usa. El guardarropa, por lo exagerado en el afán de lucimiento, cae en el ridículo, pero he de reconocer que deslumbra a las multitudes ignorantes; así fue con los madrileños.

Montó magistralmente su objetivo de teatralidad. Gran parte de su ejército, especialmente la infantería, se componía de reclutas del último reemplazo, llamados a filas precipitadamente, mal vestidos y peor preparados. Los acantonó fuera de la ciudad, rodeándola. Entró con la caballería de la guardia imperial. Los regimientos de uniformes más variados, exóticos y vistosos que existen, en formación impecable. En medio, Murat rodeado de su séquito de generales y altos oficiales, en máximo esplendor marcial. El gran duque exageró un tanto la nota, con su vestimenta, que diseña él mismo en verdaderos arrebatos de fantasía. Vistió para el desfile la gran capa polaca azul celeste, la suya está además ribeteada de ricas pieles y adornos dorados; la portó entreabierta, para que el público pudiese admirar también la chaqueta en la que el negro del terciopelo apenas se vislumbra, cubierto de tantos entorchados de oro y condecoraciones.

Pantalones de cachemira, blancos, con un galón de oro de anchura inhabitual que sube por el centro del lado externo del calzón como es normal, pero llegando cerca de la cadera se curva hacia atrás, ya no es tan normal, como si marcase el límite superior de las nalgas, que las tiene más desarrolladas de lo que su presunción desearía, y quedan realzadas por esa especie de cejas que forma el galón; debió de olvidar mirar su espalda con ayuda de dos espejos. Botas de montar de tafilete rojo, también bordeadas de piel. El gran chacó de pieles a lo cosaco rematado en un penacho blanco, varios galones y borlas de oro, sobre su cabellera rizada y antirreglamentariamente larga, pues los bucles le cuelgan por la espalda. Una gran banda de seda verde a la cintura y sable turco al costado.

Aparte de la discutible combinación de colores, el aspecto general de lo que me describen, tan similar al que le he visto en otras ocasiones, más que el de un mariscal es el de la sublimación soñada por un presentador de circo ambulante, o de amante de lujo para una zarina viciosa. Según las crónicas y despachos, hizo buen efecto en los madrileños. Influyó su excelente equitación, que cuidó poner bien de relieve caracoleando y encabritando al caballo todo el trayecto. Los espectadores, entre exclamaciones de admiración, ofrecían refrescos y golosinas al paso de las tropas.

Resultado brillante, que oscureció con sus decisiones del día siguiente. Esa noche durmió en el palacio del Retiro, que le habían preparado como residencia. Muchas madrileñas soñaron con él, y él con ser rey de España.

La ciudad despertó en un clima de optimismo y alegría. No sé de qué humor despertó Murat, pero cometió dos errores. Uno, el ocupar sin permiso de los españoles y en ostentoso desdén a su cortesía, la antigua casa de Godoy, despreciando el alojamiento que le habían proporcionado en el palacio del Retiro. El otro error, más grave, fue hacer desfilar y maniobrar tropas suyas por el paseo del Prado, donde había de discurrir la comitiva del rey. No como homenaje a don Fernando, para presentar honores a su paso, sino como acto independiente, festejo que se hacía a sí mismo, para llamar la atención de los madrileños, sólo pendientes de la llegada de su rey.

¡Qué diferente la entrada de don Fernando a Madrid! Ésta es la que deseo para mí y no la de Murat. En lugar de pasmo y admiración, cariño. El entusiasmo que describen los relatos sólo es posible si está transido de amor y devoción. Se adentró don Fernando en Madrid por la puerta de Atocha al paseo del Prado, a caballo, seguido de los infantes don Carlos y don Antonio en coche, con muy poca escolta y escaso séquito. La multitud arremolinada en torno suyo, con fervor encendido, el aire de vivas y gritos de alabanza y alegría. Revoloteo de pañuelos en terrazas y balcones. Algarabía gozosa. Las mujeres rompían el cordón de los soldados para acercarse e intentar tocar el manto real y colocar flores en el sendero. Los hombres, en un gesto gallardo, volteaban sus capas para dejarlas extendidas en el suelo, y que los cascos del caballo del rey pisasen sólo sobre ellas en todo el camino a palacio. Los españoles, que cuidan tanto lo externo, exprimen sus ahorros para el lujo de la capa. Este orgullo en que la suya llevase las marcas de haber sido hollada por la cabalgadura del monarca es una hermosa ofrenda, en gentes que no podrán en su estrechez cambiar de capa. Comprendo ahora que, como me dijo Fuentes, tampoco mudan fácilmente de lealtad.

Vasallos tan devotos merecen mejor suerte que la que tienen. Me enorgullece el empeño de ofrecerles disfrutar las libertades y progresos de las nuevas ideas de la revolución, sin que tengan que pagar el precio de muertes, ruina y anarquía que costó a Francia. Hacerlo en paz y orden, sin daño para nadie. Ésa es mi hermosa misión. ¿Sabrán los españoles entender mis deseos? ¿O va a impedir su dicha precisamente una de sus virtudes, la de no mudar de lealtad?

El que voy comprendiendo que ha trabajado todo lo posible por hacer espinosa mi tarea ha sido el gran duque de Berg. Tras las dos torpezas del día 20, que hicieron, por vez primera, fruncir el ceño a los habitantes de Madrid, añadió el 21 la ofensa de ser, con nuestro embajador Beauharnais, los únicos de todos los diplomáticos y dignatarios extranjeros en la corte que no habían reconocido a Fernando VII como rey. No le dio trato de tal. Tampoco fue a visitarle. Quizá era una medida prudente al no tener aún instrucciones del emperador. Imprudente afrenta que, en lugar de quedar discreto en su palacio, al que obligó a traer nuevos muebles y objetos de valor, se mostrase en absurda ostentación que sólo se comprende conociendo la vanidad que le tiene poseso.

Nuevamente ocupó el paseo del Prado, principal lugar de esparcimiento, y después de un desfile y hacer maniobrar a la caballería de la forma más vistosa que se le ocurrió, con todo el camino acordonado por sus regimientos, se dirigió solemnemente a la misa mayor, en la iglesia de San José, inmediata a la calle de Alcalá, la preferida de la aristocracia. Reservó para su estado mayor los primeros lugares, y él se colocó en un sitial junto al altar. Por ser día de precepto y acudir todos a misa, era el modo de mejor hacerse notar. ¡Joaquín Murat!, que no tiene el menor sentimiento religioso.

También es curiosa la epidemia que nos ha contagiado repentinamente a todos los Bonaparte y a nuestros cuñados de asistir a misa. Yo lo hago en Bayona, nada menos que a la que dice el inquisidor general, por tranquilizar a los españoles, que están muy preocupados con el mantenimiento de la religión católica en el nuevo reinado. El príncipe Borghese mitiga en los consuelos de la religión las amarguras del despego de nuestra hermana Paulina. Luciano, el revolucionario, parece que no puede estar últimamente media hora sin besar la orla del manto del Papa. Luis, en Holanda, muestra tal fervor que roza la beatería. El propio emperador empezó a hacer decir misa en Marrac, durante la estancia de los reyes españoles; no ha interrumpido la costumbre, y en los días de precepto en que viaja, para en el primer pueblo, se hace decir misa y le regala al sorprendido cura una tabaquera de oro. Deben ser normas de su buró de propaganda, para contentar a la Iglesia gala, ahora que ha vuelto a enfrentarse con el Papa. Sólo nos faltaba nuestro cuñado Joaquín, vestido de fuegos artificiales, cuatro escalones sobre la cabeza de los notables de Madrid, doblando una rodilla, una sola, pero doblándola, e inclinando levemente la cabeza con su catarata de rizos durante la elevación, en la iglesia de San José. Tendré que oír misa en ella de modo más devoto y discreto cuando vaya a Madrid.

¿Por qué Murat, con su talento militar y arrojo heroico, precisa ornamentarse como una bailarina con delirio de grandezas? Entre los libros que leo en mis clases de español está «las empresas» de Saavedra Fajardo, una *emblemata* con dibujos simbólicos para cada capítulo. En algunos de los emblemas combinan en unos animales atributos de otros. He visto uno que parece el retrato del alma de Murat: un pavo real con garras de ave de presa. Eso es Murat, un pavo real con uñas de buitre. Con las plumas de la cola abierta en abanico, y con las garras, nos ha hecho grave daño a España y a mí.

Las plumas siguió agitándolas con nuevos desfiles, maniobras y otras ostentaciones en el paseo del Prado. Mostró las garras en el carácter progresivamente amenazador del despliegue de su poderío bélico, colocando baterías de artillería en el Retiro y otros puntos estratégicos, y mucho más con manipulación de la familia real.

Reconozco que Murat actuó hábilmente y con la rapidez del relámpago. En la euforia general, los españoles olvidaron a Carlos IV y la reina, solos y amedrentados en Aranjuez, rumiando el abandono y desvalimiento. Nadie obedece sus órdenes. Rechazan sus ruegos en favor del príncipe de la Paz. Sólo queda a su lado, fiel y activa, su hija María Luisa, reina de Etruria, recién destronada, que goza de libertad de movimientos.

El gran duque de Berg, con inesperada sutileza diplomática, distrae a la corte anunciando la inminente venida a

Madrid del emperador. Refuerza el anuncio, con artimañas triviales pero eficaces, como exponer unas botas y un sombrero que afirma pertenecen al «Gran Napoleón» y que éste ha enviado como parte del equipaje. Admito la eficacia de esta picardía. Un público en que se alternan potentados y pueblo hacen cola para pasar reverentemente ante unas botas de marroquín carmesí forradas de peluche de seda (puedo imaginar a quién pertenece esa extravagancia) y uno de los sombreros del emperador, de fieltro de pelo de castor que sólo se hacen para él, y que tienen la doble virtud de ser impermeables y de insospechada ligereza. A los grandes de España y otros próceres se les permite tenerlo en la mano e incluso colocárselo en la cabeza. Luego contarán a todos la sublime sensación de tener la suya cubierta con el ornamento de la del emperador. El pueblo, al otro lado de un cordón de seda roja que divide la sala y que cede paso a cada figurón que entra, contempla embelesado estas pruebas y las dos reliquias de guardarropía.

Madrid es ciudad gregaria. Tan importantes como las noticias impresas son las que van de boca en boca por corros y mentideros.

Mi cuñado Joaquín, saco de vanidades, sabe usarlas para embotar la percepción ajena y tiene destellos de sagacidad. Mientras desfila y se pavonea, el 23 de marzo, día de su entrada en Madrid, ya tiene en su mano documentos de tan capital importancia, que han hecho cambiar el rumbo de la historia.

Murat tuvo la inteligencia de enviar la víspera, día 22, a su edecán, el comandante general B. de Monthion, a entrevistarse secretamente con el olvidado Carlos IV. La idea no pudo ser más fructífera a los planes del emperador. Creo necesario mantener copia íntegra del informe del edecán; nada da idea más clara de los hechos, al menos de la versión oficial francesa:

Conforme a las órdenes de V. A. I., vine a Aranjuez con la carta de V. A. para la reina de Etruria. Llegué a las ocho de

la mañana: la reina estaba todavía en cama. Se levantó inme-
diatamente. Me hizo entrar. Le entregué vuestra carta. Me rogó
esperase un momento mientras iba leerla con el rey y la reina,
sus padres. Media hora después entraron todos tres a la sala
en que yo me hallaba.

El rey me dijo que daba gracias a V. A. de la parte que
tomabais en sus desgracias, tanto más grandes cuanto era autor
de ellas un hijo suyo. El rey me dijo: «Que esta revolución ha
sido muy premeditada; que para ello se había distribuido mucho
dinero, y que los principales personajes habían sido su hijo y el
marqués de Caballero, ministro de Justicia. Que S. M. había
sido violentado para abdicar la corona por salvar la vida de la
reina y la suya, pues sabía que sin esta diligencia los dos hubie-
ran sido asesinados aquella noche; que la conducta del prínci-
pe de Asturias era tanto más horrible cuanto más prevenido
estaba de que, conociendo el rey los deseos que su hijo tenía de
reinar y estando S. M. próximo a cumplir sesenta años, había
convenido en ceder a su hijo la corona cuando éste se casara
con una princesa de la familia imperial de Francia, como
S. M. deseaba ardientemente.»

El rey ha añadido que el príncipe de Asturias quería que su
padre se retirase con la reina su mujer a Badajoz, frontera de
Portugal. Que el rey le había hecho la observación de que el
clima de aquel país no le convenía, y le había pedido permiso
de escoger otro, por lo cual el mismo rey Carlos deseaba obte-
ner del emperador licencia de adquirir un bien en Francia y de
asegurar allí su existencia. La reina me había dicho que había
suplicado a su hijo la dilación del viaje a Badajoz; pero que no
había conseguido nada, por lo que debería verificarse en el
próximo lunes.

Al tiempo de despedirme yo de SS. MM., me dijo el rey: «Yo
he escrito al emperador poniendo mi suerte en sus manos. Quise
enviar mi carta por un correo; pero no es posible medio más
seguro que el de confiarla a vuestro cuidado.»

El rey pasó entonces a su gabinete y luego salió trayendo
en su mano la carta adjunta. Me la entregó diciendo estas
palabras: «Mi situación es de las más tristes; acaban de llevar-

se al príncipe de la Paz y quieren conducirlo a la muerte. No tiene otro delito que el haber sido muy afecto a mi persona toda su vida.»

Añadió: «Que no había modo de ruegos que no hubiese puesto en práctica para salvar la vida de su infeliz amigo; pero que había encontrado sordo a todo el mundo y dominado del espíritu de venganza. Que la muerte del príncipe de la Paz produciría la suya, pues no podría S. M. sobrevivir a ella.»

B. DE MONTHION

El informe de Monthion viene cosido a otros tres documentos: la carta del rey Carlos al emperador, fechada el día 23, una de la reina María Luisa de la víspera, y una tercera de la reina María Luisa sin fecha.

El documento de importancia suprema es la carta del rey al emperador. De su puño y letra, deformada ésta por padecer muy doloroso reuma de la mano, penalidad que en el resto de la correspondencia con Murat pone como motivo de que las cartas vayan escritas de mano de la reina, con alguna posdata del rey.

Ya he reproducido algunos fragmentos de esta misiva histórica. El texto íntegro es así:

Aranjuez, a 23 de marzo de 1808.

Señor mi hermano:

V. M. sabrá sin duda con pena los sucesos de Aranjuez y sus resultas; y no verá con indiferencia a un rey que forzado a renunciar a la corona acude a ponerse en los brazos de un gran monarca aliado suyo, subordinándose totalmente a la disposición del único que puede darle su felicidad, la de toda su familia y la de sus fieles vasallos.

Yo no he renunciado a favor de mi hijo sino por la fuerza de las circunstancias, cuando el estruendo de las armas y los clamores de una guardia sublevada me hacían conocer bastante la necesidad de escoger la vida o la muerte, pues esta última se hubiera seguido de la de la reina.

Yo fui forzado a renunciar; pero asegurado ahora con plena confianza en la magnanimidad y el genio del grande hombre que siempre ha mostrado ser amigo mío, yo he tomado la resolución de conformarme con todo lo que este mismo grande hombre quisiera disponer de nosotros y de mi suerte, la de la reina y la del príncipe de la Paz.

Dirijo a V. M. I. y R. una protesta contra los sucesos de Aranjuez y contra mi abdicación. Me entrego y enteramente confío en el corazón y amistad de V. M., con lo cual ruego a Dios que os conserve en su santa y digna guarda.

De V. M. I. y R., su muy afecto hermano y amigo

CARLOS

Acepto que Murat, teniendo tales pruebas en su mano, estuvo cauto no reconociendo la abdicación. A mi juicio sobraban las inútiles provocaciones.

Las otras dos cartas, también en su poder desde el día 23, antes de llegar Fernando VII a Madrid, el 24, confirman el relato de Monthion. Sólo he anotado frases sueltas, que muestran algún dato complementario y el increíble servilismo con que se ponen a merced del gran duque de Berg, y las acusaciones contra su hijo, ya rey.

En la carta de la reina María Luisa (sin fecha) «... el emperador es generoso, es un héroe... De mi hijo no podemos esperar jamás sino miserias y persecuciones... Es necesario que no se crea nada. El rey desea igualmente que yo ver y hablar al gran duque... los dos estamos agradecidos al envío que ha hecho de tropas suyas».

Como no tiene fecha, deja duda sobre qué momento fue el del envío de tropas francesas a Aranjuez. Dice la carta de la reina del 22 de marzo:

Señor mi querido hermano:
Ya no tengo más amigos que V. A. I. El rey mi amado esposo os escribe implorando vuestra amistad... el afecto que siempre hemos profesado a su persona [la del emperador], *a la vuestra y a la de todos los franceses. Consíganos V. A. que*

podamos acabar nuestros días tranquilamente a la salud del rey, la cual está delicada, como también la mía, y que esto se cumpla en compañía de nuestro único amigo [...] Mi hija será mi intérprete [la reina de Etruria] *si yo no logro la satisfacción de conocer personalmente y hablar a V. A. ¿Podríais hacer esfuerzo para vernos, aunque fuera un solo instante, de noche o como queráis? [...] Espero que V. A. conseguirá para nosotros lo que deseamos, y que perdonará las faltas y olvidos que haya cometido yo en el tratamiento, pues no sé dónde estoy, y debéis creer que no habrán sido por faltar a V. A. ni dejar de darle seguridad de toda mi amistad... vuestra más afecta.*

Luisa

La reina, en esta carta, además de decirle a Murat que es su único amigo (aún no le conoce) y que siempre le ha querido, que el rey implora su amistad y que está muy preocupada por si no le ha dado los honores adecuados, confirma algo que yo había dudado: que en ese día, protestando de la abdicación forzada, no piden recuperar la corona, sino solamente salvar la vida de Godoy y poder acabar sus días tranquilamente en la compañía del valido.

En el legajo de estas cartas vienen otras de la correspondencia mantenida con Murat en los días siguientes, no tan importantes por ser posteriores y que en esencia repiten el contenido. Me parece prudente conservar memoria de algunas frases.

En la carta del 26 de marzo, la reina detalla su versión del motín de los días 18 y 19 en Aranjuez:

Mi hijo Fernando era el jefe de la conjuración. Las tropas estaban ganadas por él; hizo poner una de las luces de su cuarto en una ventana para señal de que comenzase la explosión. En el instante mismo, los guardias y las personas que estaban a la cabeza de la revolución hicieron tirar dos fusilazos... El rey y yo llamamos a nuestro hijo para decirle que su padre sufría grandes dolores, por lo que no podía asomarse a

143

la ventana, y que lo hiciese por sí mismo a nombre del rey para tranquilizar al pueblo. Me respondió con mucha firmeza que no lo haría... Después, a la mañana siguiente, le preguntamos si podría hacer cesar el tumulto y tranquilizar a los amotinados, y respondió que lo haría... Cuando mi hijo había dado estas órdenes, fue descubierto el príncipe de la Paz... Mi hijo fue y mandó no se tocase más al príncipe de la Paz y se le condujese al cuartel de guardias de corps. Lo mandó en nombre propio... y como si él mismo fuese ya rey dijo al príncipe de la Paz: «Yo te perdono la vida.» El príncipe, a pesar de sus grandes heridas, le dio las gracias preguntándole si era ya rey... Mi hijo respondió al príncipe: «No, hasta ahora no soy rey; pero lo seré bien pronto.» Lo cierto es que mi hijo mandaba todo como si fuese rey sin serlo y sin saber si lo sería. Las órdenes que el rey mi esposo daba no eran obedecidas... El día 19 [...] otro tumulto más fuerte que el primero contra la vida del rey mi esposo y contra la mía obligó a tomar la resolución de abdicar.

Desde el momento de la renuncia mi hijo trató a su padre con todo el desprecio que puede tratarlo un rey, sin consideración alguna para sus padres... Nosotros siempre hemos sido aliados fieles del emperador, grandes amigos del gran duque... Nosotros pedimos al gran duque que salve al príncipe de la Paz, y que, salvándonos a nosotros, nos lo dejen siempre a nuestro lado para que podamos acabar juntos tranquilamente nuestros días en un clima más dulce y retirados de intrigas... ... mi hijo, que no tiene carácter alguno, y mucho menos el de la sinceridad... Esperamos todo del gran duque, recomendándole también nuestra pobre hija María Luisa, que no es amada de su hermano. Con esta esperanza estamos próximos a verificar nuestro viaje.

LUISA

Vemos que en este día tampoco se reclama la corona, sólo el retiro junto a Godoy. Al día siguiente, 27, nueva carta de la reina a Murat:

Mi hijo no sabe nada de lo que tratamos y conviene que ignore todos nuestros pasos. Su carácter es falso, nada le afecta, es insensible y no inclinado a la clemencia. Está dirigido por hombres malos y hará todo por la ambición que le domina; promete pero no siempre cumple sus promesas. Creo que el gran duque debe tomar medidas para impedir que al pobre príncipe de la Paz se le quite la vida... —Expresa luego sus temores de que Beauharnais, que seguía en Madrid de embajador, escriba contra ellos al emperador—. *El embajador es todo de mi hijo; lo cual me hace temblar, porque mi hijo no quiere al gran duque ni al emperador, sino sólo el despotismo. El gran duque debe estar persuadido que no digo esto por venganza ni resentimiento de los malos tratos que nos hace sufrir, pues nosotros no deseamos sino la tranquilidad del gran duque y el emperador.*

Esta misiva merece algunas reflexiones. María Luisa y el rey cometen crimen de alta traición. Ya no piden favores, sino que su hijo, el rey, ignore sus pasos, los tratos que tienen con Murat. Acusan a su rey, que es su hijo, de «no querer» al emperador y al gran duque, cuya tranquilidad, y no la de su rey ni la de su patria, es la que desean. Si algo precisaba la suspicacia del emperador, siempre sospechando deslealtad en los Borbones, es la afirmación de que el nuevo rey le va a traicionar. Murat, al leer las cartas, comprende que el emperador no va a consentir que personajes de la condición de Carlos y María Luisa vuelvan a reinar en el país vecino, y menos don Fernando. Es disculpable que imagine que esta corona sin posible candidato español ante el emperador, pueda ser para él y comienza, prematuramente, a reflejarlo en sus actos.

Dos días después, el 29 de marzo, María Luisa incita a Murat a actuar en España: «No quisiéramos ser importunos al gran duque», y le pide en nombre de Carlos IV que escriba al emperador, «insinuando que convendría que S. M. I. diese órdenes sostenidas con la fuerza para que mi hijo o el gobierno nos dejen tranquilos al rey, a mí y al príncipe de la

Paz, hasta tanto S. M. llegue. En fin, el emperador y el gran duque sabrán tomar las medidas necesarias para que esperen su arribo u órdenes sin que antes seamos víctimas. MARÍA LUISA.»

No queda satisfecha e insiste de nuevo al día siguiente, 30 de marzo: «Si el gran duque no toma a su cargo que el emperador exija prontamente dando órdenes..., yo tiemblo y lo mismo mi marido si mi hijo ve al emperador antes que éste haya dado sus órdenes... Rogamos al gran duque consiga del emperador que proceda sobre el supuesto de que nosotros estamos absolutamente puestos en sus manos...» Y nuevamente solicita el exilio de la real pareja con Godoy: «... sin que ninguno de nosotros tres les hagamos la menor sombra» (al emperador y al gran duque de Berg). Al final de la carta hay dos renglones de mano del rey: «Yo he hecho a la reina escribir todo lo que precede, porque no puedo escribir mucho a causa de mis dolores. CARLOS.»

Tras leer esta correspondencia debo rectificar alguna de mis críticas a la pulcritud de conducta del emperador con la familia real española. No todas, porque el emperador, antes de conocer estas cartas, ha empezado a actuar. El día 26 de marzo por la noche recibió el emperador en Saint-Cloud las primeras noticias de Aranjuez; ya de madrugada, otro correo le trajo la de la abdicación de Carlos IV. Inmediatamente, sin esperar más información, escribió la carta ofreciendo la corona de España a nuestro hermano Luis, rey de Holanda, que tan dignamente rechazó la proposición. Conocía sólo la respuesta de Luis; hoy tengo en la mano la invitación del emperador (27 de marzo de 1808).

El rey de España acaba de abdicar la corona, habiendo sido preso el príncipe de la Paz. Un levantamiento empezó a manifestarse en Madrid, cuando mis tropas estaban todavía a cuarenta leguas de distancia de aquella capital. El gran duque de Berg habrá entrado allí el día 23 con cuarenta mil hombres, deseando con ansia sus habitantes mi presencia... He resuelto colocar a un príncipe francés en el trono de España... En tal estado he pensado en ti para colocarte en dicho trono... Respóndeme categóricamente cuál es tu opinión sobre este proyecto, y, aunque tengo cien mil hombres en España, es posible por circunstancias que sobrevengan o que yo mismo vaya directamente, o que todo se acabe en quince días, o que ande más despacio siguiendo en secreto las operaciones durante algunos meses. Respóndeme categóricamente: si te nombro rey de España, ¿lo admites?, ¿puedo contar contigo?...

Ya conocemos el desplante de Luis. En la carta compruebo que pide a Luis su opinión, cosa que no ha hecho conmigo. Segundo, que todavía proyectaba ir a Madrid o que, como alternativa, seguirá enviando refuerzos «secretamente» durante unos meses, hasta poder efectuar la operación con menos riesgo. El inesperado comportamiento de los reyes y del príncipe de Asturias le brindó acelerar y dar un giro más cómodo a la maniobra, pero la hubiese efectuado de todos modos.

Es aún más significativo lo que se le ha escapado al secretario del emperador, Meneval, mientras revisábamos estos papeles: en las pocas horas que transcurren entre la recepción de la noticia de los conflictos de Aranjuez (madrugada del día 26) y la carta a Luis (27 al mediodía), ha hecho venir al representante del rey Carlos IV y de Godoy en París, Izquierdo. En una improvisación de la que nadie me había hablado y que por sí sola me hace mejorar la opinión sobre la capacidad de ese enviado, contesta: «Con gusto y entusiasmo admitirán los españoles a V. M. por monarca, pero después de haber renunciado a la corona de Francia.» Me hubiese gustado ver la cara del emperador. Comprendió que si Izquierdo osaba decírselo a la cara, los españoles se atreverían a oponerse a la entrega de la corona al monarca de otro país. No le convenía correr el riesgo. Sólo entonces piensa en sus hermanos. Ya me he enterado de que tampoco soy plato de segunda mesa, sino de tercera: el emperador, Luis y luego yo (que sepa por ahora).

Murat, en Madrid, mantiene la táctica de no reconocer a

don Fernando como rey y dar como inminente la venida del emperador a la capital española. Dos medidas inteligentes, pero no el modo de realizarlas, pues no da a don Fernando ninguna muestra de cortesía, actúa con soberbia, caprichos e imposiciones. Los ministros españoles, con el deseo de que el emperador reconozca a su rey sin conflictos y con ello se disipe la amenaza francesa, adoptan una actitud servil frente a Murat, que se envalentona cada vez más.

Murat se atrevió en una visita a la real armería a comentar cuánto le gustaría tener la espada de Francisco I, ganada por los españoles en la batalla de Pavía y desde entonces formando parte del tesoro real. Se la entregaron a las pocas horas, con gran pompa, en procesión presidida por el caballerizo mayor marqués de Astorga.

Estas humillaciones, aceptadas en apariencia, fueron agriando los ánimos. Si las gentes ilustradas, conociendo mejor la impotencia española frente al poderío francés, decidieron disimular y soportar en evitación de males mayores, el pueblo, que no puede tener una visión estratégica general, cambiaba día a día su buena disposición previa hacia los franceses. Comenzaron a surgir altercados entre plebe y soldadesca. Uno grave ocurrió en la plazuela de la Cebada el día 27 de marzo.

El emperador sale el 2 de abril hacia Bayona. Ya vimos en la carta de María Luisa: «Yo tiemblo y lo mismo mi marido si mi hijo ve al emperador antes de que éste haya dado sus órdenes, pues contará tantas mentiras...» El temor que hace «temblar» explica la decisión de la real pareja de emprender viaje a Bayona, al saber que el emperador no viene a Madrid. No era tan fácil convencer a Fernando VII, triunfante y aclamado. Desconfiando de la brusquedad de Murat, el emperador envía al viperino Savary. Con astucia divide la proposición en etapas. Primero informa a don Fernando de que el emperador sólo podrá acercarse hasta Burgos, para allí encontrarse con don Fernando y reconocerle como rey.

El emperador tomaría como grave desaire que don Fernando no acceda a la entrevista en Burgos. Murat no hubiese convencido por sí solo a don Fernando.

Salió Fernando VII el 10 de abril. En el camino no encontró ni un soldado español, sólo tropas francesas. Así quedaban ensombrecidos los vítores, aclamaciones y entusiasmo de los ciudadanos en cada pueblo a su paso, por la sensación de desvalimiento. El día 12 don Fernando entró en Burgos. Ausencia de toda noticia de proximidad del emperador. Piensa retroceder. Savary, con falsas afirmaciones y promesas, le consigue llevar a Vitoria el día 14. Conozco lo que desde Vitoria hizo acudir a Bayona a don Fernando.

Sabemos que la rebelión del 2 de mayo en Madrid dio pretexto al emperador para imponer definitivamente la cesión de la corona. No sabía, hasta que hoy los he estudiado diligentemente, que los actos de brutal represión de Murat dieron motivo a los españoles para el levantamiento general con que hoy nos enfrentamos y de cuya intensidad nos llegan informaciones confusas y contradictorias.

Si algo repugna a mi naturaleza es hacer la entrada en Madrid, caminando hacia el palacio en marcha zigzagueante, para no pisar charcos de sangre de mis súbditos. Murat me ha impuesto esta amargura, y... el emperador ¡le ha felicitado! Mi hermano y yo vemos de modo opuesto cuál es el camino hacia la paz en España. Napoleón confía en el sometimiento por el miedo, yo en la conquista por la fuerza de la razón, la justicia y la conveniencia.

Despedí a mis cuatro fatigados colaboradores, para disfrutar un almuerzo en compañía de mi ayudante de campo, el coronel Gaspard de Clermont-Tonnerre y mi cirujano el doctor Paroise. Imagino que la Avilliers ya estará comentando en las tertulias de Marrac que el puesto de mi cirujano es tan cómodo como el de la lectora de la emperatriz: nunca se supo que yo haya tenido ni un simple dolor de cabeza.

Partiendo de mi buena salud, Paroise es un compañero agradable. Clermont-Tonnerre es el perfecto soldado. De origen noble, y sospecho que de sentimientos realistas, es también un caballero. Menos cómodo de trato que Paroise.

Demasiado pendiente de su puritano sentido del deber y del honor. Le he encomendado que se relacione con los representantes del ejército español.

—Coronel, ¿qué opináis de vuestros colegas españoles?

—Vuestra Majestad sabe que los que han llegado aquí son nobles con mando. Casi todos grandes de España. En nuestro ejército los duques y príncipes han llegado a serlo por sus hazañas militares. En el ejército español tienen el mando porque son duques. Desconfío de su capacidad. Ignoran las nuevas formas de hacer la guerra. Carecen de escuelas militares como las nuestras.

—¿Se dan cuenta de la diferencia?

—Es difícil adivinarlo. Los españoles son orgullosos. En las conversaciones manifiestan la admiración por nuestra caballería y artillería. Creen que su infantería conserva las virtudes del pasado.

—Y vos, coronel, ¿qué opináis?

—Lo mismo que ellos, Majestad —rió el coronel—, que tienen las virtudes del pasado, pero no las de este siglo. Si se nos enfrentan, aun con fuerzas dobles en número, no tienen la menor posibilidad de victoria.

—La mejor victoria será que desde mi entrada no haya combate.

—Para que se cumplan los deseos de Vuestra Majestad es preciso que Zaragoza se rinda. Lleva dos semanas resistiendo. Su ejemplo puede contagiar otras ciudades.

—Ya veis, coronel, que no son tan ineptos. Recuerdo que en la escuela militar estudiamos un manual traducido del español: *Las reflexiones militares del marqués de Santa Cruz de Marcenado.*

—Sí, Majestad, nuestra promoción también, pero ya modificado con las tácticas modernas.

—Los prusianos lo siguen aplicando.

—Por eso los hemos vencido, Majestad.

—No sólo por eso: contábamos con el genio del emperador.

—De todas maneras, Majestad, los españoles parecen ser

los únicos de toda Europa que ni han estudiado su manual ni lo aplican.

—En verdad tiene treinta años, es un texto histórico.

—Su ejército funciona como si fuese prehistórico. Si ese marqués levantase cabeza, moriría del disgusto al ver el ejército en el abandono, ignorancia e indisciplina actuales...

—Coronel —interrumpió Paroise—, no sé si será el mismo o un hijo, pero un marqués de Santa Cruz de Marcenado está al frente de la rebelión en Asturias.

—¿Cómo estáis enterado?

—Vuestra Majestad me indicó que debía relacionarme con los españoles. Ha sido fácil, pues al saber que soy vuestro médico son ellos quienes me buscan. Sienten una curiosidad ilimitada sobre Vuestra Majestad. Forman corro en torno mío al terminar las comidas. Me ha ocurrido las dos últimas noches: una en los salones del príncipe de Neufchâtel y anoche en la de monseñor Pradt, obispo de Malinas, quien por cierto estaba indignado; se ha hecho demasiado partidario de los españoles.

—Doctor, no nos confundáis con demasiadas ideas a la vez. ¿Cuál era el motivo de enfado del arzobispo Pradt y por qué decís que es partidario de los españoles?

—Disculpe Vuestra Majestad. El arzobispo no oculta su simpatía por los españoles; es el único que habla bien de sus príncipes y también de los que han venido a la asamblea. Ayer se unió su preocupación por un español y por un compañero en el incidente del arzobispo de Burgos.

—¿De qué incidente se trata?

—Pensé que lo conocería Vuestra Majestad, fue la comidilla del día.

—Ayer, amigo doctor, tuve un día ligeramente ocupado para estar pendiente de comidillas. Decid de qué se trata.

—Un lance desagradable, Majestad. El arzobispo de Burgos fue agredido en la calle por un viejo soldado.

—¿Por qué?

—A eso sí os puedo responder, pues ha sido detenido e interrogado. Se trata de un inválido del ejército revolucionario del noventa y tres. Toda su vida ha oído echar pestes de los curas, y ahora mucho más de los curas españoles, a los que se culpa de la resistencia al emperador. Ese soldado es un fanático de Su Majestad Imperial. Al ver al cura español la emprendió a bastonazos con él. Sin duda creía prestar un servicio al emperador.

—¡Dios mío! Lo que faltaba para iniciar una buena relación con la Iglesia española.

—No he tenido tiempo de informar a Vuestra Majestad —interrumpió Clermont-Tonnerre—. En torno a este suceso traigo el encargo de haceros un ruego.

—Coronel, ¿a qué esperáis para hacerlo?

—A que surgiese el tema; no lo creí tan urgente.

—¡No, claro! Apalean en las calles de Bayona a uno de mis prelados y no es urgente. Sin duda lo era más que disertásemos sobre un manual anacrónico.

—Disculpe Vuestra Majestad: iba a hablaros ahora de ello. No ha ocurrido nada irremediable y el emperador ya fue informado.

—El emperador informado ayer y yo al día siguiente... ¡En la luna! ¡Pero ¿es que no lo entendéis?! ¡Es mi arzobispo de Burgos! ¡Mi arzobispo!

El médico y el coronel quedaron en silencio, ambos mirando la mesa. Me percaté de que en la excitación que me embargaba había golpeado el tablero a la vez con los dos puños, que mantenía cerrados uno a cada lado del plato, casi incorporado, con el cuerpo echado hacia delante y ligeramente levantado del asiento. Muy rara vez pierdo los estribos y luego siempre me pesa. Más en esta ocasión, porque ante subordinados ha quedado patente mi enfado por que todos los asuntos españoles pasen siempre primero por el emperador. Cambié de tono, dirigiendo la palabra a mi cirujano:

—¿Son graves las lesiones del arzobispo?

—Me satisface tranquilizar a Vuestra Majestad. Yo mismo reconocí al arzobispo a petición de monseñor Pradt. Sólo tiene contusiones, un chichón en la frente y los anteojos rotos. Fue más el susto que el daño, aunque siempre es de temer en una persona de edad tan avanzada.

—Bien, ahora resulta que además el pobre arzobispo es un anciano. ¡¿Cómo es posible semejante brutalidad?! ¡Pegar en la cara a un viejo indefenso que lleva anteojos! ¿Quién ha sido el monstruo?

El coronel Clermont-Tonnerre, que debía estar deseando paliar mi irritación por su tardanza en informarme, intervino en defensa del soldado.

—Majestad, más que un monstruo es un chiflado. Tan viejo como el arzobispo. Le falta una pierna desde la rodilla. La muleta-bastón con que se sostiene fue el arma de la agresión.

—Pero ¿no había nadie para impedirla?

—No dio tiempo, Majestad; fue un lance entre dos ancianos. Mientras el arzobispo gritaba pidiendo auxilio y se cubría con un brazo, cayendo al suelo al intentar apartarse, el soldado, sin el apoyo de la muleta, se desplomó también —sonrió el coronel—; hubo que auxiliar a los dos.

—No; si todavía vais a pretender que me haga gracia.

—Es una desgracia, y Vuestra Majestad se va a afligir más cuado sepa que el soldado ha sido condenado a la última pena.

—Pero, bueno, ¿es que se ha vuelto loco todo el mundo en Bayona? ¿Quién ha impuesto ese castigo desmedido?

—El emperador.

Otra vez he vuelto a hablar antes de tiempo. Dichosa costumbre.

—Sigo sin comprender cómo el séquito del obispo no logró impedir los golpes.

—El arzobispo hace de la sencillez una obligación, se niega a llevar acompañamiento.

—Debieron detener al soldado el hábito y demás distintivos de su rango.

—Con la venia de Vuestra Majestad, me gustaría dar mi opinión —intervino Paroise, y ante mi gesto de aquiescencia dijo—. Ese anciano venerable es un santo, Majestad. En las recepciones oficiales porta sus hábitos, pero por las mañanas, en que da un paseo después de decir misa, va de sotana, tan raída que parece un mendigo que aprovecha la abandonada por un cura de pueblo.

—Puede ser una forma sutil de presunción, o quizá de extravagancia.

—Creedme, es virtud. Cuando llegué a reconocer sus magulladuras, se resistió mucho a desvestirse. La camisa tan raída como la sotana. Cuando logré quitársela vi que llevaba un cilicio de púas de alambre en un brazo y uno de cuerda con nudos atado al muslo. Eran más serias las lesiones que se produce con su penitencia que las que le había hecho el soldado.

—Veo que entiende la religión de modo diferente que los cardenales que he conocido en Roma. No sé cuáles serán más difíciles de tratar. Dicen que los españoles son lunáticos. Con dementes todavía puede uno entenderse, pero ¡si encima se empeñan en ser santos! ¿Cómo intervino el emperador?

—Considerado el asunto grave, por el deplorable efecto en los españoles, se le informó de inmediato. Al instante envió a monseñor Pradt para que llevase al arzobispo a su presencia. Llegó el arzobispo Pradt cuando estaba terminando de aplicar los ungüentos al español.

Curiosa pareja el emperador y ese extraño prelado. Me hubiese gustado contemplar la escena: Paroise la describió:

—El emperador le recibió con suma afabilidad; preguntó al español qué clase de reparación deseaba. El arzobispo contestó que sólo una: el perdón para el soldado.

—Por lo que antes habéis dicho, el emperador se negó.

—Sí, Majestad. El arzobispo llegó a ponerse de rodillas ante el emperador, implorando casi con lágrimas. Su Majestad Imperial le llenó de alabanzas y de manifestaciones de aprecio, pero dijo que de igual manera que él admiraba cómo el arzobispo cumplía con el deber cristiano del perdón, que éste aceptase que el emperador debía cumplir igualmente con su deber de soldado y aplicar las ordenanzas. Se mantuvo inflexible.

—Ése era mi encargo, Majestad —intervino el coronel—. Sugerir que vos le hiciéseis el favor al arzobispo de pedir clemencia para ese soldado.

Debí mascullar unas palabras al ver que me han incluido en el aparato de propaganda. El emperador mata dos pájaros de un tiro: queda bien con los españoles y con el ejército.

—¿Decís, Majestad?

—Nada, nada. Estoy de acuerdo. Deben de estar a punto de llegar los españoles que tengo citados, y no queda tiempo de hacer venir al arzobispo. Presentádmelo esta noche durante el descanso en el teatro.

—El arzobispo no va al teatro —dijo Paroise, que parece que vive con el prelado— ni acepta invitaciones a las comidas. Pasa gran parte de la noche en oración.

—¡Bueno, pues que me diga mañana la misa en vez del inquisidor! Hablaré con el de Burgos al terminar... si es que sus piadosas costumbres no se lo impiden, y acabemos de una vez con este enfadoso asunto.

También habíamos terminado el almuerzo, y el general Merlin entraba a anunciar la llegada de los delegados españoles. Me habían puesto de mal humor la última parte de la conversación y la comida.

Beausset, el prefecto de palacio, proporciona la servidumbre de mi casa y dejó el cocinero que había servido a los reyes y que, al trabajar junto al español que los príncipes traían, aprendió algunos de sus guisos. Me pareció buena idea irme acostumbrando a la comida de mi reino. Hoy noto que la ocurrencia no es tan buena. Aprender una nueva lengua y un nuevo paladar son tareas distintas. Sumarlas en los mismos días puede resultar una carga excesiva. La de hoy tumba a un buey. Distraído con la discusión engullí un guisote de garbanzos y unos repugnantes embutidos de sangre que llaman morcillas. Levantarse de la mesa y se nota pesar tanto el estómago, que pide al resto del cuerpo el alivio del lecho. Si comen así, la famosa siesta no es una costumbre, es una necesidad nacional.

Todos en pie para la despedida, recordé que Paroise no había contestado mi primera pregunta.

—Doctor, seguimos sin saber cómo os habéis enterado de la rebelión de Asturias.

—Por los españoles, Majestad. En Asturias y en otras regiones. La explosión general ha ocurrido el 30 de mayo, onomástica del príncipe de Asturias.

—Bien, me lo contarán ellos mismos.

Me lo contaron y no quedé nada tranquilo con el relato. En la sala contigua esperaban los que había citado: Azanza, Urquijo, los duques del Infantado, de Híjar, San Carlos, el marqués de Santa Cruz y el conde de Orgaz.

El motivo de la entrevista es preparar la primera reunión de la asamblea, que se celebra mañana, para revisar y luego aceptar la Constitución propuesta por el emperador. En este terreno, según ellos, no habrá problemas. Las enmiendas que han enviado de Madrid son mínimas, de detalle. Creen que aquí ocurrirá lo mismo.

No pueden imaginar que yo he repasado esta mañana la copia traducida al francés entregada al emperador. En efecto, todas las enmiendas hechas desde Madrid por la junta y el Consejo de Castilla son minucias, casi mezquindades, pues soslayan los temas fundamentales y defienden intereses de grupo, del suyo. Al margen está escrito con letra del emperador: «¡Sois todos unos cretinos!» Naturalmente no se lo digo, aunque entran ganas para que no caigan en el mismo desacierto.

Otro dato del que tampoco voy a darme por informado lo hallé en la correspondencia de Murat. El 2 de mayo los criados del duque de Híjar, en ausencia del duque y de su familia, se hicieron fuertes en el palacio disparando contra las tropas desde las ventanas. Lograron muchas bajas, resistieron hasta el final. Los soldados enfurecidos, al entrar en la casa, mataron a todos los que encontraban, hombres y mujeres. El duque tenía cerca de doscientos criados. Murieron todos. No es necesaria su presencia hoy. Le he hecho venir con los demás para estudiar la reacción de alguien tan profundamente afectado.

Comencé por preguntar ordenadamente su opinión sobre la marcha de los acontecimientos. Partimos de la buena opinión que los españoles tenían del emperador en el mes de marzo, a la llegada de Murat.

Tomó la palabra Mariano Luis de Urquijo. Me parece el más inteligente. Fue quien más empeño puso en disuadir a don Fernando de marchar de Vitoria a Bayona. Expone brillantemente y sabe resumir las ideas. Su explicación de la popularidad española de Napoleón es razonable: del emperador sólo conocían los españoles las noticias que publicaba la *Gazeta de Madrid* y otros periódicos. Por ser aliado sólo se imprimían alabanzas de su gloria y poderío. Para el clero era el emperador quien había devuelto a Francia la religión después del ateísmo de la revolución. Para las clases medias era el que restableció el orden tras el caos. Los nobles confiaban que el emperador conserve la nobleza, ya que él mismo ha establecido una nueva nobleza imperial hace pocos meses. Los ilustrados, como el propio Urquijo, esperaban de mi hermano la mejor influencia para disfrutar de las nuevas ideas de progreso y de igualdad, las reformas sin la revolución. El pueblo, el único que podía anhelar la revolución, ni pensaba en ella; es el estamento más leal a lo establecido; veía en el emperador la palanca que había derribado de su pedestal al odiado Godoy. Todo se unía a que los españoles esperasen su anunciada venida con anhelo. Bayona, Murat y el 2 de mayo cambiaron todo de repente.

Fue interesante escuchar a Azanza el 2 de mayo, del que había sido protagonista, conociendo yo la versión de otro actor, Murat.

Azanza, antiguo virrey de México y ministro de Hacienda, que está trabajando con el emperador para encauzarla, tiene fama de hombre muy recto. Opina que Murat estaba desde su llegada preparado para reprimir una rebelión y deseando que se produjese... La convirtió sin necesidad en matanza, para aumentar su gloria con el número de muertos, como si fuese una batalla. El pueblo de Madrid se había retirado vencido a sus casas tras las cuatro primeras horas de lucha. De acuerdo con Murat, él, Azanza, y otro ministro, O'Farril, recorrieron Madrid predicando la calma, con el anuncio de una amnistía que prometió Murat. Si todo hubiese quedado ahí, la insurrección tenía remedio. Murat olvidó la amnistía prometida y ordenó la terrible venganza, indiscriminada y arbitraria, que ha levantado la barrera de odio que hoy separa a España de Francia y a unos españoles de otros.

Por supuesto les oculté que entre los papeles que aún descansaban sobre la mesa frente a la que estaban sentados, tengo los documentos de Murat. En las primeras cuatro horas de lucha, las tropas no tenían órdenes de cortar el motín, sino de «acabar con la canalla»... Una carta del embajador La Forest del 21 de mayo confirma la premeditación del gran duque de Berg: «... ha dado la terrible lección que pensaba dar.»

También preferí ocultar que el general Grouchy, gobernador de Madrid y responsable directo de los fusilamientos, dio por no recibida la tardía contraorden de la matanza, enviada por Murat ante las razones y ruegos de las autoridades españolas. Siguió con las ejecuciones. Toda esta tragedia ya no tiene remedio; cuanto menos se conozcan los datos de fría resolución, mejor. La dureza de Murat pareció dar buenos resultados en los primeros días. Ninguna sublevación en provincias similar a la de Madrid. El 17 de mayo escribió optimista:

«... No puedo evitar anunciar a V. M. I. y R. que nunca hubieran podido esperarse tan felices disposiciones de ánimo.»

Las felices disposiciones de ánimo no fueron tales. Entre los siete asistentes me hicieron un resumen de la insurrección. Es amargo comprobar que se ha convertido en guerra civil. Aunque España se doblegue ante la superioridad francesa y no llega a haber lucha de su ejército con el nuestro, el odio de unos españoles a otros va a dificultar la paz en mi reinado. Percibo en estas reflexiones que aún tengo el espíritu dividido. Hablo de las tropas francesas como de «nuestro ejército» y de «mi reinado». Debo aprender a pensar como rey de los españoles... si los españoles no me lo impiden.

Desde su inicio la rebelión en provincias se caracterizó por división, encono y muerte entre españoles. Generalmente, las turbas mataban a algún miembro del gobierno local al que consideraban, con motivo o sin él, partidario de los franceses o de someterse a ellos. Empezó en Cartagena el 22 de mayo con la muerte del capitán general don Francisco de Borja. El 23, Valencia, con la muerte del barón de Albalat, y su cabeza cortada paseada en la punta de una pica. En esta ciudad hubo también muchos crímenes contra todos los franceses que en ella vivían. El 24 de mayo, en Oviedo los insurrectos se apoderaron del arsenal, dirigidos por un anciano, el marqués de Santa Cruz de Marcenado. Me aclara Urquijo que sí, se trata del mismo de las *Reflexiones militares,* tan bravo en su decrepitud que afirma en la proclama que si es preciso «irá él solo al puerto de Pajares, a impedir la entrada de los franceses». Declaró la guerra al emperador y ha enviado emisarios a Inglaterra en busca de ayuda. El 26 se subleva Zaragoza, al mando de Palafox, un joven de veintiocho años, que suplantó al capitán general, quien, como casi todos los altos mandos militares, consideraba la lucha perdida de antemano y era partidario de no resistir. El día 27, en Sevilla asesinaban al procurador mayor, conde del Águila; en Cádiz, al general Solano. La insurrección en casi cada ciudad fue acompañada de la inmolación de alguna de las autoridades: del alcalde en Jaén; en Málaga, del ex gobernador Trujillo; en Badajoz, del capitán general conde de la Torre del Fresno; en Tortosa, del gobernador. Varias de estas muertes acaecieron el día 30 de mayo, San Fernando, al oponerse alguna autoridad a pasear en triunfo el retrato de Fernando VII.

—¿Tiene las características de una revolución?

—No, Majestad; el pueblo español no persigue a los notables, como hizo en Francia; los busca para pedirles que se pongan a la cabeza de la insurrección. Sólo cuando se niegan los consideran traidores y los asesinan.

—¿Y los altos mandos del ejército?

—Como los capitanes generales que hemos mencionado, casi todos los oficiales saben que el poderío del emperador es tal que la resistencia armada sería suicida. Creen que doblegarse a la voluntad del emperador es un mal menor. Al menos librará a España de las muertes, saqueo y destrucción. Quedar envueltos en una guerra pone en peligro las posesiones de América, que se alzarán o serán tomadas por los ingleses. El emperador ofrece conservar la integridad y unidad de España y del imperio bajo vuestro reinado, también nuestra religión y costumbres.

—Entonces ¿por qué están pasándose al bando insurrecto?

—Alguno, como Palafox, porque han recibido órdenes directas de don Fernando, y creen que es su deber luchar hasta la muerte. Otros por temor, al ver asesinados a los generales que no se unen al deseo de resistencia del pueblo. Algunos se van contagiando del furor y del entusiasmo populares, porque tienen parientes o allegados entre los muertos de los acontecimientos, o que han sido víctimas de los abusos y atropellos de los generales franceses y de sus tropas.

—¿Quién lleva el mando supremo del ejército español?

—No hay mando supremo de los rebeldes. El mando corresponde al lugarteniente del rey. El rey don Carlos dio este puesto al gran duque de Berg, y Vuestra Majestad le confirmó el mandato. He de confesaros que la delegación en Murat, al que odia la nación, ha sido muy dañina para vuestro partido en España.

—Ya me diréis qué alternativa tenía. Cualquier otra designación habría provocado aún más quebranto; es sólo una medida provisional.

—Pero de consecuencias tan graves —interrumpió el conde de Orgaz— que, si Vuestra Majestad me lo permite, aconsejo vuestra presencia inmediata en España, sin esperar los resultados de la asamblea de Bayona.

—Es interesante. Lo mismo dice una carta del embajador La Forest recibida hoy. El gran duque está seriamente enfermo y no puede cumplir sus difíciles responsabilidades.

—Entonces es aún más urgente, Majestad; el desgobierno en momentos de crisis es lo único peor que la tiranía.

En contra de mis sentimientos hube de salir en defensa de Murat.

—Conde, no os permito que llaméis tirano al gran duque de Berg, por el respeto que debéis a mi lugarteniente y porque además no es justo.

—Pido disculpas a Vuestra Majestad. No me ha movido a hablar ninguna pasión contra el gran duque, sino estar convencido de que vuestra presencia, con los rasgos que todos hemos apreciado de bondad y de nobleza de corazón, es lo único que puede apaciguar los ánimos.

Ni Orgaz ni sus compañeros saben, aunque puedan sospecharlo, que el general Lavalette está registrando su correspondencia (y la mía, ¡pardiez!), y me entrega copia de las cartas de interés. Ayer me envió una de Cevallos del día 8 a su sustituto en Madrid. Dice literalmente casi lo mismo que Orgaz: «... tuve el honor de presentarme ayer ante el rey. Me he hecho a la idea de que su presencia, su bondad y la nobleza de su corazón, que se descubre a primera vista, bastarán para apaciguar las provincias sin tener que recurrir a las armas.» Es demasiada coincidencia. O se han puesto de acuerdo en fingir del mismo modo, o realmente en sus conversaciones han llegado a idéntica conclusión. Prefiero lo último.

—Seguís sin decirme quién manda el ejército insurrecto.

—Existe una gran confusión —dijo Azanza—. Hay varios ejércitos y no todos los mandos han resuelto aún sus dudas sobre el bando en que deben alistarse. Es difícil la comunicación entre ellos. Están separados por las fuerzas francesas. Creemos que en Andalucía ha tomado el mando el general Castaños y en Valladolid el general Cuesta.

—El emperador ha ofrecido al general Cuesta el nombramiento de virrey de México.

Infantado tomó la palabra:

—No lo ha aceptado. Piensa que la guerra civil es inevitable y dirigirá su cuerpo de ejército.

—Y vos ¿qué pensáis?

Se miraron unos a otros. Urquijo habló tras una pausa.

—Lo que antes os hemos resumido como opinión de los generales es también la nuestra y la de casi todas las gentes ilustradas. No hemos ocultado a Vuestra Majestad la fidelidad a nuestros príncipes ni la pena con que hemos visto su marcha al exilio. Son ellos quienes nos han ordenado someternos a los designios del emperador y ahora de Vuestra Majestad.

—El emperador —intervino el marqués de Santa Cruz— aceptó las condiciones del rey Carlos para la cesión de la corona: que la integridad del reino no sufrirá merma, asimismo su independencia, los límites de España no se alterarán. La religión católica será la única. Su sinceridad se demuestra al incluir estas condiciones en la Constitución que nos propone.

Como si estuvieran impacientes por descargar la conciencia de culpa por haber cambiado de campo, se quitaban uno a otro la palabra para presentar unas razones que debían haber meditado juntos y que, sin duda, se daban a sí mismos antes que a nadie. Tomó el turno Infantado:

—Ninguno olvidamos, Majestad, la proclama dirigida a los españoles el 12 de mayo por el príncipe de Asturias y los infantes don Carlos y don Antonio. Unas líneas las tengo clavadas en la memoria, pues en ellas los príncipes nos explican por qué han renunciado a sus derechos y por qué nosotros no debemos intentar defendérselos:

... considerando las críticas circunstancias en que se ve España, y que en ellas todo esfuerzo de sus habitantes en favor de nuestros derechos, parece sería no sólo inútil sino funesto, y que sólo serviría para derramar ríos de sangre, asegurar la pérdida cuando menos de gran parte de sus provincias y la de todas sus colonias ultramarinas.

—Opinamos, Majestad —intervino el duque de San Carlos—, que fue intención del rey Carlos, al abdicar, evitar las convulsiones de la guerra civil y extranjera.

—Soy para vosotros el «mal menor» de que antes hablabais.

—Vuestra Majestad es nuestra única esperanza.

La velocidad del diálogo —los españoles hablan demasiado y muy de prisa— hace difícil recordar a quién pertenece cada frase. Hubo una larga pausa después de la última afirmación hecha en tono contundente por el marqués de Santa Cruz. Quedó como sorprendido de su arranque y, en distinta inflexión de voz, reemprendió el hilo de sus pensamientos:

—La adulación no es vicio de los grandes de España, señor. Ni nuestros reyes la deseaban ni nuestros antepasados cayeron en esa bajeza. Aseguro a Vuestra Majestad que el único momento que nos resulta penoso, en la confianza de que nos hacéis honor, es aquel en que os alabamos en vuestra augusta presencia. Preguntáis los motivos de nuestra adhesión y debemos explicarlos, aunque a vos y a nosotros resulte embarazoso.

En verdad estaba consiguiendo el marqués que lo fuese para mí. Intervino el conde de Orgaz:

—No escapa a la perspicacia de Vuestra Majestad la resignación con que os recibimos hace una semana y que, unos minutos después de conoceros, fuimos trocando uno a uno todos nosotros estos sentimientos por los de admiración, gratitud por vuestra cortesía y, al fin, aliento, esperanza, Majestad..., una gran esperanza.

Durante este acaparamiento de la conversación por los grandes, Urquijo fue dando muestras de querer intervenir. No debe de agradarle ceder la tribuna. Medió al fin:

—El tema más espinoso de la Constitución es el tratado de alianza con Francia, que merma nuestra independencia. En realidad hace un siglo que el «pacto de familia» y el poderío de Francia han hecho nuestra total independencia un tanto ilusoria. Creo que acierta don Miguel José de Azanza en una reflexión de que me ha hecho confidencia y que le pido os comunique.

—Tenemos la ilusión de que la corona de España en vuestras sienes quede más libre de lo que ha estado en los últimos lustros. El único freno total al sometimiento a la voluntad del emperador está en el afecto fraternal que tiene a Vuestra Majestad y en el talento de gobierno y habilidad diplomática que habéis mostrado durante dos años en un reinado en Nápoles, del que todos vuestros súbditos napolitanos cantan las alabanzas.

Carezco de la obsesión por la puntualidad del rey Carlos, procuro cumplir mi horario. Vi en el reloj que se acercaba el momento de entrevistarme con el príncipe de Neufchâtel, cuando caí en la cuenta de que el duque de Híjar, de quien deseaba comprobar la reacción, era el único que no abrió la boca en toda la reunión. Le pregunté directamente:

—Duque, ¿no os preocupa la brecha que se está abriendo en España, entre el pueblo, las clases ilustradas y la nobleza?

—La brecha se cerrará, Majestad. Al contrario que en otros países, siempre nos han sido muy leales, y nosotros a ellos. Los enfrentamientos han sido con individuos, no con estamentos. En cada motín se mezclan aldeanos, chusma, frailes, nobles e ilustrados. Nos mezclamos también en nuestras diversiones, en los toros, en el teatro o en el paseo. Hoy nos buscan para que los llevemos a la lucha. Si logramos convencerlos, nos seguirán a la paz.

Ni una alusión, ni un comentario que deje traslucir los sentimientos por sus servidores muertos. Ignoro si es dignidad y estoicismo españoles, o hipocresía, esperando el momento para la venganza. Me encuentro más cómodo con personas que permiten adivinar sus sentimientos. Me levanté para dar por terminada la audiencia, despidiéndolos con unas frases de aliento para las tareas de la asamblea que comienza mañana.

Tuve unos minutos para el aseo y cambio de atuendo, pues tras mi despacho con Neufchâtel pienso ir con él en el mismo coche al teatro y no quiero hacerle esperar. Mientras mi *valet* Cristophe me ayuda a vestir, el general Merlin o Tascher leen o resumen la correspondencia y despachos de las últimas horas. Hoy ha sido Merlin: el consejo de Castilla propone en la nueva Constitución abolir la Inquisición, pero solicitan que no conste que es a petición suya. El inquisidor general, don Ramón Etenhard, ha visitado hoy al emperador a pedir la permanencia del tribunal. Si se me hubiese ocurrido preguntar a los siete que acaban de salir, habría tenido tres a favor, tres en contra y una abstención. Linda tarea va a ser poner de acuerdo a los españoles.

Noté una cierta complacencia en la voz de Merlin al anunciar:

—Majestad, Lavalette nos envía copia de una carta interceptada del señor Urquijo al general Cuesta, del día 5.

—Ábrala, general, y léame las frases importantes.

—Se pregunta Urquijo y pregunta al general Cuesta si la nueva dinastía será un bien al lograr la imposición de las ideas de siglo y las reformas administrativas que España necesita, o si, por el contrario, «va a estallar una guerra de exterminio». Refiere que ha tenido una larga entrevista con el emperador, y que le ha encontrado mal informado de las cosas de España. Que intentó, sin resultado, convencerle de los riesgos que para Francia tiene la invasión de España. El emperador le expuso con claridad que no hay alternativa, o España acepta de buen grado el reinado de un príncipe de su sangre, o la conquistara desmembrándola, anexionando Cataluña, Navarra y Aragón a Francia. Ante la convicción de que el emperador puede cumplir sus amenazas, y va a hacerlo, se ha entregado a convencer a sus compatriotas de que acepten la primera solución, resignándose a lo inevitable. Habla de algunos a los que ha convencido o lo estaban igual que él.

—¿A quién menciona?

—Cevallos, Azanza, O'Farril, el inquisidor...

Merlin interrumpió la lectura mirando por encima del papel, como si lo último le hubiese sorprendido sobremanera.

—¿Alguien más, general?

—El conde de Fernán Núñez, el duque del Infantado.

—¿Qué dice de Infantado?

—Que intentó ser útil a los reyes, avisándolos a su llegada, pero que se negaron a recibirle, y que, ante lo inevitable, estaba dispuesto a entrar en el nuevo orden de las cosas. Que pudo marchar de Bayona, pero ha preferido quedarse para servir y ser útil.

En ese momento entró Tascher anunciando la llegada del príncipe de Neufchâtel, que acudía con el encargo del emperador de ponerme al corriente de la situación militar en España. Tiene el mismo optimismo de mi hermano. Las batallas que han presentado parecen sólo revueltas. Las multitudes armadas se dispersan ante la llegada de un regimiento... Se portan del mismo modo las masas de voluntarios que acompañan a las tropas españolas. Pésimo concepto de éstas y de sus mandos.

—Como Vuestra Majestad puede ver en el mapa, tenemos enfrente sólo tres ejércitos. Los de los generales Cuesta y Blake, que ocupan Galicia, León y parte de Castilla, con cuartel general en Benavente. El de Andalucía, al mando del general Castaños, y el del general Palafox, que se ha refugiado en Zaragoza, sitiada y a punto de caer.

—¿Y estas otras marcas en el mapa?

—No se les puede calificar de ejércitos. Pequeñas partidas en Cataluña y en Valencia, cuya capital también se defiende; no hay apenas tropas regulares; los defensores son casi todos insurrectos, sin preparación ni armamento adecuado. El mariscal Moncey rodea Valencia.

—Espero que tengamos fuerzas proporcionadas a los tres ejércitos de que habláis.

—En Madrid el general Savary va a sustituir al gran duque de Berg, y queda al mando de gran parte de sus tropas. No se cierne sobre la capital ninguna amenaza que no puedan cortar los otros ejércitos. Por el contrario, Savary puede enviar auxilio a los nuestros periféricos en caso necesario.

—El ejército que avanza sobre Andalucía va a quedar a gran distancia.

—Es el que corre más riesgo de no recibir apoyo. Por eso el general Dupont, que lo manda, apresura la marcha para dominar Cádiz, antes de que se consolide el ejército insurrecto. El mariscal Bessières, desde Valladolid, cortará el acceso al general Cuesta.

—En contra de vuestra mala opinión de la capacidad bélica española, la única batalla importante, la de Zaragoza, no está ganada.

—Todavía no, Majestad. El caso de Zaragoza y el de Valencia son distintos. No son batallas, son sitios. Los españoles tienen una larga tradicion de defensa en las ciudades. Allí los grupos de insurrectos son mucho más eficaces que en el campo de batalla. En barricadas, y desde las ventanas de las casas, a corta distancia, hasta las mujeres pueden disparar con fuego mortífero.

—Espero que no por mucho tiempo. ¿Cuál va ser la suerte de Zaragoza, una vez se rinda?

—El odio ya existe. Créame Vuestra Majestad: sólo el miedo puede paralizar la acción del odio. Si no castigamos a Zaragoza, aplastándola, otras ciudades tendrán la tentación de imitar su ejemplo. Con un escarmiento terrible a la ciudad y sus habitantes, el terror a un fin similar tendrá quietos al resto de los españoles, hasta que la política de Vuestra Majestad pueda ejercer sus benéficos efectos y consolidar la paz.

—Me repele comenzar el reinado encumbrado sobre las cenizas de una ciudad y los cadáveres de sus defensores.

—El emperador comprende esos sentimientos, y también desea librar a Vuestra Majestad del peso de imponer tal castigo. Todo debe terminar antes de vuestra llegada. Ha enviado refuerzos al general Verdier y al general Lefrevre-Desnouette, que cercan Zaragoza, especialmente artillería. Zaragoza caerá en los próximos días. Vos llegaréis con medidas de clemencia.

—¿Después de saqueada la ciudad, violadas las mujeres, incendiada y con los supervivientes presos en Francia?

—Vuestra Majestad conoce las normas de la guerra. La ciudad que se resiste sabe que ésta es su suerte.

Comprendí que era inútil argumentar, y había llegado el momento de partir hacia el teatro si queríamos anticiparnos a la llegada del emperador.

En el carruaje pregunté al príncipe:

—¿No pensáis que una batalla perdida por uno de esos cuerpos de ejército, tan diseminados, puede ser fatal?

—Sería un grave contratiempo, Majestad; pero es muy poco probable; aun en ese caso ganaremos los restantes combates y con ellos la guerra.

—Temo, príncipe, que no estamos luchando contra un ejército, sino contra un pueblo.

—Mejor, las turbas no ganan batallas.

—Cuando el enemigo es toda una nación, pueden ganarse las batallas y perder la guerra.

Debió de pensar, igual que yo, que hablábamos lenguajes distintos, porque ninguno de los dos siguió la conversación. Permanecimos en silencio hasta la puerta del teatro.

En Bayona cambia el tiempo repentinamente. Después de un día caluroso, una llovizna fina y constante calaba a los grupos de curiosos apiñados detrás de los cordones de soldados, y hacía humear las antorchas de la hilera de lacayos ante la fachada del teatro.

El emperador gusta que al ocupar su asiento estén todos dentro, por lo que le esperamos en el salón de entrada únicamente quienes debíamos ocupar su palco, el de la emperatriz y los dos inmediatos.

Las autoridades de Bayona permanecían fuera, procurando resguardarse de la lluvia bajo la marquesina, para recibir en la puerta al cortejo imperial.

Llegó con puntualidad. Primero los coches de la emperatriz y su corte. La emperatriz habló unos instantes, con su amabilidad de siempre, a las autoridades, mientras los curiosos expresaban su afecto con aplausos y ovaciones.

Instantes más tarde, el emperador contestó con una seca inclinación de cabeza al alcalde y acompañantes, que se deshacían en cortesías. Siguió su camino. Luego me han informado de que el emperador está molestó con los bayoneses y sus autoridades porque demostraron, a su juicio, «excesiva simpatía por los príncipes españoles», en ocasiones como ésta. Ha comentado que «parecen más españoles que franceses», y los castiga no invitándolos ni una sola vez a Marrac. Ni las autoridades ni los mirones deben haberse percatado de este despego imperial, porque se unieron en delirantes vivas al emperador, en su fugaz tránsito ante ellos.

Departió un momento con nosotros, y le seguimos por la escalera hacia los palcos. Al entrar el emperador todos se pusieron en pie. Se sentó, esperó a que también lo hiciese la emperatriz. Durante unos instantes contempló con un catalejo las hileras de caras que, ante las butacas y los palcos, tenían las miradas fijas en él. Cayó sólo entonces en la cuenta de que todos seguíamos de pie esperando; hizo un gesto con la cabeza y, tras hacerlo nosotros, el teatro entero reposó en sus butacas.

Antes de subir hacia el techo las grandes arañas de cristal con velas, para dejar sólo la luz de las candilejas, pude contemplar el auditorio. Brillante espectáculo. Domina el brillo del oro de los entorchados y condecoraciones. Algunos de los españoles visten, igual que yo, las insignias de la orden de Carlos III. Por el carácter de esta corte, provisional y bélica, pocas damas, de belleza y elegancia difícil de mejorar. El panorama humano magnífico. El edificio, telón, escena, provincianos y de mediano gusto.

Todo en Bayona alude, con frecuencia sin pretenderlo, a la estancia de los príncipes españoles, que se esperaba más prolongada y de diferentes características. El repertorio de la compañía traída de París se eligió con acentos hispánicos. Han sobrado obras, que nos van colocando ahora. Hoy toca *Le Cid*. Me aburrí como siempre en esta obra, y pude ponerme a pensar en mis cosas. Cuando quedo ensimismado tengo tendencia a mirar hacia el techo. Vi que las tablas no encajan bien y dejan grietas, por las que desciende el polvo que mueven los pies de los espectadores sentados encima. A una dama del piso superior se le cayó un frasco de perfume. El líquido derramado goteó por la grieta, sobre las solapas del uniforme del coronel Clermont-Tonnerre, empapando la tela hasta que, percatado, logró apartarse. Un intenso aroma se extendió por las plateas, emanado del seno del más bravo de mis soldados. El emperador no le tiene simpatía. Renunciaré durante el descanso a llevar a mi lado al coronel, porque, si mi hermano cata el perfume, no habrá modo de convencerle de que Clermont-Tonnerre no ha dejado de encandilar damas para dedicarse a los efebos.

El que no ha dejado de encandilarse con las damas soy yo. La escena de un teatro sólo se llena con el talento o con la belleza. Tras un buen rato de tedio, la entrada de una de las hijas del Cid dio el toque mágico que prende el alma de los espectadores. Rubia, esbelta, voz bien timbrada, ademanes elegantes. El auditorio quedó cautivado. Yo también. Logré descifrar el nombre en el programa, tan difícil de leer en la penumbra: «Mademoiselle Trefoneau.»

Durante el descanso principal, en el que en un salón se sirve al emperador y a sus acompañantes un refrigerio, si la obra agrada a mi hermano, suele hacer subir a los actores para felicitarlos, especialmente a las actrices y verlas de cerca. Es una de sus técnicas de selección de compañía para el reposo del guerrero. Mandé a Clermont a que saliese al exterior a ventilarse un poco y a buscar a mi *valet* Cristophe.

Mademoiselle Trefoneau no me decepcionó. Por suerte comprobé que el emperador felicitaba más efusivamente a otra actriz; así que concentré mis elogios en ella y, camino del palco, di a Cristophe, que parece nacido para esta tarea, unas monedas de oro y el encargo de ofrecerlas a la actriz con la promesa de un coche a la puerta de la salida de actores.

Los cómicos son seres de otro mundo, con reglas distintas. Nunca se sabe cómo van a responder. La incertidumbre da misterio y acrecienta el interés de la espera. ¿Vendrá? La verdad es que juego con ese resabio de épocas anteriores. A los deseos de un rey no es fácil que resista una actriz. Acudió sin hacerse esperar.

Seguía siendo rubia, esbelta, de movimientos felinos (un poco frenados por el embarazo de la situación), pero... ¿por qué, repito, siempre los mismos errores?

Sé que en el encuentro íntimo con una actriz hay siempre desencanto. Son luciérnagas que al tenerlas en la mano se convierten en... otra cosa.

Sobre el escenario, las luces tenues ponen veladuras mágicas en los afeites. Los trajes y las emociones de las heroínas inmortales que representan crean una aureola sobrehumana que prende al espectador, y saca del fondo de su alma ensueños de fascinación e irrealidad.

El lance amoroso ideal debía realizarse sobre las mismas tablas en que están actuando, suprimidos por ensalmo los otros actores y los espectadores.

De pie sobre la alfombra. Con un traje de mal corte y coderas deformes, las manos aferradas al gastado bolso y al abanico, mademoiselle Trefoneau aparecía real, tremendamente real, tímida y con la frente perlada de sudor.

Mi tendencia natural es no herir los sentimientos ajenos. Con las mujeres que se doblegan a mi deseo me porto como si tuviese que seducirlas... abreviando las etapas.

Es un juego que disimula la sordidez del lance. Al menos me lo disimula a mí, que es lo que importa.

Mademoiselle Trefoneau respondió espléndidamente, como si la hubiese seducido. Cediendo poco a poco, con sobresalto y luego abandono, pasión al final. Quedé adormecido con los vapores del cansancio y el gozo. Olvidé despedirla.

171

BAYONA, 15 DE JUNIO DE 1808

CRISTOPHE ME DESPERTÓ a las seis y media. También a mademoiselle Trefoneau, quien, en un arrebato, la víspera me había hecho la interesantísima confidencia de que se llama Elisa. Cristophe no está enterado de este detalle, pero sí de lo que tiene que hacer.

—Mademoiselle Trefoneau, os he preparado vuestro desayuno en el saloncito. Al lado tenéis un cuarto para el aseo. Su Majestad va a recibir aquí a un mensajero urgente.

Descorrió las cortinas, abrió las contraventanas y salió con la misma naturalidad con que había entrado. Cristophe es un genio de la diplomacia. Merece que algún día se le haga embajador. En cambio, a la gentil Elisa no parece conveniente hacerla embajadora más que sobre el escenario. ¿A quién se le ocurre ponerse a utilizar mi bacinilla antes de salir? Detrás del biombo, es cierto, ¡pero en mi alcoba! Y le ha dicho Cristophe que tiene un cuarto para el aseo. Además, el orinal de plata, con mis armas grabadas, no me gusta que lo utilice otra persona.

—Adiós, Elisa. Quizá luego no pueda despedirme. Ha sido muy grato conoceros.

—Gracias, Majestad; muchas gracias.

—Cuidado; veo que olvidáis vuestro sombrero.

—Perdón, gracias, perdón, Majestad.

Entró Cristophe por la otra puerta con la bandeja de mi desayuno, y corrió por dentro el pestillo de la que se acaba de cerrar detrás de la actriz.

—Mira a ver si ha olvidado alguna otra cosa.

—Sí, Majestad; el abanico.

—Dáselo y avisa al cochero.

—Está esperando desde anoche, Majestad. ¿Desea Vuestra Majestad que coloque la mesa para el desayuno, o lo prefiere en la cama?

—Aquí mismo.

No suelo desayunar acostado. Cristophe debió de hacer esa misma reflexión porque, tras servirme, quedó de pie y comentó:

—Sin duda recuerda Vuestra Majestad que la misa de hoy a las siete y media la dice para Vuestra Majestad el obispo de Burgos.

Me sigue sorprendiendo la perspicacia de mi ayuda de cámara. Se ha percatado de que hoy he entrado en ese estado de laxitud, que me invade algunos días, frenando con una desidia invencible, el cumplimiento de mis compromisos.

—Envía al príncipe Colonna a saludar al obispo, y explicarle que una inesperada obligación me impide asistir. Que tendré gusto en verle lo antes posible.

El obispo debe de tener comunicación directa con el cielo y quiere evitarme la mentira, porque, nada más salir mi *valet,* volvió a entrar.

—Majestad, el general Merlin.

—Hacedle pasar.

—Buenos días, Majestad.

Traía un sobre lacrado en la mano. No sólo por el aspecto del sobre, que conozco, sino por el modo de cuadrarse el general, más solemne y con taconazo más eficaz en las consecuencias sonoras que en otras ocasiones, comprendí de quién era el paquete.

—Un mensaje del emperador, Majestad. Espero que el contenido no os impida asistir a la misa del obispo de Burgos. Acudirán todos los delegados españoles; inauguran con ella las tareas de la asamblea.

¡Qué pesadez! Parece que están todos dispuestos a fastidiarme el día con el dichoso obispo. ¿Por qué no le habrá dado un poco más fuerte con la muleta el cojo chiflado?

—Ya he anunciado mi ausencia, general.

—¡Dios mío! —dijo Cristophe dando un respingo—. No he prevenido al príncipe Colonna.

—Pues hazlo de una vez y llévate la bandeja. General, podéis retiraros.

Así pude leer el escrito de mi hermano en la cama sin riesgo de que al general le pareciese irreverente.

Es una de esas cartas afectuoso-didácticas, a que es tan aficionado, en que cada consejo tiene un timbre de amonestación.

Bayona, 15 de junio de 1808, a las 6 de la mañana.
Mi hermano:
He escrito a Laforest. Informaos por vuestra parte del individuo de que os hablo. Si tiene la firmeza y el talento que le atribuyen, estando seguro de su fidelidad, se le podrá utilizar con ventaja como jefe de la justicia criminal de Madrid.

¡Claro! Ya le ha escrito a Laforest, sin avisarme. Ahora exige que yo «me informe por mi parte», para cargarme la responsababilidad si no sale bien. Está obsesionado con un tema tan ingrato como el de la policía. Encuentra al jefe de esbirros que tenía Godoy: «un simple aficionado». El nuevo puede aprovechar la estancia de Savary para tomar clases. ¿Cómo voy a informarme? Prefiero no tratar con mis colaboradores españoles de un tema tan sucio.

La carta sigue con la advertencia de que hoy comienza la asamblea, que vendrán mañana o pasado a verme con un discurso y que yo «prepare la respuesta». Naturalmente me la sugiere. No me molestaría si no fuesen exactamente las mismas ideas que ayer barajé con el príncipe de Neufchâtel, que debieron de parecerle acertadas, y me las entrega como suyas:

*Es necesario que habléis del dolor que sufrís con las cala-
midades que ocurren en España; que se está obligado a emplear la fuerza para reprimirlas, y llegar a un resultado que
debiera haberse alcanzado simplemente con el uso de la razón
y de la convicción. Hacer transparente el deseo que tenéis de
encontraros cuanto antes en medio de vuestros nuevos súbditos, para conciliar todos los intereses, y comenzar vuestro reinado con actos de perdón y de clemencia. Conviene que este discurso sea extenso y cuidado.*

En lo último no estoy de acuerdo. Es mucho más eficaz
que ideas tan importantes, y esperadas con tanto anhelo por
el auditorio, no se diluyan en el tedio de una larga perorata.
Conforme en que debe estar muy cuidado, cuanto más breve
más cuidado. Tras recomendarme a Hédouville como tra-
ductor del discurso, insiste en que me ocupe de:

*... nombrar un mayordomo de palacio, un gran chambelán
y un caballerizo mayor. Hablad de este tema con Azanza, Urquijo...*

¿Con quién he estado hablando estos días? Después de
no haber escuchado ninguno de los consejos que se atrevieron a darle Azanza y Urquijo, quiere que yo los use para
hacer exactamente lo contrario de lo que le pidieron. Precisamente a ellos. Al fin insiste en la urgencia de los nombramientos:

*Es necesario que, en tres o cuatro días, se nombre a los
grandes oficiales de la corona, y también a los ministros. No
hay una proclama más hermosa que podáis hacer a vuestros
súbditos que esas nominaciones.*

La carta me ha puesto de mal humor. En realidad no sé
el motivo. Quizá me he vuelto demasiado suspicaz con el
emperador y le atribuyo mis defectos. Hoy me ha escrito a
las seis de la mañana y, según dijo anoche, va a pasar todo el

175

día en Marrac, trabajando «para poner orden en la administración española». Hoy no siento estímulo alguno. Con la pereza, me invade la más absoluta indiferencia. Dedicaré la mañana al placer napolitano del *dolce far niente*. He preguntado a Hédouville cómo se dice en español. Al parecer no tienen equivalencia en castellano las traducciones habituales: «ociosidad» y «holganza», llevan una connotación de censura. En España son un vicio. En Nápoles es un estilo de vida, una filosofía; puede que no una virtud, pero desde luego una forma de sabiduría. El nuevo reino, además de los sinsabores de la vida pública, parece que auspicia rigores en la vida privada. Pienso eludirlos. Hoy no es mal día para empezar.

La vida privada. ¿La tengo? Siempre he presumido preferirla al poder y los honores. Quizá porque apenas la he catado.

En los últimos dos años, durante mi reinado en Nápoles, casi no he visto a mi mujer y a mis dos hijas. Primero no me pareció prudente su venida a Nápoles. Cuando la solicité más tarde no la autorizó el emperador; era él quien la encontraba peligrosa. Recuerdo la carta de mi hermano, hace año y medio:

No he querido dar órdenes directas a la reina de seguirte a Nápoles. Está bien en París y me repugna tanto ver a las mujeres y los niños correr riesgos en medio de sediciones y revueltas. En verdad no encuentro motivo para que ella no retrase aún un poco el viaje. Le he escrito que vos la habéis reclamado a vuestro lado, pero que yo opino que debe pasar todavía una parte del invierno en París.

Esta carta es de diciembre de 1806. El emperador estaba a punto de empezar su frenético romance con María Walewska, yo enamorado, como un cadete, de Giulia. Napoleón, sin saberlo, intuía que, tras una separación tan larga de mi mujer, algo podía ocurrir. Después de venderme el favor de haber escrito a mi esposa que yo pedía su presencia, pero que él, protegiéndonos a ambos con su sabiduría infinita y omnipotencia, aconsejaba prolongar la separación, terminó la carta con una frase de tolerancia comprensiva poco frecuente en él: «Actualmente, ya que estáis más tranquilo, imagino que vais haciendo vida social, y que animáis vuestra corte. Conviene tanto a la ciudad como a vos. Hay que rodearse de un gran círculo de relaciones, y no tomarse la vida demasiado en serio.»

«Ne pas vivre trop serieusement.» Extraño consejo partiendo de Napoleón. Tiene mucho cariño a Julie. Estuvo enamoriscado de su hermana Desirée; a mi mujer siempre la ha querido paternalmente. Aprecia sus virtudes, la cuida con mimo. También es muy afectuoso con mis dos hijas. Me quejo mucho, no sé si con motivo o cometiendo una injusticia, del comportamiento de mi hermano conmigo. Sólo puedo tener sentimientos de gratitud por su conducta con mi esposa y mis dos hijas.

¿Quiero a mi mujer? ¡Ay, a mi modo! Bueno, a uno de mis modos. Jamás he sentido por Julie ni el amor, ni la pasión, ni el torrente de concupiscencia que envuelve mi unión con Giulia. ¡También es casualidad que las dos se llamen igual: Julia!

Las dos me quieren, de modo parecido a como las quiero a ellas. Julie, la buena burguesa de Marsella, la menos agraciada de las hermanas, además de un enlace ventajoso económicamente, ofrecía las garantías de bondad, dedicación, virtudes caseras..., la perfecta esposa. Cumplió todas las promesas. Es una buena esposa. Únicamente que el enlace ventajoso acabó haciéndolo ella. Es reina. No parece darle la menor importancia. Quiero a mi mujer... como a una buena hermana. A una buenísima hermana. Sin demasiada impaciencia por encontrarme junto a ella. Últimamente, ante mis delaciones, fue el emperador quien al fin ordenó el viaje de Julie a Italia. Después de casi tres años de separación, llegó a Nápoles el 3 de abril de 1808. El 23 de mayo tuve que salir hacia Bayona. Un mes y veinte días con mi esposa, y... con mi amada Giulia embarazada de tres meses. Nuestro primer hijo, Giulio, había nacido en septiembre. Giulia tiene una acusada facilidad en quedar embarazada. De mí, no de su marido.

No sé qué es más singular, si mi enamoramiento de Giulia o la historia de su matrimonio. La combinación es lo que ha provocado que, entre tantos amoríos sin huella, haya vivido, al fin, a una edad tardía, pasiones volcánicas... con aire de comedia.

Una comedia que el público escucharía divertido, como disparate ingenioso inventado para el escenario, pero que no puede ocurrir en la realidad.

La presentación de los personajes es la de una comedia de enredo, o de una ópera bufa: un joven matrimonio lleva cerca de dos años unido. Pertenecen a las dos mejores familias del país. Él tiene casi tres años menos que ella; se casó sin cumplir los dieciocho. Poco frecuente, pero verosímil. La joven esposa es de una belleza, elegancia y encanto asombrosos. El rey se encapricha. Corteja y acosa a la dama. Ella acepta los galanteos, contesta a las miradas, a las frases en susurro y a las cartas. El antojo del rey crece, se desborda en deseo acuciante. La esposa niega la satisfacción de ese anhelo. El rey no está habituado al rechazo. Apremia. La bella esquiva dar los favores, pero no recibir las pruebas de aprecio. El monarca va quedando prendido en las redes. Acepta. El rey se sorprende de sí mismo, con sus treinta y nueve años, y una carrera de amoríos casi tan brillante como la política, contando anhelante los minutos que faltan para el encuentro y la consumación del deseo que, en los últimos años, nadie le ha hecho reprimir tanto tiempo.

Bien, hasta ahora los elementos de la comedia son los convencionales. Con la inclusión inhabitual de un monarca entre los personajes. En la cita la escena es menos convencional. El rey halla una joven temblorosa de emoción por el encuentro, que balbucea frases de rendido amor... pero no cede sus favores. El monarca se sorprende... irrita... ofende. Acaba llenando de reproches, y al final de insultos, a su pareja. La atribulada joven llora, jura la lealtad de sus sentimientos, la sinceridad del amor que siente por el rey. ¿Entonces?... No, no puede, no debe...

La escena parece en un punto muerto difícil de resolver teatralmente, cuando la joven, entre lágrimas y protestas de cariño, pero sin dejarse dar más que algún beso, que lleva al paroxismo al monarca, inicia la explicación: hay un secreto, un terrible secreto. No podrá contarlo hasta dentro de tres meses.

¿Tres meses? La comedia gira hacia el folletón. ¿Por qué ese extraño plazo? Si siente amor y atracción por su persona, como repite una y otra vez de mil formas, ¿por qué no cede al mutuo deseo?

La joven se mantiene firme. Hasta dentro de tres meses no puede hablar.

El rey corta la escena y marcha indignado. ¡Ya está bien de majaderías! Una cosa es la real benevolencia y otra hacer el tonto. El encuentro le ha dejado con dolor de cabeza y... de todo. Durante unas horas le domina el enfado. El primer billete de la enamorada lo rompe sin abrir. Llegan cuatro en un solo día. Los tres que lee están llenos de súplicas de perdón, de protestas de amor. Al fin responde el rey. En la carta pide garantías de que si hay otro encuentro no quedará de nuevo reconcomiéndose de deseo insatisfecho. Cartas de la hermosa, con lamentos y encendidas frases de amor, pero no faltará a sus deberes de honestidad, no entregará lo que debe reservar.

El rey decide cortar. Entonces se da cuenta de lo perdidamente enamorado que está. Como un cadete, se repite a sí mismo. Por primera vez en su vida siente lo que los antiguos llamaban «mal de amores». Insomne, come con desgana, descuida los deberes de gobierno, pierde el hilo de las conversaciones, adelgaza. No puede pensar en otra cosa...

Se rinde.

Acepta resignado la extraña relación platónica. Fuego y hielo. Va sabiendo paladear las delicias espirituales de este amor puritano, y trata de olvidar lo que no obtiene. Se intensifica el cariño, la amistad, las confidencias por parte de ambos. La linda enamorada es firme en la honestidad, no tanto en la discreción. Al fin confiesa el secreto, envuelto en eufemismos: ella cree notar que atrae a todos los hombres de Nápoles, menos a uno, su marido. En los veintiún meses de matrimonio, ni una sola vez ha intentado cumplir los deberes conyugales.

Si su esposo no la quiere, no la desea, ¿por qué tanto reparo en la entrega al amor?

Las leyes y costumbres del país estipulan que si una situación semejante dura dos años, la esposa recupera su libertad. ¡Faltan tres meses! Entonces será libre si demuestra su integridad y podrá entregarse lealmente a su amor.

¡Esperar tres meses! ¡Un francés y un rey!

El freno platónico se rompe con la revelación. El saber que ese cúmulo de delicias se desperdician aumenta la impaciencia, la pasión, el acoso. Ella es humana. Cede.

Cede el día de Navidad de 1806. Antes de dos semanas sabe que está embarazada.

Tragedia. El marido tiene sobrados motivos para conocer que el hijo no es suyo. La despreciarán hasta sus propios padres.

El rey, en las pocas sesiones de ejercicio amoroso, ha comprobado que la ex virginal esposa ha despertado con las caricias, desde la pasividad inocente, a un ardor y habilidad de tigresa. Hombre de mundo, sabe enjuiciar a los demás hombres. El marido no tiene ademanes afeminados. Se ocupa con cortesía y vigilancia de su esposa. El rey ha tenido que recurrir a sutiles ardides para no despertar el recelo marital. No teniendo el esposo una naturaleza desviada, la pasividad ante los encantos carnales de su esposa puede deberse a incapacidad. En un marido tan joven, y evidentemente tan inexperto, una movilización conjunta de los recursos físicos puede dar la ilusión de haber provocado el embarazo. Al menos no estará seguro.

Explica a la angustiada joven cómo debe hacerlo. Lo hace. Éxito inesperado. El marido no es ni sodomita ni impotente. Sólo ignorante. Increíblemente ignorante. Un caso en un millón, pero eso, sólo eso. Despierta del sueño de la inocencia con la misma rapidez y el mismo entusiasmo que su esposa. El fuego recién encendido le lleva a cumplir los deberes conyugales con tanto ardor e insistencia que la esposa empieza a tener remordimientos de ser infiel a su amor ¡con su marido! El rey, al enterarse, entra de lleno en el tormento de los celos.

Ésta es la comedia que el público escucharía como un divertido disparate... que no puede ocurrir en la vida real.

Ha ocurrido. A un rey; que ya es poco probable. Y me ha tocado a mí.

La joven pareja son los duques de Altri. Él, Jerónimo Acquaviva de Aragón, duque de Altri, tenía veinte años cuando el incidente. Ella, Giulia Colonna, una Colonna hija de los príncipes de Stigliano; su madre, una Ruffo de Calabria, tenía veintitrés años. Ahora tiene además un hijo mío, Giulio, y espera otro. Tiene también mi corazón. El príncipe Colonna, a quien he enviado a oír la misa del obispo de Burgos, es su hermano. Que las bendiciones del santo prelado den a su espíritu la paz que hoy no tiene el mío.

En una caja, que está en mi alcoba y de la que sólo yo tengo la llave, guardo las cartas de Giulia. Cerca de trescientas. También el borrador de alguna de las mías. Buen momento para repasarlas. Con la lectura de cartas de amor resucitan emociones adormecidas. Recuerdo que Maquiavelo leía a diario un rato libros de amor «para así revivir los míos, y gozarme en estos pensamientos». El más apasionado libro de amor lo tengo, en forma epistolar, en esta caja.

Le hubiese agradado a Maquiavelo. Me gusta Maquiavelo. Al emperador no le complace. En realidad apenas le conoce. Comentando su biblioteca me dijo solemnemente:

—Aquí tengo el libro de Maquiavelo.

El libro. El, el. Como si sólo importase uno. De los que ha escrito, el emperador posee *El arte de la guerra*. Es lógico que Napoleón no encuentre allí nada que aprender. Debía leer *El príncipe*. Le haría cambiar su política hacia España. ¿Cómo dice Maquiavelo que hay que terminar una conspiración?: «Todos en una misma noche.» Este consejo es imposible seguirlo ahora en España, pero sí puede tener en cuenta todos los demás: que no se toque ni las mujeres ni la hacienda de los sublevados. Los hijos perdonarán, tiempo después, el ajusticiamiento de sus padres, pero no la violación de sus madres y hermanas, ni la privación de sus bienes.

Las instrucciones de permitir el saqueo de las ciudades españolas que ofrezcan resistencia, con su estela de violaciones, incendios, destrucción y ruina..., ¡qué error! Olvidarían los muertos en combate, incluso en redadas. Esto no. Dejará en España y en los españoles un odio imperecedero a todo lo que es francés.

Prefiero no amargarme hoy con tales pensamientos. Las cartas de Giulia me liberarán de rumiar errores a los que no puedo poner remedio.

Giulia tiene el don de la naturalidad. Sus cartas también. Desde la primera prescinde del protocolo.

... Anhelo una ocasión en que, sin faltar a mi honor, os pueda mostrar mi cariño. Espero que no intentéis abusar de mi amistad...

Pensé que era coquetería. Recuerdo el desconcierto al comprobar que cumplía las limitaciones. Giulia, en su inocencia obstinada, llegaba a ponerme pretextos tan peregrinos como: «Seré siempre vuestra amiga, pero no debo dejarme llevar por la pasión y traicionar a la esposa de mi rey...» Tengo también aquí borradores de alguna de mis misivas de esos días: «... preciso veros a solas. Si vuestros sentimientos semejan a los que me habéis inspirado, encontrad el modo de venir...». Vino... con la misma firmeza en la defensa del honor. Forzado a encontrarla casi siempre en público, con su marido presente, mis deferencias y apartes debían ser discretos. Esto me obligó, como a todos los amantes clandestinos, a ser más explícito por escrito que de palabra: «... No puedo veros sin que crezca el deseo de encontrarnos de nuevo...», «... quisiera veros hoy, mañana, siempre», «Adiós, mi querida, mi buena Giulia. Siento que no puedo seguir sin vos...». Ella correspondía en el mismo tono: «Creedlo, os amo más de lo que imagináis.» «Amadme, dulce amigo, tanto como yo os amo.»

Admito que nuestras expresiones de cariño no se diferencian de las de cualquier otro enamorado. Muchas son idénticas a las que leemos en los libros. Seguramente las mismas, reproducidas sin percatarnos, al notar los mismos sentimientos que nos emocionaron en los protagonistas. Esto que parece un descenso a la vulgaridad, es en realidad un privilegio: el de vivir una novela.

Al fin es Giulia quien propone una entrevista secreta, con una osadía que me hizo suponer que estaba decidida... «Mi marido dormirá esta noche en el palacio real, donde está de servicio. Si queréis venir a mi casa esta noche, os esperaré. Una vez os hayáis cerciorado de que mi marido se acostó... no vengáis antes de medianoche; será mejor aún tres cuartos de hora más tarde... Vuestro criado se entenderá con el mío... Tomad todas las precauciones posibles. Me expongo a un gran riesgo, pero por vos, a quien amo tanto, ¿qué es lo que no haría?...»

No hizo precisamente lo que yo más quería que hiciese. ¿Cómo podía sospechar, tras esta carta atrevida, que parecía contener las argucias de una amante experta (llegué a imaginar que me había engañado suponiéndola tan inocente), me iba a encontrar con los mismos remilgos puritanos y a la postre... nada de nada. Era el suplicio de Tántalo, porque Giulia demostraba con sus palabras estar enamorada, casi rendida, pero su incómoda virtud se interponía como un muro, además abrumándome con buenos consejos, que en el momento toleraba al venir endulzados con palabras de devoción, pero que luego, al recordarlos en mi frustrada soledad al regreso, me enfurecieron.

Hoy me complace releer la carta en que al día siguiente le reprochaba su intransigencia, todavía sin querer romper con ella, intentando vencer por escrito lo que no había logrado de palabra. En amores felices, como este mío, es un gozo recordar hasta los momentos espinosos. Giulia se estaba portando como una inocente resabiada. Mi carta no refleja los recursos de un seductor veterano. Estaba aturdido por el deseo y el cariño; me porté como otro principiante, de esos que se ponen pesados de tanto insistir:

Vuestra boca destilaba miel y veneno, pronunciando las palabras que anoche me aturdieron. Recuerdo los consejos que habéis osado darme. ¡Qué lejos me encuentro de esa fría razón que siempre os acompaña! ¡Qué necesidad tengo de que me tranquilicéis! Preciso que me deis felicidad para no sentirme muy desgraciado; lo sé desde que habéis tenido el valor de frenarme. ¡Qué condiciones tan crueles me habéis impuesto!

¿Es que no os contemplo bastante? ¿Qué es lo que he hecho? ¿Qué puedo hacer? No vivo sin veros. Pierdo todos los instantes en que estamos lejos... ¡Ah, mi querida amiga, sois demasiado razonable, demasiado buena! Vuestra reserva me resulta cruel, ¡vuestra bondad me hace daño! No tenéis confianza en mí, o ¿es que vuestra alma no arde con la mía?

Adiós, mi amiga. Decidme que os retractáis de los funestos límites que me imponéis, que os imponéis a vos misma. Ese empeño es insostenible. Decidme que me amáis, no envenenéis siempre con sabios consejos vuestras bondades y dejad el resto a los dioses...

Como un cadete, ya lo he confesado dos veces, como un cadete. Ahí está la maravilla de este amor, cuando la costumbre del triunfo automático había encallecido el gozo al darlo por seguro. Giulia no dejó «el resto a los dioses». Se obstinaba en ofrecérselo a Dios. Duro rival.

También se lo ofrecía a la más elemental prudencia. Hasta releerla hoy, no me he percatado de lo injusto que fui con Giulia. Al expoliar su deseo, ella me escribió esta súplica que debí haber escuchado:

... Imprudente, ¿por qué no os contentáis por ahora con la certidumbre de ser amado? Sólo faltan tres meses. Si con mi debilidad no os dejo nada a desear, haréis mi separación [del marido] *imposible de justificar. Me condenáis con ello a pasar el resto de mi vida con quien no me sabe preciar. No me impongáis ese sacrificio eterno.*

Se lo impuse. Parezco un monstruo de egoísmo, pero estaba ciego de amor, de pasión y de deseo. Por otra de mis cartas compruebo que intenté resistir, acordar mi ardor a su pudor y su prudencia:

Perdona, mi buena amiga, un arranque en exceso apasionado. Sabes que te adoro y que mi necesidad más apremiante es obedecerte. ¿Cuándo podré verte de nuevo? Olvidar mi existencia embebido en la tuya. No sentir el tiempo más que por el temor de verle pasar, no buscar en el amor más que los sacrificios que impone para complacerte. Las privaciones más difíciles por ti, me parecen preferibles a los más vivos placeres junto a otra mujer. No te comparo a ninguna. No hay otra mujer en la tierra, comparable a mi pequeña amiga..

Mantuve casi un mes los buenos propósitos, al menos en las cartas. En las entrevistas los arrebatos de pasión obligaban a Giulia a resistirse, acabando yo con quejas y reproches y... vuelta a escribirnos al día siguiente, ella lamentando haberme causado pesar con su virtud, y yo haberla agobiado con mi insistencia. «Son excesos del amor, no veas en ello otra cosa.» Habíamos pasado en las últimas semanas del trato natural, pero convencional, a un tuteo incluso en las cartas, que no mantengo con nadie más. En esos días llegué a descuidar mis deberes de gobierno. Dejé algunos viajes, cancelé audiencias. Estaba poseído de amor:

No vivo ni un minuto sin pensar en ti... soy incapaz de otra ocupación, divina amiga... Tengo más necesidad que nunca de escuchar tu dulce voz repitiendo lo que tu mano se atrevió a

185

escribir. Necesito ver reflejarse en tus ojos la certidumbre de mi felicidad... Ángel mío, ya no podemos retroceder, no puedo vivir sin tu amor... No sé cómo el papel no se quema al contacto de mis dedos. Voy a interrumpir esta carta; temo empezar a decir extravagancias... Eres tan juiciosa a pesar de tu ternura. Te respeto tanto como te amo. Te adoro. Te beso los ojos, las manos, te beso toda entera, amiga mía. Adiós.

¡Pobre Giulia! Sin más experiencia del amor físico que las caricias que me tenía que frenar, en las que cada día veía despertar respuestas más intensas, más sacrificio en interrumpirlas. También sin ninguna experiencia ante las palabras de seducción. Qué lucha tan difícil, qué esfuerzo heroico, sin otro apoyo que el de la virtud. Una virtud no adiestrada en luchas previas, pues Giulia, como tantas jóvenes, no había sentido nunca, hasta que yo la desperté, la desazón de los placeres de la carne. El pecado había sido para ella antes algo abstracto de lo que oía hablar; en aquellos días se convirtió en una inquietud constante, que de vez en cuando se materializaba en un tirón violento de sus entrañas que la acercaba a mí. Sin embargo supo resistir.

Sólo tengo como disculpa la intensidad de mis sentimientos. El amor es un prisma que descompone la luz del alma en distintos colores. El blanco del cariño pasa al violeta de los celos, al rojo de la ofuscación rencorosa. En una de esas mutaciones procedí con malicia calculada, con la sabiduría perversa de un veterano en las lides del corazón. Fingí celos, la acusé de sospechas de infidelidad, de inocencia simulada. Fue una astuta bellaquería; y ¡sólo dos horas después de una carta caballeresca y generosa!:

Con qué simpleza te he escrito hace dos horas. Me retracto de esa carta. He querido ser un héroe de abnegación y no soy más que un amante. Tengo necesidad de tu pasión, de tu delirio. Siento dentro de mí todas las furias del amor. Tengo sed de tu persona, de tu amor, de tus favores, de ti, de ti toda entera... Quiero besarte sobre el corazón, en los ojos, en las manos, en

*todo lo que es mi Giulia... He resistido todo lo que he podido,
he llegado al límite de mi impasibilidad. ¿Es que no me amas
bastante para darte a mí? Te juro que jamás amaré a otra
mujer. ¿Te ocurre lo mismo? ¿Para quién reservas los últimos
favores? Todos los pretextos para el rechazo empiezan a no
parecerme sinceros, ¿es que hay otro?...*

Mi inocente Giulia. Cayó en el cepo. La barrera, que no
habían vencido las súplicas y sus propios anhelos, se derri-
bó ante esta estratagema. Horas después llegó el papel que
tengo ahora en las manos. La tinta está corrida al mojarse
con sus lágrimas: «Querido amante, te idolatro. Te seré siempre fiel. Prefiero morir antes que entregar mi fe a otro...»

Me la entregó a mí aquella misma tarde. En el siguiente
encuentro, su impaciencia por repetir la entrega era mucho
mayor...; la mía ya no tan intensa. ¿Por qué estamos hechos
así los hombres?

Con todas las cartas en desorden sobre el lecho me recli-
no en las almohadas y cierro los ojos para mejor saborear
esos recuerdos. Solazarme en ellos, en la rememoración de
la noble alma y el divino cuerpo de Giulia. En el disfrute
exquisito de «sus favores», tan regateados, en la docilidad
para aprender, en la generosa complacencia en saciar mis
deseos, en el despertar de los suyos...

—Perdón, Majestad. El marqués de Gallo, el príncipe Colonna y el señor Clary han llegado para el almuerzo. El baño
está preparado. ¿Desea Vuestra Majestad mi ayuda?

—Estoy indispuesto. Almorzaré aquí sin compañía, pero
diles que pasen un momento.

Bienvenu Clary y Marco Antonio Colonna. El sobrino
de mi esposa, el hermano de mi amada. Es un lazo simbólico con los dos cariños. Me acompañan a España. El emperador asegura que Clary es un libertino. No es para tanto,
sólo un poco alocado. Marco Antonio es serio, tímido, con
algo de la dulzura de Giulia. Entraron detrás del marqués de
Gallo.

—Príncipe, ¿habéis dado mi encargo al arzobispo?

—Agradece a Vuestra Majestad su intercesión. Dice que no tendrá reposo de conciencia hasta que vea suspendida la sentencia de muerte al soldado.

—Confío en poder tranquilizarle en un par de días. ¿Cómo ha sido la inauguración de la asamblea?

—Se ha inaugurado con solemnidad, con un discurso de don Miguel de Azanza. Han acordado venir a cumplimentar a Vuestra Majestad pasado mañana, día diecisiete.

—¿Tenéis copia del discurso de apertura?

—Aquí está, Majestad.

Sí, allí estaba. No contribuyó a levantarme el ánimo. Azanza dedica todas las alabanzas, descarada adulación, al emperador, no a mí: «Gracias y honor inmortal a este hombre extraordinario, que nos vuelve a una patria que habíamos perdido... Ha querido después [el emperador] que en el lugar de su residencia y a su misma vista se reúnan los diputados... para discurrir en común sobre los medios de reparar los males que hemos sufrido, y sancionar la Constitución que nuestro mismo regenerador se ha tomado la pena de disponer para que sea la inalterable norma de nuestro gobierno... Cumplirse los designios del héroe que nos ha convocado...»

«Nos vuelve a una patria que habíamos perdido.» Olvida Azanza el pequeño detalle de quién se la había quitado. «Sancionar la Constitución que nuestro mismo regenerador se ha tomado la pena de disponer.» Aquí tiene Azanza razón. El emperador ha redactado él mismo la Constitución española. «Se ha tomado la pena.» Es cierto, ha dedicado mucho esfuerzo y su genio a redactarla, es casi perfecta. Si los españoles la acatan y cumplen, hará tanto beneficio que puede compensar los males que acompañan a su nacimiento.

—¿Cuál ha sido el número de asistentes, marqués?

—Escaso, Majestad. No llegan a la mitad de los ciento cincuenta convocados. Vinieron hoy algunos nuevos, se esperan otros para mañana y los próximos días.

—Al menos los presentes son del más alto rango.

Gallo titubeó antes de responder. Mi primer ministro de

Nápoles tiene la virtud de no enmascarar la realidad. Noté que le apenaba hablar:

—No, Majestad; muchos son personajes secundarios y provienen sólo de las provincias ocupadas por el ejército francés. Han llegado por coacción, no de buen grado.

—Desde el primer día me veo rodeado por los nombres más sonoros de España. Se dice que hay diez familias que juntas pueden más que la corona. Están aquí los cabezas de todas ellas.

—En efecto, la representación de la nobleza es la más lucida y completa. Vuestra Majestad debe recordar que no vinieron aquí para la asamblea, sino acompañando al príncipe de Asturias, al que ya consideraban su rey. Alguno, pese a todo, se ha marchado. Son cortesanos, Majestad; la mayoría carece de influencia política.

—Se han quedado para ser útiles y ayudar. Ellos me lo han dicho.

—Señor, los grandes de España son quienes tienen más que perder. Se quedan por miedo, intentan salvar sus privilegios y posesiones. La base de la nobleza española son los hidalgos. La mayoría son pobres, pero orgullosos de su sangre. Han preferido arriesgarla. Son casi cuatrocientos mil. Vinieron sólo cuatro para los veinte puestos que les corresponden en la asamblea. La actitud de los hidalgos, con la de la Iglesia, es lo que produce más alarma.

—¿Qué ocurre con la Iglesia?

—Ocho obispos y arzobispos convocados. Han venido dos. Los de Burgos y Pamplona, dos ciudades ocupadas. Seis obispos se han negado a nombrar los sacerdotes que deben venir representando al clero. Dos obispos, el de Santander y el de Orense, encabezan la rebelión en sus provincias.

—¿Por qué? Ayer me informaron de que los españoles consideraban al emperador como el restaurador de la religión.

—No tengo más informes que los que aquí he podido obtener de los propios españoles, Majestad. Parece que aquella buena impresión ha desaparecido. En las primeras escaramuzas las tropas francesas han incendiado iglesias, saqueado los tesoros de los templos y profanado los objetos sagrados. Esto ha convencido a los españoles de que los franceses quieren destruir su religión.

—Todas las afirmaciones del emperador y las mías propias les aseguran lo contrario.

—Confiaron hasta que los hechos parecen desmentir las palabras. Los españoles tienen dos lealtades esculpidas en el corazón: a sus reyes y a su religión. En España se ha conocido la reciente ruptura de hostilidades del emperador contra el Papa.

—Por lo que contáis, es lo que nos faltaba.

—Eso temo, Majestad. Tienen ciento cincuenta mil clérigos. Serán otros tantos agentes fanáticos de la rebelión.

—Feo lo pintáis. El emperador, por el contrario, cree que una nación que tiene muchos frailes es fácil de sojuzgar.

—En mis conversaciones con el emperador he comprobado que juzga a los españoles igualándolos a los italianos. Creo que ni sus frailes ni su pueblo son como los nuestros.

—En resumen, ¿cuál es vuestra opinión?

—Lamento confesar a Vuestra Majestad que los españoles se sienten traicionados por la asamblea. Harán la guerra, guerra a muerte, contra los franceses y contra los españoles que se unan al partido de Vuestra Majestad.

—Confío en que la sabiduría política, de que habéis hecho gala en Nápoles, no sea válida para España. Gracias de todos modos por vuestra sinceridad. Podéis retiraros.

Los disgustos no me quitan el apetito. Gracias a ello pude comer. Tuve buen cuidado de no hacerlo hoy a la española. Tampoco quise dedicar la tarde a los temas de España; se me hubiesen indigestado, igual que sus morcillas. Traté sólo asuntos napolitanos. Escribí cartas. Todo con desgana.

El emperador pasó el día en Marrac y allí me esperaba para la velada. Llegué de tan mal talante que las mismas cosas de otras noches me parecían diferentes.

Tan distintas que ahora me hace gracia recordarlo. Los regimientos acampados en torno al parque, soldadesca con olor a cuadra y sobaquina. Los uniformes de la guardia de honor, desteñidos. Los centinelas somnolientos. El capitán de la escolta obeso, con el estrecho pantalón reventando las costuras. Las antorchas apuradas hasta los cabos. Los trajes y uniformes de los caballeros con lamparones. El palacio de Marrac, un caserón provinciano amueblado con apresuramiento, para una corte trashumante. Las conversaciones pedantes y afectadas, los rostros de las damas ajados, los escotes lacios. El pináculo de la gloria... enredado en una tela de araña de intriga, adulación y sumisiones. Todo envuelto en una nube de moscas pegajosas.

Por fortuna, las primeras frases de la emperatriz cambiaron mi estado de ánimo. Mi cuñada tiene el don de iluminar el alma y adormecer los sinsabores. Como por ensalmo encontré el salón bien alumbrado, los lacayos impecables, los militares gallardos, los rostros interesantes, los comentarios ingeniosos, bellas las mujeres.

A mi llegada debía de estar muy turbado para no admirar el aspecto de las damas de la emperatriz en esta noche. Es la velada en mi honor, y me han hecho la deferencia de acicalarse con más esmero. La hermosura, con unos hábiles retoques, se carga de seducción. Siempre agradezco este esfuerzo, es grato quedar seducido.

El emperador y el príncipe de Neufchâtel muchas noches siguen trabajando y no acuden, o lo hacen un breve rato.

Llegaron juntos, con tiempo para la cena. Mi hermano, de excelente humor, departió jovialmente con varias personas antes de pasar al comedor.

Adornadas con flores y candelabros las cuatro mesas: la de los emperadores, la de los oficiales de servicio ante sus majestades imperiales y reales, la de los oficiales de la guardia y la de la lectora de la emperatriz.

He notado que el emperador empieza a alterar el protocolo si le complace. Me interesa observarle cuando interviene en actos triviales. Queda más a la medida de los otros mortales. Antes de pasar al comedor, el prefecto de palacio le trajo la carpeta con el plano de las mesas y la distribución de los comensales. Leyó atentamente las tablillas de marfil con los nombres y vi que mandaba intercambiar una de su mesa por otra de los oficiales de servicio. Miré de reojo la colocación, para comprobar luego por el puesto en la mesa quién era la agraciada o favorecido con el cambio. Se trata del prefecto Castellane. A mi hermano le divierte bromear con este curioso personaje. Tiene con él un trato campechano que asombra a los demás invitados de Marrac, que tiemblan en la presencia del emperador.

Ocupé mi puesto al lado de la emperatriz. Es una garantía contra el tedio en las interminables cenas de Marrac. Un privilegio de compañía y conversación que no cambiaría por otra.

Los emperadores invitan a pocos extranjeros a las veladas. Cuando hay alguno recibe trato preferencial. Esta noche tenemos a Lima, aquel pobre embajador de Portugal en París que recibió en las Tullerías, ante toda la corte, las amenazas del emperador, con las que éste declaró las hostilidades a su país. Hoy, con el Portugal sometido, viene al frente de una delegación. El emperador está deferente con él. A su esposa le ha correspondido sentarse a mi derecha. No habla bien el francés. Se disculpó y me dijo en español que se expresa con soltura en esa lengua. Mientras fastidiado buscaba cómo explicar que el rey de España todavía no sabe manejarla, vino Josefina en mi auxilio. Bendita mujer, parece que está pendiente de cómo echar una mano a los demás.

—Vuestra Majestad no oculta su nostalgia napolitana. He colocado a su vera a la señora de Lima para que disfruten hablando en italiano. Margarita es hija del príncipe Serristori de Florencia.

Sonreí aliviado a mi cuñada.

—Vuestra compañía trae siempre emparejado algún otro motivo de agradecimiento.

—Hoy tenéis varios conmigo —rió la emperatriz tras el

certero amparo del abanico— además del idioma he tenido en cuenta vuestra inclinación por la belleza.

La señora de Lima esbozó una reverencia para agradecer el elogio inclinando el torso hacia delante, lo que me brindó el mejor punto de vista para comprobar cuán certero era el comentario de la emperatriz.

De todos los cambios traídos por el Imperio, uno de los más revolucionarios, del que casi no nos percatamos por haber sido gradual, es el de la moda. Los emperadores han orientado el gusto de Francia y, a través de ella, de todas las naciones.

Broméé con la emperatriz sobre la influencia que ella ha tenido en la moda, con su encaprichamiento por los camafeos y otros recuerdos pompeyanos, de los que tantos le he enviado desde Nápoles.

—En ese caso, por vía de la proverbial largueza de Vuestra Majestad, también sois responsable.

Al escucharlo a la emperatriz, caigo por primera vez en la cuenta de que puede ser cierto. En lo que no he tenido ninguna influencia es en lo que más me gusta: los trajes femeninos de corte. Inclinarse hacia la vecina para una pregunta amable, mejora el ángulo de observación:

—Conozco al príncipe vuestro padre, su palacio a orillas del Arno y la casa del campo con los jardines aterrazados de los cipreses. Dicen que en Portugal hay también jardines muy hermosos. ¿Qué tal os halláis en Lisboa?

—Majestad, Portugal era un país encantador.

Era, era. Comprendió el desliz y se desconcertó. Quedó callada y, tras mirarme a los ojos, bajó la mirada al plato y siguió comiendo en silencio.

También enmudecí. Era, era..., era. Portugal era un lugar encantador. En mi mente surgía inevitable el resto de la frase: hasta la invasión francesa.

Igual que España. Era, era un lugar encantador. Yo formo parte de la trágica mutación. En ese momento pensé en algo que no comprendo cómo no vino a mi mente en ocasiones anteriores: estaba sentado en la silla en la que Fernando VII padeció, minuto a minuto, la angustiosa espera de oírse dar el tratamiento adecuado, «majestad», que no llegó a escuchar. El emperador se jacta: "ni una vez le di el título de rey». Savary le había asegurado para arrancarle de Vitoria: «Me dejaré cortar la cabeza si antes de un cuarto de hora del encuentro no os reconoce como rey.» ¿Cuánto duró aquella noche la cena de Marrac? ¿Durante cuánto mantuvo Fernando la esperanza? ¿Qué impulsos escondió tras su silencio? «No logré sacarle una sola palabra.»

La misma silla, comprada con prisa para amueblar Marrac y poder recibirlos, que ocupó Carlos IV varias noches. En la primera comida se sentó todavía destronado por su hijo. Ocupó este asiento, otra vez rey de España, y cenó en el banquete de despedida de nuevo sin corona. Hace sólo treinta y tres días.

Tuve la ingrata sensación de estar ocupando «su silla». De nuevo con el ánimo entenebrecido, viendo sólo la parte negra de las cosas. Son los místicos españoles quienes han creado una precisa designación para este estado de ánimo: desolación espiritual. Otra vez «desolado», volví a ver el aspecto negro de las cosas. De la mesa sólo percibía las moscas. Apiñadas, insistentes, innumerables. ¿Serán ciento cincuenta mil, como los curas españoles? ¿Estarán éstos también apiñados e insistentes, conjurándose contra mí? ¿Cuántos lo están haciendo en este mismo instante?

—Vuestra Majestad está siendo ingrato conmigo. Doblemente infiel: con vuestra encantadora vecina y con vuestros pensamientos.

La voz amable de la emperatriz me sacó del ensimismamiento y de las tinieblas del ánimo.

—Peor que infiel, Majestad; estoy siendo estúpido al no aprovechar el privilegio de vuestra atención.

—¿En qué pensabais?

Dudé, pero al fin dije la verdad. Quedó perpleja y respondió, en un susurro, sin dejar de mirarme, con expresión de apenado asombro.

—¿También vos?

En ese momento guardaron silencio los demás comensales. Ocurre siempre que el emperador eleva la voz para dirigirse a alguno distinto de los que tiene a su lado. Si los de las otras mesas se percatan, callan también para escuchar a mi hermano. Su tono era festivo. Hablaba al prefecto Castellane:

—Prefecto. He pasado ante el parque de vuestra casa. Vivís como un príncipe.

—Sire, como servidor del estado, que sacrifica sus ahorros para revestir dignamente el puesto en que representa al gobierno.

—Sí, sí, sacrificando ahorros. Haciéndolos, amigo mío, haciéndolos. Todos los prefectos vivís como califas. Tengo que investigar este asunto.

Hay una frase: no se oía ni una mosca. A las moscas sí, porque eran muchas, pero nada más. Los asistentes teníamos en suspenso hasta la respiración. La jovialidad del emperador puede cambiar bruscamente a destemplanza que todos han aprendido a temer.

—Sire, será una suerte para nosotros. Os sentiréis movido a gratitud al comprobar la abnegación con que os regalamos la gloria.

—¿Regalarnos la gloria? ¡Nunca he visto una desfachatez semejante! Vosotros la gloria. Mientras los soldados estamos en campaña, sufriendo rigores y peligros, los prefectos, calentitos y cebados, en los palacios de retaguardia jugando a virreyes.

—Sire, os voy a mostrar vuestra injusticia. Los prefectos somos los que hacemos las levas, reclutamos los soldados, recaudamos los impuestos, mandamos ropas, armas, municiones, hacemos funcionar los arsenales y las fundiciones. Todo para vuestros mariscales. Les servimos la victoria en bandeja.

—Vos sí que sois cínico además de injusto. Las victorias las ganan ellos.

—Sire, convenceos: los manjares los preparamos nosotros; los mariscales de Vuestra Majestad Imperial no hacen más que comérselos. Sire, los prefectos somos los cocineros de la gloria.

La risa del emperador la coreó el comedor entero, menos yo. Seguía «en desolación»; además encontré la broma un tanto pedestre. Por haber sido pronunciada ante el emperador, pasará a la pequeña historia: «los cocineros de la gloria».

Las risas colectivas sirvieron de pretexto para volverme y mirar a las otras mesas. Busqué la de la lectora de la emperatriz. No estaba en ella el adonis polaco, Chaplowsky. Le vi en la de los oficiales de la guardia; en ésa no hay mujeres. Junto a madame Gazzani han colocado a Marco Antonio Colonna, como ayudante de campo mío en servicio. Mejor, a éste puedo controlarle si conviene.

En la sobremesa, algunos días se suspenden las partidas de cartas o de damas, para un concierto. Suele ser de clavicémbalo. Hoy, al regresar al salón, encontramos una arpa y a mademoiselle Gulbeau afinándola. La nueva dama de la emperatriz es la concertista. Lo ha hecho bien, pasablemente bien. El arpa es el instrumento francés por excelencia y la música interpretada se presta a la ensoñación. El concierto fue breve. El emperador escuchó atentamente, no sé si por la calidad de la música o porque la notable belleza de la arpista queda realzada al manejar este instrumento.

Al terminar el concierto, los emperadores se retiraron. Aproveché para hacer lo mismo.

DEL 16 DE JUNIO AL 8 DE JULIO DE 1808, BAYONA

SIN GRANDES TRABAJOS ni afanes han transcurrido los días de actividad de la asamblea.

Los españoles se reúnen en el edificio del viejo obispado. Allí se alojaron los reyes. El día 20 de junio se presentó el proyecto de Constitución, con las pequeñas enmiendas hechas en Madrid, que tanto irritaron al emperador. Los diputados de la asamblea de Bayona, igual que los de Madrid, no han propuesto cambios importantes, sólo de poca monta, en busca cada cual de ventajas para su estamento.

El día 20 había sólo setenta y cinco diputados de los ciento cincuenta convocados. Luego han ido llegando otros; alcanzaron el número de noventa y uno.

El emperador continúa optimista sobre el efecto que mi persona va a producir para calmar los ánimos. Lo cierto es que a los españoles de aquí les inspiro confianza.

Algunos sectores presentan más resistencia que otros. Desde el principio me ha preocupado la Iglesia. Circula por toda España una carta del obispo de Orense, con grande ruido; ha excitado la resistencia allá y levanta incertidumbre en los de acá.

El temor por los sucesos de la península se manifiesta hasta en algunos discursos de la asamblea. Zaragoza sigue en el ánimo de todos. Los diputados han escrito y luego enviado emisarios a los de Zaragoza, para que desistan de su empeño suicida. Contestaron con insultos y amenazas. El príncipe de Castel-Franco fue en comisión con otros dos.

197

No los recibieron, y me relata acongojado que pudo regresar vivo gracias a las fuerzas francesas, que le protegieron en el camino, «sin notable azar, aunque no sin mengua y sobresalto».

El 30 de junio cerraron las sesiones de la asamblea con la presentación de enmiendas al emperador, que las aceptó. Mi hermano sigue dando buen trato a los españoles, cuida que estén satisfechos y tengan confianza en el mañana. No olvida remachar el despego hacia los príncipes. El príncipe de Asturias se lo ha puesto muy fácil. Napoleón ha hecho leer públicamente a la asamblea, en la sesión solemne del día 30, la carta que don Fernando me ha escrito desde Valençay el día 22:

Valençay, 22 de junio 1808.

Sire:

Permitidme que en nombre de mi hermano y de mi tío [don Carlos y el infante don Antonio], *así como en el mío propio, testimonie a Vuestra Majestad la parte que hemos asumido en su instalación en el trono de las Españas...*

Esperamos, sire, que acogeréis nuestros votos por vuestra felicidad, a la que se vincula la de nuestra patria y que tendréis a bien concedernos vuestra amistad, a la que tenemos derecho en gracia a la que profesamos a Vuestra Majestad.

Ruego a Vuestra Majestad Católica que acepte el juramento que le debo en cuanto rey de España, así como el de los españoles que hoy permanecen junto a mí.

Quedo de Vuestra Majestad Católica el affmo. hermano.

FERNANDO

Ruega que yo acepte el juramento que me debe como rey de España. Si algún diputado tenía sombra de duda sobre si debe prestármelo, se disipó con esta carta. Por eso puso tan satisfecho al emperador. Todos me juraron ayer, día 7, y juraron la Constitución.

He contestado a don Fernando dos días después de haber

198

sido leída públicamente su carta. El emperador desaconsejó hacerlo antes, como yo deseaba. La reprimenda del emperador, que obliga al príncipe a que se le dirija con el tratamiento de «sire», le ha inducido a emplearlo conmigo. Me parece una afrenta. Procuraré tener la menor relación posible con este príncipe, pero rehúso humillarle. Mi breve respuesta la encabezo: «Señor mi hermano» y, tras agradecerle sus votos en un momento tan decisivo, intento dar un poco de cordialidad a la despedida:

...Vuestra Alteza me habla de su amistad; os ruego que contéis con la mía. Me encontraréis siempre dispuesto a mostrarla en cualquier circunstancia, así como los sinceros deseos que tengo de vuestra felicidad.
De vuestra Alteza Real el afectuoso hermano.

En la sesión de ayer, el buen arzobispo de Burgos, repuesto de sus magulladuras y con anteojos nuevos, regalo de la emperatriz, vestido de pontifical, depositó los evangelios en la mesa que había ante mí. Sobre ellos juré:

Juro por los santos evangelios respetar y hacer respetar nuestra santa religión, observar y hacer observar la Constitución, conservar la integridad y la independencia de España y de sus posesiones, respetar y hacer respetar la libertad individual y la propiedad y gobernar sólo con miras al interés, la felicidad y la gloria de la nación española.

La sesión tuvo un clima de relajada solemnidad. Felicité a los españoles por tener las ideas del siglo. Azanza propuso la acuñación de dos medallas conmemorativas. Salieron todos a acompañarme a mi carroza, con muestras de lealtad y afecto.

Por la tarde los españoles fueron a Marrac a dar las gracias al emperador, por haberles ofrecido una Constitución fruto de su genio y de su esfuerzo. Napoleón había recibido noticias desagradables de España, donde las cosas se complican más cada día, y, en lugar del trato amable a que los tiene acostumbrados, habló a los españoles durante casi una hora, con semblante ceñudo, tono recriminador y frases de amenaza a quienes resistan sus deseos. Fue un cubo de agua fría sobre cada uno de ellos, que tan confortados habían quedado en la sesión de la mañana.

El día 4 hice público mi nuevo gabinete. Los ministros que nombro, lo han sido también de Carlos IV, algunos cambian de ministerio. Urquijo, secretario de Estado; Cevallos, que fue ministro de Relaciones Exteriores de Fernando VII, conserva el puesto; Azanza, ministro de Indias; O'Farril, de la Guerra; Piñuela, de Gracia y Justicia, y por insistencia de todos los españoles, nombro ministro del Interior a don Melchor Gaspar de Jovellanos, que ni ha venido, ni escrito ninguna manifestación de adhesión a mi partido.

Los puestos de la casa real los he cubierto con los mismos que servían a don Fernando. Entre ellos los duques del Infantado, Frías, Híjar, del Parque, el príncipe de Castel-Franco, los condes de Fernán Núñez, de Orgaz, Castelflorido, Santa Coloma, Casa Tilly, los marqueses de Ariza, Cevallos, Astorga y otros muchos. Los que están en Bayona prestaron juramento y han entrado en funciones. Los restantes lo harán a mi llegada.

A la vez que los asuntos políticos, se van desenvolviendo los íntimos. Julie me escribe desde Nápoles, donde el calor es incómodo y afecta a las niñas. Zénaïde sufre una erupción de pústulas y Charlotte adelgaza. Adoro a mis hijas, no cambiaría un imperio por una caricia suya. Julie, a las cuitas de salud, añade las de sus decisiones políticas. Es una buena esposa. No da importancia al papel de reina, ni ha cambiado su comportamiento escrupuloso. Acabo de recibir una carta en la que expone los preparativos de viaje: «He tenido buen cuidado en que no se incluya en el equipaje nada de aquí, para que no se nos pueda reprochar que hemos devastado el país.» Encuentro muy pulcra su conducta, pero hay soluciones intermedias. Está dispuesta a venir a Madrid, mas ni el emperador ni yo lo consideramos prudente ahora.

También Giulia desea venir, y más sorprendente, lo anhela su marido: «... Mi marido está muy triste por tu ausencia. Dice que ha comprendido mejor que nadie la pérdida que supone tu marcha y que hará todo lo posible para reunirse contigo... No quiero hacerme ilusiones de tanta felicidad.»

En su día me halagó conocer el comentario de Talleyrand: «José ha nacido para ser amado.» Esta condición me parece el mejor regalo del destino, pero... del marido de mi amante lo encuentro excesivo. Supongo que influye la magnífica renta que he asignado al duque.

Giulia, mi buena y querida Giulia. Su amor es el mensaje que espero con más anhelo en cada estafeta de Nápoles. La carta que ha llegado hoy muestra cómo se aferra a mi recuerdo y la generosidad sin límites de su amor:

... he ido a palacio a visitar a la reina. He visto tus dos hijitas, mi buen amigo. ¡Cómo me ha emocionado su presencia! Mi corazón palpitaba. Hubiese querido abrazarlas mil veces, pero me impidieron hacerlo miradas suspicaces. En cambio, no te puedes imaginar cómo tus hijas tenían los ojos fijos en mí. Eso me hace confiar en no resultarles odiosa. Quiero todo lo que te pertenece. Amo a tu mujer y a tus hijas porque me recuerdan a ti...

Espero que los arrebatos de nostalgia de Giulia no le hagan olvidar la prudencia. Hace seis días he abierto mi corazón y escribí a Giulia confidencias que nadie más debe conocer:

... No existe nadie que se haya encontrado en una posición tan extraña: deseado y añorado por los que abandono, recibo la corona del país que parece rechazarme y, dándome cuenta de todo, estoy actuando como si no me percatase... Mi posición me disgusta... no la aguantaré si tengo que hacer algo que

vaya contra mi conciencia. Sacrificaré todo a mi conciencia, debo hacerlo porque mi honor está en mi conciencia.

... creo que tengo el deber de actuar como lo estoy haciendo, lamento con amargura no poder hacer de otro modo.

Ya te he hablado de mí, sé que esto te complace. Tienes que darte cuenta de cómo te quiero, para haberte confiado todo esto. Adiós, mi querida Giulia; te abrazo y también al pequeño Giulio. Adiós, mis pobres pequeños ángeles. Os volveré a ver, sí, mi amiga; ten valor, te volveré a ver.

Mañana salgo hacia España. El deber, el honor y la conciencia señalarán mi camino.

9 DE JULIO DE 1808, BAYONA-SAN SEBASTIÁN

A LAS SEIS DE LA MAÑANA encontré formadas en la explanada ante el parque de Marrac dos caravanas, la mía y la del emperador. La mía lleva sesenta carrozas y otros cuarenta vehículos de carga. Los regimientos de la guardia imperial rinden honores a mi llegada.

En un estrado con toldo, acompañado del estado mayor, esperé la llegada del emperador. Se presentó a los pocos minutos. Los dos a caballo, pasamos revista a los mil quinientos jinetes que forman mi escolta. El general Merlin manda las tropas.

En el momento de partir se aproximó a nosotros la berlina del emperador. Napoleón me miró sonriendo.

—En estas últimas horas voy a ser vuestro huésped.

Subió a mi carroza. Partimos entre las salvas de honor y vítores de los regimientos formados a los dos lados durante un largo estrecho.

Cuando el emperador tiene un arranque como el de venir a mi carroza, vuelve a ser el hermano tan querido de la infancia. Parece un eco de tiempos remotos en que, siendo menor, se ocupaba de protegerme y... de censurarme. Manifiesta estos brotes de resurrección del afecto en los momentos más inesperados. A veces sus cartas están teñidas de ese afán de protección casi paternal. En una carta a Nápoles, cuando tras el asesinato de mi ayudante de campo Bruyère temía un atentado contra mi vida, escribió lo mismo que me decía hoy en la carroza:

—Os lo repito: no os fiéis de los españoles. Los cocineros, los pinches y todo el personal que maneja y sirve la comida tiene que ser francés. Corréis el peligro de ser envenenado. No estamos completamente seguros de que el gran duque de Berg no haya sido víctima de la ponzoña. Vuestro *valet* tiene que ser francés.

—Sire, llevo a Cristophe, mi ayuda de cámara.

—De todos modos, los guardias nocturnos, cualquiera que os lleve un mensaje urgente durante la noche, los que duermen en vuestros apartamentos, todos deben ser franceses.

—Sire, os preocupáis demasiado por mí, y vos olvidáis esas precauciones para vuestra persona.

—Por suerte para vos, además de preocuparme, me ocupo. La escolta que lleváis es sobrada para un ataque de bandoleros; no lo es para un ejército que haya podido infiltrarse. Por eso he hecho publicar en todas las gacetas de España que lleváis un número de tropas muy superior al que va realmente.

—También compruebo que habéis cuidado que mi comitiva sea impresionante en aspecto. Están presentes los cuerpos de uniforme más brillante. Caballería polaca, legiones del Vístula, un regimiento de vuestra guardia.

—Los escuadrones que os acompañan no son de adorno. Para no retrasar la marcha carecéis de artillería. Es buena medida que no exista una caballería como la que os protege. Hice lo mismo con Murat, con buen resultado. Elegid entre todos mis regimientos en España, y mantenedlos siempre próximos a vuestra persona.

—Me siento amparado por la devoción de los españoles que me acompañan. Todos quieren venir conmigo. Don Miguel de Álava, mariscal de alojamientos, asegura que en algunas villas es imposible alojarlos a la vez. He dividido el grupo de notables en dos secciones. Sólo hoy caminan juntos.

—¿Quiénes habéis elegido para que os acompañen?

—Sire, he dispuesto que los dos grupos sean homogéneos en categoría. El primero marcha con un día de anticipación, y me esperará en la ciudad de destino. El segundo grupo camina a mi lado. En la siguiente jornada invierten el orden de marcha, y me acompañan los que no lo hicieron el día anterior. Así, en días alternos, tendré compañía de todos ellos.

—Será muy fatigoso para los que, llegando con vos, deben seguir camino para adelantarse.

—Por no agotarlos haré parada completa de un día en las ciudades grandes, que puedan darles cobijo a todos.

—Es un plan muy inteligente. Veo que en la estrategia de la paz, os esmeráis más que en la de la guerra.

Fue como un cubo de agua helada lanzado al rostro. Sigue desdeñando mis aptitudes militares. Quedé mudo con la mirada fija en sus ojos. Nunca se ha disculpado conmigo. Bajó la vista y, al cabo de una pausa que se me hizo interminable, dio una palmada afectuosa en mi rodilla y mantuvo unos segundos la mano en ella. Se disipó mi enojo. Guardó silencio. Lo respeté durante casi una hora. Sonrió al pensar que los historiadores del futuro harán sutiles adivinanzas sobre los temas que discutimos durante este tiempo en el secreto de la carroza. No pude dejar de recordar una conversación que había sorprendido ayer entre el general Merlin y Clermont-Tonnerre. Le decía el coronel a Merlin: «El emperador no quiere dar el mando de los ejércitos de España al rey. Es como si el emperador dijese al rey José: Si con las cualidades amables que la naturaleza os ha regalado adquirís una reputación militar, me haréis sombra.»

Al aparecer en el horizonte Bidart, punto de nuestra despedida, comenzó lenta, muy lentamente, a desabrocharse la cruz de caballero de la Legión de Honor. Con la misma parsimonia la prendió en mi solapa.

—Me acompaña desde Austerlitz, en Iena, en Friedland...

—Sire, la llevaré toda mi vida. Sólo la muerte podrá quitármela.

Noté que la voz se rompía. Contra mi voluntad asomaron unas lágrimas. Me arrojé en sus brazos. Apretó con fuerza, la mejilla pegada a la mía. Le oí murmurar:

—José... mi buen José.

Mandó parar en el alto de la colina. Descendimos y, tras las fórmulas protocolarias, sólo dijo:

—Escribidme a diario.

—Sire, cumpliré éste y vuestros demás deseos.

Subió a su carroza. No inició el regreso hasta que vio desaparecer mi comitiva tras el último recodo.

Pronto dejamos atrás San Juan de Luz. En Drogne, durante el cambio de caballos, se acercó a mi portezuela el coronel Clermont-Tonnerre, que cabalgaba al estribo como ayudante de campo, a preguntar si deseaba algo. Le comenté con tristeza:

—Clermont, es el último pueblo de Francia.

Le noté profundamente emocionado. Hace unos días, al ascenderle a coronel, me pidió y le concedí volver a Francia al lado del emperador, en cuanto no me fuese necesario para acciones militares en España. Como todos los franceses de mi corte, hace un gran sacrificio al acompañarme.

A las nueve de la mañana cruzamos el Bidasoa, a la izquierda de la famosa isla de los Faisanes. A la derecha, el mar refulgía con el sol de la mañana, en torno a Hendaya.

Al alcanzar la otra ribera bajé a tierra. Se aproximaron los miembros del gobierno y los de la casa real; dejé que formasen corro en derredor mío.

—Señores, desde este momento se observará el protocolo español.

Subieron a mi carroza, en el asiento delantero de espaldas al sentido de la marcha, Azanza, ministro de las Indias, y el duque del Parque, capitán de la guardia de servicio. Permanecí solo en el asiento trasero.

Pocas ocasiones he tenido la sensación al cruzar un río y pisar la otra orilla, de estar en un paisaje y en un país distintos. Más duros, más hoscos, más tristes.

Nos acogieron grupos de campesinos ataviados con los trajes regionales. Bailaban en derredor del cortejo, con danzas parecidas a la que en Bayona llaman la pamperruque. Hice una breve parada en Irún, para recibir en casa del alcalde las pleitesías de las autoridades.

Su actitud fue obsequiosa. No así la de los escasos transeúntes en las calles. Ni vivas, ni aplausos, ni aclamaciones. Tampoco muestras hostiles. Miraban con curiosidad, nada más. Lo mismo ocurrió al paso por Hernani.

Llegamos a San Sebastián a las dos y media de la tarde de un día tibio y luminoso.

En ciudad tan importante, en la que las ventanas y balcones estaban engalanados con brillantes colgaduras, daba una nota lúgubre la ausencia de paseantes. Sólo vi unos grupos de mendigos y paisanos que, apiñados en corros, sin aproximarse, miraban de lejos con expresión ceñuda.

Momentos después, al llegar a la alcaldía cambió el panorama. Recibí en audiencia a una reunión muy numerosa y brillante que estaba aguardando. Se encontraban las autoridades españolas y francesas, los jefes de todas las corporaciones.

El alcalde de San Sebastián habla bien el francés y es hombre instruido. Las restantes autoridades españolas no dieron muestra de ninguna de estas dos cualidades del alcalde. Departí por largo rato con él, preguntándole con detalle por las necesidades de San Sebastián y de su provincia. Hice traducir mis preguntas y sus respuestas. Insistí en saber qué reformas deseaban que yo patrocinase. Se fueron acercando otros, departí con cada uno, cuando era posible directamente, con los demás con ayuda de intérprete. A todos traté de hacer ver que estaba para ayudarlos y que nada tenían que temer.

Por la tarde di licencia a mis acompañantes franceses, y con un grupo de españoles de mi corte visité el puerto y la ciudadela.

Mucho más me impresionó la excursión por los alrededores de la villa, hacia occidente. Extraño sobremanera que nadie hable de su asombrosa belleza. Es una bahía en forma de concha. La cierran dos montes empinados, uno en cada extremo y tiene en el centro una isla. Es uno de los parajes más agraciados que he visto. Como la bahía de Nápoles, en miniatura. Si la ciudad se extiende en esa dirección, no puede haber otra con emplazamiento tan hermoso.

Al regreso en el anochecer, la ciudad estaba iluminada con faroles en las ventanas y en los balcones.

Los españoles del séquito han encontrado acomodo en casas de parientes y conocidos. Decidí la cena en la intimidad con mi grupo de franceses y comentar las impresiones que sacaron de esta primera jornada en mi reino, especialmente cuando en la tarde se mezclaron entre la población o de sus conversaciones con los franceses que desde hace meses están de guarnición en la ciudad.

Fuimos ensombreciendo el ánimo con cada nuevo relato. El general Matthieu obtuvo de un militar español la información de que las luces y las colgaduras habían sido colocadas por orden de las autoridades, con castigos a quien no lo hiciese. En lugar de sacar las telas más lujosas, reposteros y tapices, como suelen hacer en las festividades, colocaron colchas o manteles. Evitaban así las sanciones por desobedecer el bando y a la vez mostraron su menosprecio.

—Yo me he enterado —intervino el general Salligny— de que la ausencia de transeúntes y espectadores se debe a que están persuadidos de un inmediato ataque a la comitiva real. Creen que Su Majestad no llegará vivo a Madrid.

—El odio que manifiesta el pueblo a todo lo francés es terrible, y más acusado cuanto más baja sea la condición de la persona —cortó el coronel Clermont-Tonnerre—. He pasado la tarde en la casa en que se aloja desde hace seis semanas un antiguo compañero de regimiento, el capitán Larminat. Me contó que en todo este tiempo no ha podido conseguir que la criada de la casa le preste el menor servicio, a pesar de las riñas y amenazas de los amos. Cada vez que se cruza con ella le lanza miradas de odio, sin escucharle ni dirigirle la palabra. Yo he recibido el mismo tratamiento, y el conde Girardin puede contar lo que ha escuchado.

—Lamento dar este enojo a Vuestra Majestad. Me aproximé a un grupo que por sus risas parecía alegre. Entendí la frase de una de las mujeres, que volvió a provocar la hilaridad del grupo: «El rey es guapo, muy guapo, hará un lindo ahorcado.»

Intervino mi sobrino Bienvenu Clary, que habla siempre que no tiene nada que decir:

—Parece imposible que los españoles, todavía ayer en Bayona, hayan sido tan hipócritas en los alardes de devoción a Vuestra Majestad.

—Temo algo peor. No han fingido. Eran sinceros. Han vivido en un mundo cerrado, bajo un fanal, ante la mirada del emperador, que todo lo ilumina del color de la luz de su mente. Ahora, al hablar con sus compatriotas, por lo que contáis, algunos de ellos estarán, en este mismo momento, con amargas dudas sobre si se han equivocado de partido.

Estábamos postrados en tan amargas reflexiones cuando avisaron que un grupo de cantantes pedía licencia para dar una serenata.

Me asomé al gran balcón de la fachada, rodeado de mis acompañantes. Eran unos treinta, todos hombres, con algunas guitarras. Cantan muy bien, de modo distinto al napolitano, no tan sentimental, más rudamente varonil.

Durante el concierto vimos llegar unos coches, bajar apresuradamente del primero a dos hombres y hablar al capitán de la guardia. Subió a informar que se trataba de una comisión de Santander que rogaba audiencia con el rey.

Envié a Marco Antonio Colonna, que habla algo de español, a dar las gracias y unas monedas a los cantantes, que rechazaron el dinero. Recibí a la comisión.

Venían amedrentados con gran congoja de ánimo a pedir clemencia. El general Merle, al tomar posesión de Santander el día 23 de junio, impuso a la ciudad la sanción de una contribución muy penosa. Los miembros de la comisión juran que la ciudad no ofreció resistencia y que, antes de rendirse, habían liberado un navío francés arribado a su puerto y permitido embarcar en él a nuestro cónsul y a todos los franceses de la ciudad.

—Tan limpio y generoso comportamiento no nos ha librado de las derramas e imposiciones del general Merle. Los ciudadanos quedarán en total ruina. Hemos oído del buen corazón de Vuestra Majestad...

La crueldad de las tropas del general Lasalle en Torquemada, con el saqueo e incendio de la villa, fue una acción de guerra ocurrida el 6 de junio, antes de mi llegada a Bayona. Mucho he lamentado tal brutalidad, que sólo puede engendrar odio. La noble victoria de Cabezón el día 12 de junio también quedó empañada con muertes inocentes y destrucción. No dio tiempo a consultarme. Esta sanción a Santander, ya durante mi reinado, no debió imponerla el general Merle sin mi permiso.

Despedí a los atribulados santanderinos con promesas de intercesión ante el emperador. Estoy fatigado en exceso para escribir ahora.

Con tan encontradas emociones, no es extraño que mi primer sueño en España estuviese entreverado de pesadillas.

10 DE JULIO DE 1808, SAN SEBASTIÁN-TOLOSA

DOMINGO. Pedí ayer al obispo que adelante la hora de la misa mayor en la iglesia de San Ignacio a las ocho de la mañana. A la puerta del templo aguardaban, revestidos de pontifical, el obispo y los dignatarios eclesiásticos. A su vera seis sacerdotes sostenían las varas de plata labrada de un palio. Es privilegio de los reyes de España entrar bajo palio en las iglesias. Mi primer uso de una prerrogativa de la corona.

También mi primera decepción.

En Francia, en una ceremonia religiosa de solemnidad, hasta el sacristán usa bastón y tiene empaque. Los seis canónigos portadores del palio eran de estatura desigual: dos gordos como toneles, con cuello de toro y papada colgante; otro esquelético, nariz aguileña, ojos hundidos; una calavera que camina. Los seis marchando desgarbadamente, sin llevar el paso ni tampoco atender a que el palio estuviese tenso, bien extendido. Se aproximaban demasiado en su marcha tambaleante, con lo que el rico brocado, bordado en oro y pedrería, hundido por el centro, rozaba mi cabeza, despeinándome, pues soy mucho más alto que ellos. Mis intentos de esquivar la tela ahondada me hacían desplazar a un lado, quitando todo empaque y lucimiento a una entrada que debía haber sido triunfal, en toda su solemnidad.

El sermón largo, aburrido, en voz monótona. La preciosa liturgia católica y las majestuosas vestiduras sagradas, degradadas con los desmadejados movimientos de los oficiantes. Los cánticos desafinados.

Me fue provocando irritación y tristeza. Una nación tan preocupada por las prácticas religiosas descuida de este modo las formas cuando tiene que ofrendarlas a Dios. ¿Qué hará cuando le toque ofrecérmelas a mí? Es lo primero que veo hacer al clero español y resulta difícil ejecutarlo de modo más torpe.

Al final de la ceremonia, cuando nos aprestábamos a salir, ocurrió el milagro. El sonido vibrante y poderoso de cien voces varoniles retumbó en las bóvedas y en nuestros corazones. Las palabras y la melodía de la *Salve*, exaltadas por una fuerza y un empeño que se notaba brotar del fondo de los corazones de cada uno de los cantores. La melodía tierna pero anodina, que hemos cantado tantas veces, transfigurada en sublime ofrenda a la Madre de Dios. Las palabras dichas, gritadas, como sólo puede hacerlo un hijo a su madre. Ni en la ópera de París ni ante los coros del Vaticano he sentido una emoción semejante. Ha hecho renacer en mi corazón adormecido la esperanza en la Virgen, que a los Bonaparte nos inculcó de niños nuestra madre. Hace mucho tiempo que no me ha pasado por las mientes pedirle algo a la Virgen. Hoy he vuelto a hacerlo, de un modo vergonzante, casi a hurtadillas de mí mismo. Le he pedido por España.

Mirando al coro, vi que estaba abarrotado de hombres vestidos a la manera del pueblo. Pregunté a los que estaban a mi vera:

—¿Quiénes son?

—Majestad, son los pescadores, que tienen por costumbre ofrendar la *Salve Marinera*.

Al salir, nueva irritación al volverme a rozar la cabeza el paño del dosel. En la puerta de la iglesia los gestos obsequiosos y poco agraciados del alto clero. Éstos se unen a mi partido. Yo querría a quienes han cantado. Están con los rebeldes. Quizá por eso cantaban tanto.

Pedí que descendiese el coro de pescadores para felicitarlos. En la espera se fueron agrupando en un gran corro los fieles que salían de la iglesia tras el cortejo. Noté que a los cantores marinos y a quienes habían parado a observarnos agradó el gesto.

Al partir, murmullos entre los asistentes. Escuché un «¡Viva el rey!». El primero. Cascabeleó alegremente dentro de mí.

Antes de marchar de San Sebastián, regresé a casa para escribir al emperador.

San Sebastián, 10 de julio de 1808, a las 10 de la mañana.
Sire:
He prolongado mi estancia en esta villa hasta este momento para conocer la disposición de los habitantes y lograr que mi paso por la ciudad no sea del todo inútil.

Una diputación de Santander se ha llegado a pedir que yo descargue a esa ciudad de una contribución de doce millones de reales que le ha sido impuesta.

Creo que en lo sucesivo no se debe imponer contribución alguna sin orden mía. Tampoco debe imponerse castigo a una ciudad entera. Se conoce a los jefes principales. Basta confiscar los bienes de éstos. Si se hace de otro modo, no avanzaremos en ganarnos la voluntad del pueblo, y sin esto nada se puede hacer en una nación como España.

Esta contribución de doce millones de reales ¿la ha ordenado Vuestra Majestad Imperial? ¿Estoy autorizado a disminuirla, a liberar Santander totalmente, según las circunstancias? Los ingleses tienen cuatro fragatas en las costas. Han hecho proposiciones. Ofrecen comercio libre y armas.

Hay mucho por hacer para conquistar la opinión de esta nación; y con moderación y con justicia esto será posible. Especialmente en cuanto los insurgentes sean derrotados.

Terminada la carta (qué humillante tener que pedir licencia para disminuir un castigo injusto, ¡en mi reino!), salí de la ciudad. Las calles estaban mejor engalanadas (comienzo a fijarme en la calidad de las colgaduras), y se escucharon algunos vivas. El esfuerzo no ha sido en vano.

De San Sebastián llegué en la misma jornada a dormir a

Tolosa. Ni por el camino ni en la ciudad hubo muestras de entusiasmo, pero la recepción resultó algo menos fría que la de ayer. Recibí a la diputación de Guipúzcoa y casi a la vez la mala noticia de que la víspera unos paisanos habían matado a un coracero de ordenanza que paseaba tranquilamente por las afueras de la villa.

Volvimos a tener, después de la cena, el conciliábulo en el que cada cual menta sus informes e impresiones. Girardin se ha enterado de que los comercios de Tolosa han vendido más de doscientos puñales y cuchillos. En los cafés y lugares públicos se alardea de que el rey será capturado en una de las primeras jornadas del viaje.

Ya acostado, recibí carta del emperador.

Bayona, 10 de julio de 1808.

Mi hermano:

El oficial que envié ayer a San Sebastián me informó de vuestra llegada. Espero que me hayáis escrito desde esta villa; si no ha sido así, hacedlo de vuelta por el paje que os envío. Deseo que me escribáis a diario. El general Reille ha tomado Figueras... Escribid todos los días al general Savary a Madrid y al mariscal Bessières a Burgos. Que Azanza y Urquijo lo hagan a diario a la junta de Madrid. Es necesario que Cevallos, como ministro de negocios extranjeros, escriba desde Vitoria un despacho a todos los ministros del extranjero, para anunciar vuestra entrada en España... Deberá enviar desde Burgos una segunda circular...

Esta noche no me restan fuerzas para tantas cartas.

214

11 DE JULIO DE 1808, TOLOSA-VERGARA

CON EL DESAYUNO traen una carta del emperador, que llega en este momento.

> *Bayona, 10 de julio 1808, a las 6 de la tarde.*
> *Mi hermano:*
> *Recibo vuestra carta de hoy. Haced lo que queráis sobre la contribución impuesta a Santander. Yo había ordenado al mariscal Bessières que le sentase la mano, a la vez que hacía marchar sobre ella a mis tropas. Han tratado con tanta indignidad al cónsul y a los franceses que se encontraban allí, que merecen un castigo. Sea cual fuera la decisión que toméis, lo que me importa es que los franceses a los que confiscaron sus bienes sean debidamente indemnizados. Es asunto de poca monta.*
> *Tengo nuevas de Rusia. Conocen todo el asunto de España y lo aceptan...*

Días antes de mi salida de Bayona, Napoleón había escrito al zar: «... España nunca ha sido tan independiente. Para Francia sería mucho mejor haber anexionado a Cataluña o a Navarra...» ¿Se atreverá a engañar a Rusia?

En cuanto a Santander, al menos por esta vez, ha condescendido. En Nápoles tuvimos un forcejeo permanente. Recuerdo con angustia sus cartas: «Haced ejecutar al menos seiscientos», «todavía no he oído que hayáis hecho fusilar a ninguno», «... poned treinta millones de contribución...»,

«... mandad pasar por las armas como mínimo a treinta jefes de los poblados...», «... quemad sus casas...», «... confiscad...».

Y mis cartas contemporadizadoras, rebosantes de súplicas y dilaciones: «... no descuido ningún medio de cumplir las órdenes de Vuestra Majestad Imperial. Si me permitís seguir mi sistema, llenaré todas vuestras aspiraciones, llegando al mismo fin, pero sin sacudidas ni que se puedan quejar de los medios...»

Me aterra que repitamos en España la misma cantinela. ¡Dios mío! Acepto cumplir sus fines, pero con mi sistema, con métodos humanos, sin nada de lo que tengamos que avergonzarnos. Sin que se repitan las brutalidades de Torquemada y Cabezón. Sin que me lleguen ahora respuestas como las de entonces:

«... *En un país conquistado la bondad no es humanidad... hay que desarmar, hacer juzgar, deportar...*», «... *No esperéis dinero de mí... poned impuestos para mantener mis tropas... es preciso que mis generales y mis soldados estén en la abundancia...*», «... *no sólo rechazo enviaros dinero por no gastar unos millones, es por principio...*», «... *no es acariciando a los pueblos cómo se los gana...*».

Si repite lo mismo en España, nuestra causa está perdida. En Nápoles, pese a los llamamientos de la familia real, el pueblo no se levantó en su favor. Aquí, abandonados de sus reyes, con órdenes de éstos de someterse, se han sublevado para defenderlos. Si ahora la presencia del ejército francés carga sobre su bolsillo, además de hacerlo sobre su honor, no veo cómo un solo español puede inclinarse de nuestro lado.

Antes de salir de Tolosa visité la fábrica de armas, que había cerrado por los últimos acontecimientos. Hice reanudar el trabajo y adopté otras medidas útiles para la villa. Paseé por sus calles sin escolta armada, con poco acompañamiento, para difundir la impresión de que nada temo entre mis súbditos.

Salimos de Tolosa hacia Vergara a media mañana. Igual que en San Sebastián, la despedida fue más cordial que la recepción. Creo que voy ganando adeptos.

En los villorrios del camino los campesinos saludaron el paso del cortejo con muestras de alegría y vivas. En Villafranca toda la población estaba vestida de fiesta y con signos de entusiasmo. Durante la breve parada que hicimos para recibir el saludo de las autoridades sonaron flautas, pífanos y tambores, y unos treinta aldeanos, portadores de largas espadas, entrelazaron junto a mi carroza un baile muy pintoresco llamado espatadanza.

La recepción de Vergara, sin el entusiasmo de la de Villafranca, fue satisfactoria.

Trabajé con los ministros toda la tarde. Un pequeño paseo por las calles con el fin de hacerme ver de la población y cena formal con los ministros y las autoridades.

No me he dejado engañar por las apariencias. No debo perder el tiempo en conquistar voluntades en villorrios y caseríos. Tengo que hacerlo cuanto antes en la corte. Es también opinión de los ministros. Se lo escribí al emperador.

Vergara, 11 de julio 1808.

Sire:

La situación de las cosas es tal que me reprocho el tiempo perdido en miserables aldeas. Me decido a seguir a Madrid por el camino más corto y llegar cuanto antes. El ambiente es pésimo por todas partes. Madrid marca el tono. Hay que alcanzar Madrid y hacerse proclamar. Las tropas españolas se unen a quien las paga. En Madrid no hay orden, reina la división en las tropas. Veré al menos por mis propios ojos cómo están las cosas y qué remedios puedo poner. De lo que no cabe duda es de la gran necesidad que tenemos de dinero. Sólo dominamos las provincias más pobres, no hay ingresos en el tesoro. Con dinero se podrían rehacer los regimientos que restan en Madrid. Por lo demás, ya recibiré las cartas de V. M. en Burgos, y decidiré después.

217

12 DE JULIO DE 1808, VERGARA-VITORIA

CONTRASTE DE EMOCIONES. Durante el camino fueron negativas. Desfiladeros y pasajes montañosos donde es fácil tender una emboscada o bloquear el paso. No comprendo cómo los insurgentes han desperdiciado estos parajes para dar las batallas. Aquí, al quedar mermada la movilidad de nuestra caballería y la eficacia de la artillería, tendrían posibilidades de triunfo que no existen en las llanuras, donde han luchado hasta ahora. Temo que si nuestras tropas sufren el menor revés, los habitantes de esta zona monten esa fácil resistencia y nos impidan una retirada a Francia.

Las emociones positivas brotan de la recepción cada vez más cálida de los habitantes. Como Vitoria es capital de provincia, había sido proclamado ayer como rey, antes de mi llegada.

A dos leguas de Vitoria apareció el regimiento llamado de África, de infantería. Sus jefes pidieron saludarme. Hasta ahí todo bien, pero los españoles carecen del sentido de la medida. El regimiento se empeñó en acompañarme, rodeando el coche real, hasta Vitoria. Les explicamos que es imposible que tropas de a pie puedan acompasar su marcha a la de los carruajes. No hubo modo de hacerles desistir.

Al principio, los rostros juveniles reflejaban entusiasmo y alegría. Emprendieron paso ligero, verdadero trote, con el que pretendían seguir a los caballos, cargados del fusil y la mochila. Las caras jubilosas fueron poniéndose serias, las frentes perladas de sudor, la respiración jadeante. Mandé parar, fingiendo que precisaba estirar un poco las piernas.

Si los españoles miden siempre así sus fuerzas...

Por fortuna, a una legua esperaban las autoridades. La parada sirvió a los del regimiento de África un nuevo respiro.

Seguimos la marcha con los caballos al paso. Cerca de la ciudad, los dos lados del camino estaban ocupados por los habitantes, que habían salido a esperarme y... a pasarlo bien. Se veían manteles extendidos en el suelo, restos de comida, botellas de vino. Muchas de éstas debían de estar ya vacías, porque el ambiente era festivo. Esporádicamente se escuchaban vítores y aplausos. Otros grupos miraban en silencio.

Al pasar la puerta de la muralla comenzaron a repicar las campanas de las iglesias, sonaron las salvas de artillería. Las casas engalanadas; creo que las colgaduras eran, por esta vez, las mejores que tienen.

Los del regimiento de África me acompañaron, rebosantes de orgullo y a punto de desfallecer por la fatiga, hasta la puerta del palacio destinado a ser mi alojamiento. Es el de los marqueses de Montehermoso, el mejor de la ciudad. Su dueño pertenece a la junta de Bayona. Habla bien francés, sus ideas son las del siglo. En resumen, lo que aquí llaman un «afrancesado».

Trabajé unas horas con los ministros. Pesimismo en los informes. He leído algunos de los panfletos y proclamas de los insurgentes. Insultan al emperador; a mí me hacen la ofensa de no tomarse esa molestia, me tratan con desdén. Casi nunca se me designa por mi nombre, soy «el usurpador» o «el intruso».

No sé cuál de las dos designaciones me hiere más. Ambas muestran lo difícil que va a ser mi misión. Hace un enorme daño a la moral de mis partidarios el ejemplo de Zaragoza, y los escritos y conminaciones que los de allí envían a sus compatriotas. Inculcan en mis partidarios sentimientos de ser cobardes y traidores. Escribo al emperador.

Vitoria, 12 de julio de 1808.

Sire

He llegado a esta villa, donde he sido proclamado ayer. La moral es baja. Las personas relevantes de la ciudad temen las amenazas del pueblo y de los insurrectos de Zaragoza, cuyas cartas y gacetas los intimidan mucho. Las noticias que llegan de Valencia, de Galicia, de Asturias y de Andalucía tampoco alientan a mis partidarios. NADIE HA DICHO HASTA HOY LA VERDAD A VUESTRA MAJESTAD: la realidad es que no hay un solo español que se declare por mí, exceptuando el pequeño número de personas que han asistido a la junta y que viajan conmigo...

Expuse a continuación a mi hermano la preocupación porque no queden suficientes tropas a mi retaguardia, en los desfiladeros que hemos pasado hoy, pues «si Zaragoza no se rinde, no hay duda de que las zonas que acabo de pasar se sublevarán». Especialmente he advertido a Napoleón lo perniciosa que me parece su táctica de mantener relación independiente conmigo y con los mariscales. Minutos antes de la parada para recibir el saludo de las autoridades, ha ocurrido un suceso que me ha llenado de indignación: un correo del emperador, con el que tropezamos, se negó a entregarme los despachos destinados a Madrid; para que yo, el rey, pudiese ver su contenido, exigía alguna acción por mi parte. He tratado de exponérselo de forma objetiva y fría:

Ha pasado hoy un correo de Vuestra Majestad con destino a Madrid. No ha querido mostrarme los despachos; dijo que no había ninguno para mí. Conozco la gravedad de las circunstancias; precisamente por ello es más necesario que nunca que no haya dos centros de autoridad en el ejército. Deseo que Vuestra Majestad me haga dirigir todo, y que todo me sea sometido. Voy a Madrid. Me haré proclamar. Reuniré un cuerpo de ejército, las circunstancias harán el resto. Vuestra Majestad es demasiado justo para no aceptar que en una circunstan-

cia como ésta, YO DESEO TENER VUESTRA CONFIANZA ENTERA Y EXCLUSIVA. Me conocéis lo suficiente para saber que siempre que es conveniente consulto a los que tienen experiencia, y que tengo suficiente buen sentido como para tomar las decisiones adecuadas.

Si V. M. no tiene guerra continental, debe ocuparse seriamente de enviar a España suficientes tropas y dinero. En el caso contrario es necesario concentrarse, no dispersar el ejército en provincias remotas; proteger todo lo posible Madrid y las provincias que unen a Francia la capital de España.

Seguí el trabajo con los ministros hasta las nueve de la noche. A esta hora tenían preparados —imagino que los mismos que dispusieron el vuelo de campanas y las salvas de cañón— unos bonitos fuegos de artificio. La plaza y sus calles vecinas estaban llenas. Decidí salir a participar con mis súbditos del festejo. Aproveché cada ocasión de acariciar un niño, felicitar a un anciano por lo gallardo de su porte, o a una familia numerosa por el sano aspecto de los hijos, para hablar con el pueblo. Tras cada insignificante gesto de esta clase noté cómo iba dulcificándose la actitud de la población. Son pocas personas, pero su influencia sobre otras aumentará la eficacia de mi esfuerzo.

El palacio de Montehermoso, donde me alojo, tiene buena biblioteca y jardín cuidado, dos condiciones que abundan poco en España. Permaneceré también aquí el día de mañana para dar descanso a la comitiva, y en espera de correos. Ceno con los ministros, para seguir el trabajo. Les cito para mañana a las seis de la mañana.

Asistiré a misa en la catedral y daré audiencia a todo el que la pida. Este día de tranquila permanencia en una ciudad he de aprovecharlo para convencer a los habitantes de que encontrarán en mí el respaldo de un soberano ilustrado, no el yugo de un tirano.

13 DE JULIO DE 1808, VITORIA

TRABAJO AL AMANECER con los ministros. El correo que llega de Madrid confirma la impresión pesimista. El general Cuesta reúne un importante ejército que nos amenaza desde Benavente.

Los ministros aseguran que el general estuvo indeciso del mejor partido a tomar. Como todos los generales, pensó que es inútil oponerse al ejército imperial. Ha cedido a las presiones populares y se ha puesto al mando de los insurgentes.

Quiero hacer todos los esfuerzos posibles para la paz. Envío a Cuesta una oferta honrosa de amnistía total. Di cuenta al emperador:

Vitoria, 12 de julio de 1808.
Sire:
He determinado enviar a Cuesta dos coroneles españoles, que se consideran adecuados para influir en su ánimo. Los acompaña un oficial francés... Cevallos, Urquijo y Azanza escriben a Cuesta. Estoy muy satisfecho de la firmeza de estos señores. No ven el momento de llegar a Madrid. Debo permanecer aquí mañana para dar reposo a las tropas. Espero recibir mañana nuevas de Vuestra Majestad.

No ha llegado correo imperial; escribo de nuevo al emperador, comunicándoselo e informándole de mi plan de viaje. Aprovecho para insistir en el punto esencial:

222

... Repito a Vuestra Majestad que ningún esfuerzo será excesivo para pacificar España. Faltan tropas y dinero...

Mi mujer debe de haber partido de Nápoles el día 7... A menos que ocurra un cambio muy notable de la situación, pienso que no debe venir a Madrid.

La misa en la catedral siguió el solemne protocolo de una visita real. Todo el cabildo en espera a la puerta. Entrada bajo palio. Mi puesto junto al altar mayor. Observo que el seguimiento de la liturgia por los fieles españoles tiene alguna variante de nuestras costumbres y de las italianas. Intento adaptarme sobre la marcha. Hoy mismo me haré instruir sobre los gestos y posturas adecuados del rey en cada ceremonia religiosa. En España son tan importantes como las de palacio, y veo que más frecuentes.

A la salida, gestos obsequiosos del alto clero y de las autoridades. Indiferencia en el pueblo. Quiero ganar a las masas. Noté agrado popular durante los fuegos artificiales, con más regocijo en los estampidos que en las luces. Sin duda a los españoles les gusta el ruido. No lo comprendo, pero mando que hoy se repitan los fuegos, al gusto local y costeados por mí. También las iluminaciones, músicas y demás jolgorios populares.

Después de la misa, audiencia general en el palacio de Montehermoso. Recibí al ayuntamiento en pleno y a los de las villas próximas, a las corporaciones y personas de relieve. Acudieron en gran número. La audiencia se repitió por la tarde. Para mejor conseguir la captación de voluntades he decidido dar una gran cena esta noche. Sólo españoles. Dos de los ministros, para realzar la importancia, y el resto a personalidades locales.

La cena fue más temprano de lo habitual, pues vamos a emprender camino a las tres de la madrugada. Nos acompañan dos regimientos de infantería ligera y quiero que puedan llegar a descansar a Miranda de Ebro.

Al ser huésped de los marqueses de Montehermoso, coloqué a mi derecha en la mesa a la marquesa. Afortunada decisión. Resultó ser la persona más agradable que he conocido desde mi llegada a España. Esbelta, elegante, no en la flor de la edad, pero aún muy hermosa. Modales sueltos, cortés sin la deferencia empalagosa de las personas de poco mundo.

Durante la cena, añadió a los atractivos de la conversación los de sus más notables encantos personales. Temo haber descuidado al resto de los comensales.

El adorno de la casa, las tapicerías, presentación de la mesa, son en el palacio de Montehermoso al gusto francés, demostrando el de sus propietarios. Por fortuna también el atuendo de éstos.

De todas las modas del Imperio, que el futuro dirá si son acertadas o de mal gusto, hay una a la que tendrá que inclinarse con admiración la posteridad: los trajes femeninos de corte.

Creo que en toda la historia de la humanidad, jamás se ha presentado a la mujer de forma tan seductora. Las telas transparentes, superponiéndose para velar y desvelar en sabia gradación, jugando con el límite. Los escotes rectangulares, bajos, muy bajos y anchos, son el mejor regalo en las veladas palaciegas. Es cierto que sólo los soportan airosamente cuerpos esculturales. En la corte imperial abundan las bellezas, las demás... no sé, nadie las miramos.

Mi vecina, más joven que su marido, resultó ser discreta e ingeniosa. Una de esas mujeres cuya hermosura pasa inadvertida en el primer momento por no ser llamativas, pero que al parar la atención en ellas agradan cada vez más. La cara, sin polvos ni carmín, tiene la serena atracción de los retratos del Bronzino, pero su baza definitiva es un cuerpo perfecto. La línea del cuello desciende armónicamente por los hombros, se prolonga en unos brazos gráciles y termina en las manos pequeñas de dedos largos y finos que, aún sin tocarlas, irradian sensibilidad y hacen desear tenerlas entre las nuestras, para el deleite en esa forma de comunicación táctil subterránea e intensa que da una mano a otra, y que no se sustituye con palabras.

La marquesa se adorna con pocas joyas. Piedras de calidad en montura algo anticuada. El traje sigue fielmente la moda francesa. Se percibe la torpe mano de una modista extranjera. Este defecto en cierto modo resulta una cautivadora virtud para los vecinos de mesa.

Las modistas parisinas realizan portentos de arquitectura sartoril. Los bordes del escote son como esos puentes airosos, que parece que van a derrumbarse con el peso del primer viandante y soportan un regimiento. Los sublimes encantos del seno femenino en exhibición pícara, mas no descarada. Al modo de esos equilibristas que cruzan por el alambre y amagan a cada instante con su caída, provocando una emoción y un interés sostenido hasta el último instante.

La falta de maestría de una modista provinciana no protege con esos recursos de equilibrio milagroso. Una respiración demasiado profunda, un suspiro, un gesto brusco, un ligero acceso de tos, la inclinación de una reverencia... y los más nobles atributos de la feminidad..., plop, en todo su esplendor.

Mi encantadora vecina de mesa obsequió respiraciones, suspiros, toses, reverencia. El repertorio completo.

Entre dos ofrendas visuales, la marquesa hizo la de su nombre, se llama María del Pilar. María del Pilar no se turba con los accidentes de vestuario. Tiene mucho más mundo del que parece a primera vista. Con movimientos pausados y armónicos, como de orador sagrado, lleva la mano diestra desde el hombro izquierdo al derecho; una hábil ayuda con los dedos y... todo vuelve a su sitio... en unos instantes.

Quise prestar atención un momento al marqués, pero la mirada quedó prendida de un precioso retrato de niña colgado en la pared a espaldas del dueño de la casa. Un retrato infantil pintado a la vez con vigor y ternura. No recuerdo nada semejante en nuestros artistas ni en los italianos que conozco. Deseo un retrato así de mis hijas.

—¿Es hija vuestra esa niña?

—Mi hija mayor, Amalia, Majestad.

—Preciosa niña y bonito cuadro. ¿Quién es el artista?

—El pintor de cámara del rey. Se llama Goya, y ha hecho los retratos de casi toda la corte.

Quedé un rato ensimismado, pues la pintura me produce una extraña fascinación, con tema tan insignificante: una niña de unos seis años, con vestido blanco al lado de una jaula vacía, de la que sin duda ha sacado el periquito que sostiene en la mano. Ya tengo otro español a quien conservar su puesto en la corte.

Me despedí presto de los huéspedes. Partíamos a las tres, y la llegada del correo imperial mermó aún más el breve reposo.

Dos cartas de ayer del emperador: una escrita a las ocho de la mañana, otra a las cuatro de la tarde.

En la primera, Napoleón da muestra de su increíble genio militar. Sin conocer España más que por los mapas, parece tener visión iluminada del movimiento óptimo de cada grupo de tropas. En esta carta instruye cómo consolidar mi retaguardia. En las decisiones no militares es cuando surge el desacuerdo entre nosotros. Encuentro un tanto mezquina su forma de prestarme dinero cuando llegue a Burgos:

... Independientemente de los quinientos mil francos que os he prestado, tengo en Burgos unos trescientos mil. Adjunto una libranza para que los podáis tomar, y vos me enviaréis un pagaré sobre vuestro tesorero para reembolsarme de estos trescientos mil, con lo que os queda por cobrar de vuestro salario de príncipe francés, del año 1808.

En la carta de las cuatro de la tarde, da nuevos detalles de estrategia. Aconseja que no llegue mi comitiva a Burgos hasta el día 15.

... Allí encontraréis noticias trascendentales y decidiréis. Bessières ha debido iniciar las operaciones hoy por la mañana, día 12. Probablemente el día 14 habrá entrado en combate. Una vez que haya batido al general Cuesta en Benavente o

*León, será el momento oportuno para entrar en negociaciones
con las tropas de línea. O'Farril asegura que éstas sólo piden
someterse a mí lo antes posible, que se les ha hecho una mala
jugada... Todo lo he combinado para que los rebeldes resulten
vencidos precisamente en el momento de vuestra llegada. Ha-
cedles entonces ofertas de paz, enviando algunos de los españoles que tenéis en vuestro entorno. No enviéis a ninguno de los
ministros ni a persona de gran relieve, para que no los reten-
gan. Si de Burgos decidís ir a Madrid en posta, podéis llegar en
treinta horas por la ruta de Aranda...*

El emperador coordina magistralmente las acciones militares y las políticas. Creo, sin embargo, que no tiene razón
en suponer que la tropa va a ser más sumisa que los generales. Es el pueblo el que se ha sublevado, no las clases diri-
gentes. Quedo abrumado por la pena al comprobar que mi
propuesta de paz a Cuesta, antes del combate, no puede
llegar a tiempo. Si el emperador está en lo cierto, y en las
batallas lo está siempre, Cuesta a estas horas está distribu-
yendo sus tropas para la lucha de mañana contra Bessières.

15 DE JULIO DE 1808, BRIVIESCA

PERNOCTAMOS ANOCHE en Miranda de Ebro. Nada de especial en la jornada. Apariencia de un recibimiento solemne, y el pueblo como espectador distante y silencioso.

La hoja impresa que hace de gaceta en Miranda publicó esta mañana: «... Es de asombro que una pequeña villa con trescientas familias, haya podido reunir los fuegos de artificio y músicos, y todos los accesorios para una fiesta tan brillante, como la que ha testimoniado el entusiasmo que nos inspira la augusta presencia del rey.»

El estilo es demasiado similar al del «buró de propaganda» del emperador, para que no haya sido dictado por uno de nuestros agentes. Parece que son también éstos los que ordenan a las autoridades de cada población los homenajes «espontáneos» que me van brindando, y que tanto se parecen unos a otros. El de Briviesca ha sido idéntico.

En el camino entre las dos ciudades estremece el desfiladero de Pancorbo. Enorme muralla rocosa, con paso tan angosto que es el punto más fácil de defender, tanto en una dirección como en la otra. Los españoles, con su desorganización que voy viendo que es omnipresente, han emplazado el fuerte, con la guarnición para la defensa de este paso, demasiado lejos del desfiladero. Pero ¿es que no hacen nada bien?

A media tarde, finalizada la tediosa audiencia a las autoridades locales, entró presuroso y agotado un ayudante de campo del mariscal Bessières, con noticias de la victoria sobre el general Cuesta. Mi flanco derecho queda libre de peligro y está abierto el camino a Madrid. Escribo al emperador.

Briviesca, 15 de julio de 1808, a las 11 de la noche.
Sire:
El ejército enemigo se ha enfrentado en Medina de Rioseco al cuerpo de ejército del mariscal Bessières, y ha sido completamente derrotado. Cuesta se retira hacia Benavente. Tenía treinta y cinco mil hombres, de ellos veinticinco mil tropas regulares.

El general Merlin debe de haber llegado al campo de Bessières, con el marqués de Muzquiz, a quien juzgamos el más apropiado para tratar con Cuesta de la pacificación. El momento es favorable. Voy a expedir un nuevo correo. Estaré mañana en Burgos y partiré hacia Madrid...

... Haré ocupar el castillo de Segovia, si aún no se ha tomado. Ruego a Vuestra Majestad que continúe enviándome socorros, a fin de que yo pueda acosar a Cuesta y reforzar a Dupont.

Daré sólo unas cabezadas. Saldremos de Briviesca mucho antes del amanecer. Apremia llegar a Burgos, y el calor de julio en Castilla carga de penalidades el viajar durante el día.

16 DE JULIO DE 1808, BURGOS

MI ESTADO MAYOR ardía de impaciencia por llegar a Burgos y tener nuevas noticias de la victoria. Dimos vista a la ciudad a las ocho de la mañana.

El general Rey, ayudante de campo del emperador, tenía a sus tropas haciendo calle desde media legua antes de la muralla. El «buró de propaganda» debe de haber estado también muy activo. Sonaron las salvas entre el repique de campanas a mi llegada. Colgaduras en ventanas y balcones. Todo el ritual. El pueblo, poco numeroso y despegado. Algún «¡Viva el rey!». Mi oído se va afinando al uso del español; no puedo jurarlo, pero me parece que los «vivas» estaban pronunciados con un acento gangoso, que conozco muy bien y que inspira sospechas.

Soy huésped del arzobispo, en su palacio situado al lado de la impresionante catedral. El primer gran monumento que contemplo en España. Sigue el ritual: capítulo de la catedral esperando a la puerta. Entrada bajo palio. Solemne tedéum.

¿No se han enterado aún los españoles de su derrota en Medina de Rioseco? Es imposible que estén dando gracias. El «buró» no puede haberse atrevido a tanto.

La catedral es maravilla de arquitectura, un tanto sombría. Sobrecoge el ánimo del visitante. Sentí una profunda emoción al contemplar el cofre del Cid.

La mente nos juega malas pasadas con la hilación de las

230

ideas. En el recinto sagrado no logré reprimir un grato y pecaminoso recuerdo a mademoiselle Trefoneau. ¿Se llamaba Elisa la hija del Cid Campeador en la escena? Dios, que me ha cargado con tan desmedida afición a las damas, espero que sea benigno al pedir cuentas. He leído en los libros de historia que los confesores de los reyes españoles se esforzaban en desviar los rigores de conciencia de los soberanos de los pecados de la carne, para que concentrasen sus esfuerzos en cumplir las mucho más graves obligaciones de estado. Me conviene tomar uno de esos confesores. Veré si resta alguno de los de Carlos IV y... aprenderé a silbar.

De regreso al palacio del arzobispo, al otro lado de la plaza, encontré a la puerta unos magníficos caballos con arneses a la española, por si deseaba cabalgar. Tras la audiencia, en la que se reforzó mi impresión de que los burgaleses ignoran aún la derrota de Cuesta, almorcé con los ministros. Mi anfitrión no habita su palacio, sino una habitación contigua, espartana, con un colchón en el suelo y un crucifijo en la pared. Nada más. Lo sé porque fui a invitarle personalmente a acompañarme a la mesa. Se excusó con su voto de ayuno que «entibiaría la alegría de los comensales». Los santos son muy desconcertantes; mas esta vez su rigor nos permitió trabajar durante la comida.

La opinión de los ministros está dividida. Todos, apenados por la gran derrota española, lamentan que no hayan llegado a tiempo mis propuestas de paz. En cambio, Urquijo confía que con un solo descalabro en la primera batalla de gran importancia, desinflados los ánimos de los rebeldes, se avengan a razón y eviten prolongar la guerra y las calamidades.

Sin nuevas noticias de Bessières, en los postres llegó el correo de Bayona con tres cartas del emperador.

Bayona, 13 de julio, a las seis de la tarde.
Mi hermano:
... el 16 tendréis en Vitoria cuatro millones de francos y cuatro mil caballos, además de mil infantes... Según la situa-

ción, marchad con vuestra reserva al campo del mariscal Bes-
sières para reforzarle y presidir vos mismo la primera victoria,
anunciando a España vuestra presencia por una acción señala-
da... Quedad tranquilo, nada os faltará... Sed optimista, man-
tened el ánimo. Llegaos a Madrid.

Viene tarde este consejo del emperador, y en verdad
que prefiero que sea así. No me atrae llegar al trono vadean-
do ríos de sangre de mis súbditos. Prefiero traer la paz y la
concordia.

Las otras dos cartas son del día 14, anteayer, una escrita
a las siete de la mañana, otra a las once de la noche. Mi
hermano vela con celo asombroso por mi triunfo en España. Intenta tranquilizarme en las cartas llegadas hoy:

... sólo hay dos puntos comprometidos, Bessières y Dupont.
Éste tiene las fuerzas que necesita. En cuanto a Zaragoza y
Valencia, son puntos poco importantes. Zaragoza es útil para
la pacificación, para rematar la tarea, mas es nula en el siste-
ma ofensivo. Valencia es de un orden inferior... envío refuerzos
a Vizcaya... a Santander...

Me instruye en lo que debo hacer en cuantas eventuali-
dades puedan ocurrir. Sabios consejos de estrategia. No deja
nada al azar. En la última carta, añade algo que yo esperaba
con impaciencia:

... ASÍ VOS TOMARÉIS REALMENTE EL MANDO DEL
EJÉRCITO. Permaneced alegre y satisfecho. Cuidad vuestra
salud.

Sin nuevas noticias de Bessières, disimulé mi impaciencia durante el concierto que el arzobispo ha hecho dar en
mi honor en el salón de su palacio. Ningún voto le impide escuchar música, porque acudió a oírla a mi lado. El palacio es suntuoso. Tuvo ocupantes menos austeros que el actual. Contiene innumerables obras de arte. Es maravilla la

colección de instrumentos de música antiguos. Están en uso; con parte se ejecutó el concierto. En el tedéum de la catedral noté sobresalir del coro las voces poderosas y magníficas de dos castrados. Al despedirse el arzobispo, le dije:

—He notado, monseñor, que tenéis castrados en el coro.

—Sé que Vuestra Majestad ha prohibido el canto de los castrados en el reino de Nápoles. Yo encontré los míos al ocupar la diócesis. No quiero condenarlos a la penuria al suprimir su empleo. El daño que sufrieron es irreparable; la admiración y el provecho que suscita su arte son el único consuelo que les queda. He desaconsejado que en mi diócesis se hagan nuevos contratos de capones; sin causar la ruina de los que hay.

—No pude tener tantos miramientos en Nápoles. En su conservatorio se forman todos los que cantan en los teatros e iglesias del mundo entero. Me repugnó que a la sombra de mi corona se cobijase esa vergüenza de la humanidad. Casi me cuesta una sublevación prohibir esas clases en el conservatorio.

—En España no encontrará Vuestra Majestad tanta porfía en el terreno de la música. Ni para el bien ni para el mal.

—No es posible que Dios se complazca en el resultado de una bárbara mutilación de niños, que no tienen más pecado que poseer una voz sobremanera hermosa.

—Señor, lo que a Dios complace no nos es dado saberlo del todo a los mortales. Sí sabemos que le ofende que no cumplamos sus santos mandamientos. En el de no matar va envuelto el no hacer daño, y la castración para que conserven una voz aguda es un daño muy cruel.

—Entonces, ¿me ayudaréis a suprimir esa despiadada complacencia?

—Tal deseo es una muestra más del buen corazón de Vuestra Majestad. Intentaré convencer a los titulares de las demás diócesis.

—De todos modos, como he suprimido en el conservatorio de San Carlos de Nápoles la única fuente, no les pueden llegar nuevos candidatos; pero ayudadme a terminar pronto esta tarea.

—Ya os lo he ofrecido, Majestad. Os ruego que actuéis con mesura. Para lograr un buen futuro se puede hacer mucho daño en el presente.

«Actuar con mesura.» Sabía que resulta difícil lidiar con un santo, pero ¡hasta para cumplir un mandamiento! Si algo no deseo son conflictos con la Iglesia en España, pero aprecio demasiado el regalo que el destino nos ha hecho a los varones con las fuentes del placer, para ver con indiferencia cómo se priva de ellas a hombre sin culpa.

Ruido en la puerta, que cortó mi despedida del arzobispo. Han llegado el general Merlin y un ayuda de campo del mariscal Bessières, cubiertos de polvo, rendidos por la fatiga. Al escucharlos interrumpo para escribir de inmediato al emperador:

Sire:
El general Merlin, que llega en este instante del campo de batalla de Rioseco, dice que el enemigo ha perdido en realidad más de diez mil hombres, muertos, heridos o prisioneros...

Enviada la noticia, quedamos hablando largo rato. Los dos bravos soldados, radiantes de orgullo, refirieron esta grandiosa victoria. Los enemigos eran más de treinta mil hombres, los nuestros menos de quince mil. El combate duró siete horas. La increíble ineptitud del mando español hizo que el número superior y el valor no pudiesen impedir la derrota. Convencido el general Cuesta de que iba a aplastar a fuerzas tan inferiores en número, bajó al llano, en lugar de sacar provecho de la posición ventajosa que ocupaba en las alturas.

Este error decidió la batalla. Su caballería inferior en número, y más sin calidad, a la nuestra, no pudo detener a los jinetes del general Lasalle en la llanura. Desbordaron a la infantería enemiga por un flanco. Comenzó la huida, y el castigo a las tropas rebeldes ha sido terrible: más de cinco mil muertos, innumerables heridos y mil quinientos prisioneros. Nuestras bajas no pasan de seiscientas.

Al retirarse el ayudante de campo de Bessières, Merlin quedó conmigo y oscureció el semblante.

—La victoria ha sido resonante y demuestra que las tropas españolas, y particularmente las milicias formadas con paisanos, no pueden combatir con nuestro ejército. La caballería francesa penetra en sus masas como un cuchillo caliente en la mantequilla. Los cañones franceses tienen más largo alcance, pueden batir al enemigo desde lugares donde no llegan los disparos de éstos. Sus artilleros son tan ineptos que en Rioseco, igual que ocurrió en Cabezón, han disparado por error sobre sus tropas, precipitando el pánico.

—General, dentro de la crueldad de la guerra, son todas buenas noticias.

—Conozco a Vuestra Majestad y sé que va a disgustaros el epílogo del combate.

—¿Qué ha ocurrido?

—El saqueo y la destrucción de Medina de Rioseco.

—¿No decís que la batalla fue en un llano, fuera de la ciudad? ¿Cómo puede haberse producido el pillaje?

—Majestad, la batalla fue en las cercanías. Nuestras tropas no entraron en la ciudad hasta cuatro horas después de haberla evacuado los restos del ejército español. Algunos campesinos dispararon desde un puente a la entrada de la población. El general Lasalle, irritado, entró como un torbellino en la ciudad indefensa. Sus tropas, enloquecidas por las bajas que sufrieron en la batalla, hicieron una terrible carnicería entre la población. En una sola calle mataron ciento veintinueve españoles. He visto las plazas y calles repletas de cadáveres.

—Leí junto con el emperador la carta que Su Majestad Imperial envió al general Savary prohibiendo los saqueos.

—O el mariscal Bessières no ha recibido esa orden o no la ha cumplido. Los soldados entraron en las casas. Mataron a cuantos pudieron encontrar, sin respetar mujeres y niños; tiraban luego los cadáveres por las ventanas. Tras la carnicería vino el saqueo. Fue inmisericorde, duró toda la noche. Asaltaron viviendas, iglesias y conventos. Violaron a mujeres y niñas. No respetaron ni a las monjas de los conventos de clausura. A muchas las asesinaron después. Todo lo que los soldados no podían llevar consigo lo han destruido. Incendiaron la ciudad antes de abandonarla.

—Gracias, general. Podéis retiraros.

Merlin salió rendido de fatiga. Quedé sumido en la desolación.

¿Por qué Lasalle ha tenido que transformar la gloria en ignominia?

Estoy de pie desde las dos de la madrugada; son las doce de la noche. Tengo los sentidos embotados por el cansancio y... por el horror.

17 DE JULIO DE 1808, BURGOS

SEIS DE LA MAÑANA. Convoco a los ministros a una reunión urgente a las siete. Mientras llegan escribo una nota al emperador. Como tantas veces me ocurre, pese a mi desesperación por actuar así, soy incapaz de enviarle la airada protesta que me bulle en la mente. Como esos niños, torpes escolares que no consiguen aprender el texto y se engañan a sí mismos haciendo muescas en el tablero o monigotes en el papel; así escribo a Napoleón quejas sobre hechos menores, de los que me informan desde Madrid.

> *Sire:*
> *... he de alcanzar Madrid rápidamente. Expert me asegura que desde su llegada a la capital, hace veinte días, nuestros asuntos han empeorado en un ciento por ciento... Me afirman que el millón que Vuestra Majestad supone que encontraré allí, lo han dilapidado en gran parte.*
> *M. de Canisi puede relatar a Vuestra Majestad la cantidad de pequeñas rapiñas que han cubierto de descrédito y vergüenza a los oficiales que se han alojado en el palacio de Madrid. Se han divertido cortando, y llevándose, hasta las hebillas de plata de los arreos de los caballos de las cuadras reales... es hoy un secreto a voces.*

La reunión con los ministros la presidió el desconsuelo general. Ya se han enterado de la tragedia de Rioseco. La población de Burgos la está conociendo. Habló primero Cevallos:

—Señor, el 2 de mayo hizo difícil nuestra misión. El saqueo de Medina de Rioseco la hace casi imposible. En esta misma noche, al conocerse los primeros detalles, han desertado de nuestro partido muchos de los notables que nos acompañaban desde Bayona. Los restantes están acongojados y dudan. No queda uno solo que permanezca a nuestro lado con entusiasmo.

—Vos, Urquijo, opinabais ayer que una victoria rápida y aplastante puede traer la paz.

—Estoy seguro de que Vuestra Majestad piensa como yo, que el vandalismo del saqueo ha hecho estériles los frutos de la victoria. Nos ha enajenado todos los corazones.

—Temo que tenéis razón.

—La derrota y el castigo extenderán el miedo por toda España, pero afianzarán el odio. Lo peor, más aún que las muertes, es el asalto a iglesias y conventos de clausura.

—Me lo decís vos, que sois el más anticlerical de todos, que durante vuestro ministerio en el reinado de Carlos IV intentasteis suprimir la Inquisición y muchos conventos.

—Vuestra Majestad se verá también movido a suprimir conventos cuando conozca a fondo los problemas de España. Otra cosa es asaltarlos. El robo de los vasos sagrados... ¡¿Cómo pueden haber tolerado los generales una tropelía semejante?! ¡El incendio de los conventos y la violación de las monjas! Da la razón a los predicadores que excitan a la rebelión.

—¿En qué tienen razón?

—Predican que el ejército francés está enviado por Satanás para destruir la religión en España. Nadie podrá convencer ahora al pueblo ignorante de que no tiene razón. Estaban luchando por su honor, por odio, por miedo, por venganza; ahora lo harán además como deber de conciencia. De la conciencia de un pueblo fanático. Majestad, nos enfrentamos con una «guerra santa».

Interrumpimos por la llegada de una carta del emperador. Es del día 15 a las 9 de la tarde. Aún no conoce la victoria. Informa del movimiento de tropas en Navarra y especialmente de la acumulación de fuerzas de asalto y de la más potente artillería frente a Zaragoza, cuya rendición nadie se explica cómo no ha ocurrido ya, añade instrucciones que yo preferiría que las dirigiese directamente al «buró».

Mi hermano... Dad orden, en Burgos y en toda las villas de Aragón y de Navarra, de abrir todas las cartas y suprimir los impresos y todas las noticias que hacen correr los insurrectos. Es buena medida para que reine la tranquilidad en vuestra retaguardia...

Los ministros están de acuerdo en que todos los ojos españoles miran a Zaragoza. Mientras esta ciudad no caiga tampoco lo hará la rebelión. Aunque no ganen una sola batalla.

Pensé que era una gran ventaja que los españoles no tengan un jefe único e indiscutido, un caudillo que aúne todos los esfuerzos. Ha resultado ser una calamidad para nosotros: no tienen a nadie que pueda firmar la rendición en nombre de la nación entera. En cualquier otro país de Europa, la conciencia de nuestra superioridad militar y una derrota como la de Rioseco, o como máximo añadida a la que Dupont infligirá dentro de unos días a Castaños, bastaría para que el gobierno pidiese el armisticio. La sumisión ocurriría de inmediato y en forma total. Aquí nadie puede rendir más que a su grupo de tropas o una ciudad.

Nueva interrupción por otro correo imperial. Esta vez no he podido leer la carta a los ministros. Mi hermano censura a Urquijo porque, como secretario de Estado, revisa y firma los decretos de los restantes ministros.

... Conviene que Urquijo no empiece a hacer bobadas. El secretario de Estado debe enviarlo todo a los ministros respectivos, y los ministros deben actuar por sí mismos. Sin esto no habrá en España más que un ministro, el secretario de Estado...

Compruebo que el emperador no va a ofrecerme su minuciosidad sólo para los asuntos de guerra, en los que preciso tanto su sabio consejo, sino también en los de gobierno, en los que prefiero actuar con más libertad. Defenderé a Urquijo, me agrada como actúa.

Suspendí el consejo de ministros. Debo hacer un esfuerzo por acercarme a los habitantes de Burgos.

Salí a caballo, en uno de los de raza y arnés español, que de nuevo estaban a mi puerta. Preciosos de ver en acción, incómodos de montar acostumbrado a otra equitación. Esto ha mermado la buena figura que deseaba hacer. Da igual. Las calles estaban vacías. A mi paso, a caballo y casi sin escolta, cualquier viandante aislado se precipitaba a un portal. Han desaparecido las colgaduras. Muchas contraventanas cerradas. Sin duda se han enterado del saqueo de Medina de Rioseco. Es fácil ver el resultado. Y yo había conseguido del emperador la prohibición de saqueos. Rioseco... ¿no es ésta la ciudad de donde la emperatriz confía que le envíe el artesano que pone dientes postizos? Miraré mis papeles en cuanto vuelva al palacio.

Me aconsejó Colonna cabalgar por el Espolón, un paseo al lado del río, donde se reúnen los burgaleses. Ni un alma. No sabiendo dónde ir, cruzamos el puente para hacer una visita al monasterio de las Huelgas, el más rico de Castilla, famoso por sus tesoros. Nos recibió la abadesa. Maravilla ver los bienes y preciosidades que contiene Las Huelgas. Es un monasterio muy vinculado a la corona de Castilla.

De regreso para conceder audiencia, encuentro la ingrata sorpresa de que nadie la ha solicitado. Ayer no cabían en el palacio los visitantes.

El trabajo con los ministros después del almuerzo estuvo salpicado con las informaciones que nos iban pasando de acontecimientos, cartas interceptadas o incidentes.

Existen datos con apariencia insignificante y que reflejan mejor una situación que un informe de cien páginas. Dos me han impresionado profundamente.

El primero: imposible encontrar un guía español para

que nos busque los atajos y ganar tiempo. A carreteros y pastores, a maragatos que hacen el transporte, gentes todas en la penuria, se les ha ofrecido pagar en oro lo que no pueden ganar en muchos años de trabajo. Ni uno. Tampoco se han doblegado ante las amenazas. Es tan significativo de la cerrada unanimidad del pueblo español contra nosotros, que escribo este dato al emperador para que empiece a comprender cuál es el verdadero estado de los ánimos.

El segundo: ayer en Miranda un solo hombre ha parado un coche en que viajaban tres franceses. Les dio muerte a puñaladas. No se llevó ninguno de los objetos preciosos, ni un céntimo del dinero que portaban. Cuando el odio es tan grande que impulsa a matar con desdén del provecho... no sé, no entiendo a los españoles.

La reunión con los ministros resultó fúnebre. Están desolados con las noticias que llueven de la sublevación en toda ciudad o villorrio no ocupado.

O'Farril, ministro de la Guerra, y Mazarredo, de Marina, que son los dos con más experiencia bélica, insisten en que hacen falta como mínimo otros cincuenta mil soldados franceses y muchos millones. No queda ni un real en las cajas públicas. Es inhumano cargar con más impuestos a las provincias sometidas; son las más pobres y las que han sufrido las destrucciones de la guerra.

Late en el ambiente el dolor que sienten por la derrota de sus compatriotas y la humillación por el modo como se ha producido. Aunque el cerebro indique a mis ministros que puede ser un bien, los sentimientos los traicionan.

Para su consuelo, y para darles esperanza con la forma de gobierno que pienso mantener en el futuro, he buscado en mi archivo una carta que guardo como un tesoro: es la que escribí en Nápoles al general Partouneaux, que acababa de lograr la pacificación de los Abruzos siguiendo mi sistema de clemencia. He leído la carta a los ministros; en ella está todo lo que deseo poder decir cuanto antes en España:

... Habéis traído la calma, habéis reunido a todas las clases sociales en la misma opinión. Habéis hecho amar a los habitantes por las tropas francesas, y a las tropas francesas por los habitantes, hasta el punto de que ni unos ni otros desean separarse. He visto los pueblos contentos, las tropas satisfechas, los caminos trazados y perfeccionados...

Quiero que el emperador, este justo apreciador de toda clase de merecimientos, sepa esto que habéis logrado aquí por vuestra severa probidad, vuestra justicia y vuestra afabilidad...

Cevallos es hombre de edad, serio, cortés. Me extrañó su tono de socarronería.

—Majestad, no sé si los españoles nos parecemos a los napolitanos. Lo que sí puedo deciros es que los mariscales que ha enviado el emperador a España no se parecen en nada a ese general vuestro de Nápoles.

Escuché una risita. Miré con severidad. Quedamos todos turbados. La tristeza y el cansancio se reflejaban en los rostros. Disolví la reunión.

Me di cuenta de que seguía con la carta en la mano.

18 DE JULIO DE 1808, BURGOS-ARANDA

EL EMPERADOR NO VA a dar crédito a sus ojos al leer la carta que le escribo a las 3 de la madrugada, en el momento de salir hacia Aranda. Anteayer le envié frases de gloria y triunfo. Hoy tengo que ofrecerle las consecuencias de la barbarie tras el triunfo. Aunque parezca incongruente, tengo la obligación de ser sincero y de superar mi inhibición de ayer.

Burgos, 18 de julio de 1808, a las tres de la madrugada.
Sire:
... [Defiendo a Urquijo de la imputación de sottises.]...
Todos los que me rodean, con la única excepción de Urquijo
y Azanza, están descorazonados... Donde la oposición no está
armada, está al acecho, pasiva y latente. El general Merlin no
ha podido encontrar un guía, ni ofreciendo el oro a manos
llenas. PARECE QUE NADIE HA SIDO CAPAZ DE DECIR
LA VERDAD A VUESTRA MAJESTAD. YO NO PUEDO
OCULTÁROSLA. Para salir adelante con honor hacen falta
medios inmensos. NO CREÁIS QUE EL MIEDO ME HACE
VER DOBLE... Desde que llegué a España me digo a diario: Mi
vida es poca cosa, se la entrego al emperador. Mas para no
vivir con la vergüenza añadida al fracaso, faltan grandes me-
dios en hombres y dinero... un gran despliegue de fuerzas para
impedir nuevas insurrecciones, TENER QUE DERRAMAR
MENOS SANGRE, MENOS LÁGRIMAS A ENJUGAR. De
cualquier forma que se resuelvan los asuntos de España, su rey
sólo puede gemir, porque es preciso conquistar por la fuerza.

*En fin, ya que la suerte está echada, habría que abreviar
los desgarramientos. No estoy asustado de mi posición, PERO
ES ÚNICA EN LA HISTORIA. NO TENGO AQUÍ NI UN
SOLO PARTIDARIO.*

Cuando estaba ya subido a la carroza, llegó a galope un
emisario del campo de Bessières. Los mil quinientos prisioneros han salido caminando hacia Francia. Sólo me falta
este nuevo disparate. Mil quinientos de mis súbditos enviados a trabajos forzados, a morir en las minas y en los arsenales de Francia. Suerte que me he enterado a tiempo. ¿Estoy
a tiempo?

—Que se prepare inmediatamente para partir el coronel
Radere y que avisen a mi chambelán el conde de Orgaz.

Sin bajar del coche escribí unas líneas ordenando la suspensión de la deportación de los prisioneros. Que se los
dirija a Madrid. Les ofreceré formar parte de mis tropas. Es
el medio de ganar a la vez soldados y voluntades. Se acercó
el coronel Clermont-Tonnerre:

—Majestad. El coronel Radere dispuesto. El conde de
Orgaz no está disponible. No aparece en la comitiva.

—Es conveniente que vaya un emisario español junto al
coronel. Avisad al duque de Osuna. Deben partir hacia Palencia, donde están concentrados los prisioneros y llegar antes
de que salgan hacia Francia. Clermont, ocupaos de organizar esta misión; aquí tenéis los documentos. Por cierto, aña-
did esta nota: Antonio Saelices e hijos. Si encontráis a alguno de esta familia, enviádmelo a Madrid. Si no aparecen,
hacedlos buscar cuanto antes.

Sólo entonces me percaté. Sesenta carrozas me acompañaban desde Bayona con grandes de España y notables. Sólo
han formado para partir de Burgos un pequeño número, las
de los ministros y alguna más.

A mitad del camino me alcanzó Clermont-Tonnerre, con-
gestionado del esfuerzo y de la ira.

—Majestad, me avergüenzo por los españoles. No he encontrado a ninguno dispuesto a correr los riesgos del viaje

244

de Burgos a Palencia, para salvar a mil quinientos compatriotas suyos. Ha tenido que partir solo el coronel Radere, mascullando lindezas sobre la heroicidad de los castellanos.

Al llegar a Aranda de Duero, calles desiertas, ventanas cerradas. Sólo franceses a la vista.

El estudio de los despachos de Madrid preocupa e indigna. Savary no está enterado ayer de la victoria del día 14. Es evidente que la falta de un mando único aumenta los riesgos de la dispersión de nuestras fuerzas.

Vencido Cuesta, ya no es necesario el refuerzo de la división Gobert; conviene que vaya de inmediato en apoyo de Dupont, que es ahora quien puede estar en peligro. Savary y el embajador La Forest creen posible una sublevación en Madrid y que me van a traicionar Infantado y otros miembros de la junta. Escriben al emperador en ese sentido; he de contrarrestar su opinión. Sabía de antemano que iba a tener roces con Savary.

Aranda, 18 de julio de 1808, a las siete de la tarde.
Sire:
El estafeta portador de la presente os lleva también los despachos de Savary al príncipe de Neufchâtel; me trae copia. Quedo perplejo de que aún no conozcan en Madrid la victoria del 14.

Escribo a Savary que haga cambiar de rumbo al general Gobert...

El general Savary teme un levantamiento en Madrid. No comparto este temor; cuento con el efecto de mi llegada y con lo que pienso decir a los monjes y al clero de Madrid. Las conversaciones que he tenido con los de Burgos parece que han hecho algún efecto. El Consejo de Castilla funcionará a buen ritmo. Me encargo.

Todo lo que se murmura en Madrid de Infantado, de Cevallos y de los principales miembros de la junta, está lejos de la realidad. Están inquietos y afligidos, eso es todo. Zaragoza los espanta. En cuanto tenga la noticia de la toma de esta ciudad, habrá muchas menos inquietudes.

Voy a la cama inmediatamente; saldremos a las dos de la madrugada hacia Buitrago, mi última etapa antes de Madrid. Sin duda es mejor hacer en la noche parte del camino. Con ayuda de unos almohadones logro dar algunas cabezadas en el trayecto. Voy acusando el agotamiento.

19 DE JULIO DE 1808, ARANDA-BUITRAGO

A LA UNA DE LA MADRUGADA entró Cristophe en el dormitorio, con ojeras hasta la barbilla y un gran candelabro en la mano. Junto a él Marco Antonio Colonna, con la carpeta de despacho urgente bajo el brazo.

—«Señor» —en castellano, copia los modales españoles—, acaba de llegar el emisario de Madrid. Os adjunto también otros despachos venidos en las últimas horas. Quizá Vuestra Majestad prefiera leerlos en el lecho, ya que no os complace hacerlo en el coche.

Este Marco Antonio, por mucho que imite a los españoles, sigue con la diplomacia napolitana hasta en el tuétano. «Ya que no os complace»..., «no os complace». ¡Me mareo, pardiez!, en cuanto inicio la lectura con la carroza en movimiento. Para leer los despachos urgentes que me alcanzan en camino, tengo que detener a toda la caravana. Mala suerte. Podría sacar provecho de esas interminables horas perdidas en el carruaje. En los últimos días tampoco las he gastado en hablar con alguno de los ministros. Con el ruido y el polvo resulta fastidioso. Además, bastante tensa es ya la situación en ambiente reposado; en la carroza saltaríamos ambos.

Cartas desde Madrid de Savary y del conde de La Forest repletas de datos pesimistas. Otra del marqués de Cabarrús, ministro de Hacienda: ni un real.

Documentos de distinta procedencia. Uno interceptado a los sitiados de Zaragoza: ofrecen la corona al archiduque Carlos de Austria.

El servicio de policía se excede. Hay cartas interceptadas a los nuestros. Una del general Castellane, hijo del prefecto de los Bajos Pirineos, que tanto me divirtió en Bayona. La carta del hijo no es divertida. Cuenta la batalla de Medina de Rioseco tal como la vio: «... Lasalle atacó a un destacamento enemigo. Regresó de la carga con el sable chorreando sangre. Sin esperar órdenes volvió al ataque... El IV Ligero se cubrió de gloria. La fusilería era nutrida y las pérdidas severas. "Acordaos de que sois del IV Ligero", gritó el general Mouton con fuerza. Estas palabras hicieron gran efecto y los soldados vociferaron: "¡A la bayoneta! ¡Adelante, a la bayoneta!" Nada podía detenerlos. Los españoles sufrieron una aplastante derrota. Murieron en gran número. Se refugiaban aterrados, enterrándose en grandes montones de paja, pero los soldados franceses pinchaban a esos desgraciados a golpes de bayoneta, haciéndolos salir. Inmediatamente disparaban sobre ellos como sobre liebres. NUESTROS SOLDADOS NO QUERÍAN HACER PRISIONEROS. La caballería de Lasalle, lanzada sobre veinticinco mil fugitivos, hizo una carnicería terrible. Saquearon Medina de Rioseco, y los monjes franciscanos, que habían disparado sobre los franceses, fueron pasados a cuchillo. Las pérdidas francesas fueron sólo setenta muertos y trescientos heridos gracias al ardor del ataque.»

El coronel Radere llega del cuartel general de Bessières, trae un informe. Entre los datos que debieran importarme más, busco con afán los del encargo de la emperatriz: Antonio Saelices muerto. Su esposa muerta. Los cuatro hijos muertos. También las esposas de éstos, todos sus nietos y los empleados del taller, del que no se les dejó salir cuando era pasto de las llamas.

La emperatriz puede olvidar otros encargos; éste lo recuerda sin duda en cada comida, ante el espejo. Algo tengo que decir. ¿Cómo voy a contar a esa mujer de sentimientos delicados que los artífices, los únicos conocidos, que podían aliviar el tormento de su dentadura, no irán a Francia a realizar tan halagüeño encargo, porque los hemos matado a todos? A todos. De un modo estúpido y cruel.

Salimos de Aranda a las dos de la madrugada en dirección a Buitrago. Antes de partir envío una breve misiva al emperador.

Aranda, 19 de junio de 1808, a las dos de la madrugada.
Sire:
Todas las noticias de Madrid reflejan el estado deplorable de la situación... Es evidente que no pisamos terreno firme. Todas las provincias insurrectas levantan ejércitos considerables... Sólo confío en los socorros extraordinarios que Vuestra Majestad nos envíe y que pagaremos después de la guerra. Sin esto, como el azar (tal como vos decís con tanta frecuencia), no produce nada por sí mismo, es indudable que pereceremos, sin haber conseguido nada..., las fuerzas enemigas crecen a diario, los ingleses pululan, los españoles se arman, las revueltas aumentan, y nuestros medios menguan. No se engañe Vuestra Majestad. Todo lo que digo no es exageración. Hacen falta cincuenta mil hombres y cincuenta millones de francos cuanto antes. El doble no bastará dentro de tres meses.

Largo y penoso camino el de Aranda a Buitrago. Desde la ardiente llanura hay que subir a una cadena de montañas que tienen un solo paso, que los españoles llaman puerto; el de Somosierra. Murat dejó una guarnición para defenderlo. Es preciso: desde ese punto estratégico se puede cortar toda comunicación de Madrid con Francia. Descansamos en la cumbre de la fatiga del ascenso. Allí me alcanzó la carta del emperador, en la que, jubiloso, contesta a la noticia de la victoria del 14. Ha hecho traer el mensaje a uno de sus ayudantes de campo. No mide el riesgo que ahora corren esos mensajeros, no debiera emplearlos de tan alta condición.

Bayona, 17 de julio de 1808.

Mi hermano:
Recibo en este instante vuestra carta que me anuncia la victoria de Medina de Rioseco. Es una victoria muy gloriosa.

Testimoniad vuestra satisfacción al general Bessières enviándole el Toisón de Oro. Es el acontecimiento más importante de la guerra de España, y cambia decididamente el color de las cosas. Ahora conviene apoyar al general Dupont. Se le puede unir la división Gobert.

Es muy importante que el general Dupont derrote al ejército de Andalucía...

El Toisón de Oro es la más alta condecoración, el supremo honor que puede conceder un rey de España, y me ordena dárselo al vencedor de mis súbditos. Vasallos rebeldes es cierto, pero españoles. Bessières ha ganado una victoria tan gloriosa que merece la mayor recompensa; prefiero que le condecore el emperador. Yo tendría para siempre la sensación de haber recompensado al mariscal que presidió indiferente sobre matanzas y saqueos en Rioseco.

Las marchas de ayer y de hoy son las más duras. He duplicado la distancia a recorrer en un día. Hasta Burgos sólo hacíamos siete leguas en una jornada. De Burgos a Aranda recorrimos catorce, y hoy debemos cubrir también esta enorme distancia. Ya tengo a mis espaldas dos terceras partes.

El alto de Somosierra es la atalaya desde la que puedo contemplar la más vasta extensión de mis reinos que me ha sido dado percibir de un golpe de vista. El fortín para la guarnición está con los emplazamientos artilleros en lo alto del camino. Más arriba, en la cumbre, hay un pequeño refugio como puesto de observación. He querido subir, pues dicen que en los días claros se vislumbran los alrededores de Madrid.

Es un día claro. Ni una nube en el horizonte. El sol calienta hasta quemar la piel, pero en esta altura el frescor y el aire lo hacen agradable. La llanura a nuestros pies humea abrasada por el sol. La calima emborrona el paisaje. Se alcanza a entrever nuestro destino de hoy, el castillo de Buitrago. Más allá, sólo con la fantasía. Qué impaciencia por ver, por sentir la capital de mi reino.

El refugio de la cima es minúsculo. Caben tres o cuatro personas. Dos sillas de enea, una está rota, y un camastro sucio con las mantas tiradas a un lado. El repecho de la subida es áspero. Sin duda los suboficiales no inspeccionan el refugio. Imagino el susto del centinela, cuando hace unos minutos le ordenaron desalojar para hacer sitio al rey, sin ocasión de enmascarar su desidia.

Me acompaña sólo el coronel Desprez, que instala el gran catalejo de campaña. Dos escoltas han quedado a la puerta. Al apartar las mantas del catre para que no estorben el trípode del catalejo, y para alejarnos de sus pulgas y chinches, observamos un alacrán. También nos ha visto: encorva el cuerpo con el aguijón presto. Desprez lo aplasta con la punta de la bota. Miramos con cuidado por si hay algún otro.

El catalejo confirma lo que los ojos han visto: la pobreza de esta provincia. A nuestros pies riscos y pedregales. Escasos pastos, agostados de media ladera para abajo. En el horizonte, rastrojos. Alguna hilera de árboles señala el curso de los arroyos. ¿Con qué se mantienen en estas tierras?

Una nube de polvo, ascendente, acompaña la aproximación de un jinete. Llega al fortín. Con la lente contemplo que conversa con el coronel Clermont-Tonnerre, quien recibe unos papeles del recién llegado. El coronel viene hacia el refugio. Llega sudoroso, es muy empinada la cuesta. Tres mensajes de Madrid.

La osadía de Savary es inaudita. Ha desobedecido mi orden de reforzar al general Dupont y me lo refriega enviando abierto el despacho que manda al cuartel general del emperador. Abierto para que yo compruebe que es exacta la copia que traen para mi archivo. El emperador afirma que me ha dado el mando de todas sus tropas en España. Me lo dice a mí, pero deduzco por el despacho de Savary que no lo ha comunicado a nadie más.

La falta de unidad en el mando sólo puede traer consecuencias funestas. Savary no tiene rango que justifique su nombramiento como lugarteniente del emperador. Sigo pensando que mi hermano le ha ascendido para mortificarme. Napoleón tiene un rincón oscuro en su mente, en el que almacena sentimientos de odio contra mí, de los que no se percata. Piensa que me quiere y que me ayuda, y siempre que me aúpa, al mismo tiempo me pone una zancadilla para que caiga de bruces. Tiene más de cien mil soldados en España que van a caer de bruces conmigo.

El desaire que me hace Savary va a germinar en una grave indisciplina en los ejércitos imperiales. Le ha dado el mando sobre generales de división más antiguos y con mejor reputación castrense y sobre mariscales del Imperio, envanecidos con sus nuevos títulos. En cuanto comprueben que el mando de Savary no es un breve paréntesis hasta mi llegada, se portarán como virreyes. España retrocederá a una triste situación de califatos independientes... hasta que los rebeldes la vuelvan a unir..., si es que ellos son capaces de unirse alguna vez.

Me preocupa la situación de Dupont, adentrado en Andalucía. Hace diez días que no se tiene ninguna noticia suya. Los insurrectos cortan las comunicaciones. Está aislado. Es irresponsable no enviarle la división Gobert, ahora que sabemos que Bessières no la precisa. En la carta del emperador veo que piensa igual que yo en este punto.

Por el envaramiento de las posturas de los dos coroneles, comprendo que han notado mi tormenta interior.

Clermont me pasa el último pliego. Necesito leerlo dos veces para asegurarme de su contenido. No puedo creerlo. Es una nota para Bessières. Imagino que Savary ha enviado otras similares a los restantes mariscales. Les reitera la orden del emperador de que sólo acepten instrucciones directas suyas, o de su cuartel general. Si no las obtienen, que le obedezcan a él, a Savary.

Tengo carácter afable, todos lo reconocen. Procuro no dejarme dominar por la ira. ¿Qué fue lo que me ocurrió en este momento? Lo recuerdo de modo confuso. A través de la imagen de los rostros espantados de los dos coroneles, más que de la rememoración de mis palabras.

Querría olvidarlas. Que las olviden los testigos. Dos deseos que no se cumplirán. He leído en las novelas la frase que describe a un personaje encolerizado «con espuma en la boca». Envueltos en saliva espumosa noté salir los improperios, los gritos de ira contra mi hermano. Enloquecido, lancé contra Napoleón un insulto tras otro. El rencor almacenado por tanta humillaciones que soporté en silencio. Le llamé facineroso, le acusé del asesinato del duque de Enghien, ejecutado a través del miserable Savary. Por una misteriosa reacción, acabé ensañándome con mi hermano por su comportamiento con los príncipes de España. Censuré esta conducta que me brinda la corona, calificándole de infame, traicionero, bellaco. Acusé a mi hermano de crímenes contra las naciones, acabé diciendo que quien le mate hará una buena acción.

Súbitamente recuperé la lucidez. La transpiración que perlaba mi rostro se convirtió en sudor helado. Las caras de los dos soldados habían pasado del asustado asombro inicial, con los ojos desorbitados, a una contracción de la boca, de los párpados y de las pupilas; como una barrera formada para que rebotasen mis improperios sin entrarles en el cerebro.

Comprendí el disparate. Los dos idolatran al emperador. En circunstancias como ésta se suele reaccionar de modo improcedentes. También me ocurre a mí. Con el cuerpo erguido, encampané la voz:

—Coroneles —se cuadraron—, sois hombres de honor. Este honor os obliga al silencio de cuanto aquí ha ocurrido.

Quedé mirándolos a la espera de su respuesta. Siguieron callados con la vista fija en mis ojos. Un segundo, otro... otro... Al fin fui yo quien aparté la mirada. Salí del refugio. Me siguieron. Los dos centinelas presentaron armas. ¿Habrán escuchado? La puerta estaba cerrada; es de roble, sólida. En cambio, tuvimos la ventana abierta, tal como era conveniente para observar con el catalejo. Estudié la expresión de los dos escoltas. No percibí nada extraño.

Catorce leguas son muchas leguas para una jornada. Se

me hicieron más largas las pocas que faltaban. Reconcomíame en la carroza el remordimiento por mi falta de mesura.

Al fin llegamos al castillo medieval de Buitrago, frío y altivo, perfilándose en el crepúsculo. El polvo y el calor, arreciados al descender de la montaña, convirtieron en tormento las últimas horas.

Los ministros, tras presentar sus respetos, siguieron camino, para recibirme mañana en Madrid. Varios son de edad muy avanzada.

Tardé en serenar el ánimo, para escribir al emperador sobre la desobediencia de Savary. Es una ingrata sensación la de actuar como delator. La duplicidad de mi hermano ha colocado en esta postura al rey de España.

Buitrago, 19 de julio de 1808, a las 11 de la noche.
Sire:
Llegaré a Madrid mañana por la tarde... Escribí a Savary que no debe retirar al general Dupont la división Gobert. ESTE MOVIMIENTO RETRÓGRADO PUEDE SER FUNESTO, también que el mariscal Moncey debe permanecer en San Clemente, o a una distancia similar de Madrid. Aproximarse demasiado a la capital es traer la insurrección a sus puertas...

EL GENERAL SAVARY NO HA HECHO NINGÚN CASO DE MI CARTA, Y ME RESPONDE ENVIÁNDOME ABIERTO EL DESPACHO QUE HA ESCRITO AL MARISCAL PRÍNCIPE DE NEUFCHÂTEL, en el cual insiste en su decisión de traer las tropas hacia Madrid. Cuando estemos encerrados en Madrid, y el enemigo reafirmado forme grandes masas en torno a la capital, tendremos mucha dificultad para echarlos y en mantener el ánimo de la población, que nos creerá débiles. Por otra parte, ¿qué recursos nos pueden ofrecer los desiertos que rodean Madrid?

... Que Vuestra Majestad me defina terminantemente cuáles son mis relaciones con el general Savary. ¿SOY YO O ES ÉL QUIEN TIENE EL DERECHO DE MANDAR? Este derecho no se puede dividir. Yo le debo consultar en su calidad de oficial que conoce bien el ejército de Madrid, pero el mando es

indivisible. Me encuentro suficientemente interesado en todos estos asuntos, lo estoy más que nadie. Las posturas equívocas no concuerdan con mi carácter, y oso decir que no merezco que se me coloque en una posición falsa. Cuando España está sublevada y hay en su seno un ejército de cien mil hombres, es al rey de España a quien corresponde el mando. ¿Soy yo ese hombre? Ruego a Vuestra Majestad que dé sus órdenes sobre este punto de una forma clara y precisa. Vuestra Majestad se equivoca si piensa que no soy capaz de entender sus instrucciones, que no sabré tomar la decisión acertada y sostenerla con firmeza. A mi edad y en mi posición, PUEDO ACEPTAR CONSEJEROS PERO NO SUPERIORES en España. Quien manda en el ejército francés es el dueño de la parte de España ocupada por las tropas de Vuestra Majestad, como los jefes de los insurrectos son los dueños de la otra parte. La vigilancia por mi seguridad y por la del ejército me obligan a no disimular mi opinión de que el general Savary está menos capacitado que ningún otro para tener el mando en Madrid. Ha cumplido funciones lamentables, ha estado encargado de una misión que le hace odioso. Se considera a sí mismo más capaz que Bessières, Moncey, Dupont.

Vuestra Majestad hará lo que quiera, pero la tempestad es demasiado fuerte para que me ande con miramientos que están fuera de lugar.

Hago partir la carta de inmediato, antes de que mi cobardía frente al emperador me haga romperla.

Espero dormir como un lirón, unas tres horas; saldremos hacia Madrid a las tres de la madrugada.

20 DE JULIO DE 1808, BUITRAGO-MADRID

SALIMOS PUNTUALMENTE de Buitrago a las tres de la mañana, para entrar a las once y media en el último pueblo que hay antes de llegar a Madrid, Chamartín, en el que tiene una gran casa de campo el duque del Infantado. Allí me reposé a esperar la hora adecuada para hacer entrada en la capital al atardecer, aliviados ya los calores que tanto nos han hecho sufrir en el camino, y que no deseo que castiguen a las multitudes que acudan a recibirme, cosa que acaecería si entro en hora importuna, como la del mediodía.

Es muy notable el palacio campestre del duque del Infantado, sus parques y bosques se extienden en la lontananza. Está amueblado con lujo y comodidades, más al gusto de Viena que al de París. Es un oasis de bienestar tras las fatigas y privaciones de los días pasados.

Me esperaban a la puerta el duque y su madre, la princesa de Salm-Salm. El parecido a la princesa explica el pelo rubio, ojos azules y aspecto germánico del duque. Es la princesa de aspecto majestuoso y amable trato. Su hijo le muestra deferencia, y es ella quien hizo los honores de la casa y la estancia tan grata.

Aguardaban los ministros en el salón principal, tanto los que se adelantaron en mi viaje como los que estaban desde tiempo atrás en Madrid.

Marcharon pronto los españoles para concederme algún descanso. Quedé entonces con el general Savary, que estaba acompañado del general Belliard y del embajador de Francia, conde de La Forest. Disimulé ante Savary el enfado que tengo con él. Le ordené que envíe de inmediato un propio al general Gobert, para que acuda en apoyo del general Dupont, hoy mismo. La verdad es que Savary estuvo de lo más obsequioso; parecía sinceramente ilusionado al decir que me había preparado el más grande de los recibimientos. Tuvo, igual que los españoles, la cortesía de retirarse con presteza. Quedamos en iniciar mi salida de Chamartín a las cinco y media.

La princesa, como su hijo el duque, es cosmopolita, ha vivido muchos años en París y está libre de esa pesadez con que otros se empeñan en ofrecer obsequios inoportunos. Supo adivinar mis deseos. En lugar de aprovechar la ocasión para su lucimiento, dando un gran convite presidido por el rey, me ofreció que almorzase solo o con alguno de mis acompañantes, según mis preferencias.

—Princesa, no imagino más grata compañía que la vuestra y la del duque y, si no os incomoda, pueden sentarse con nosotros los generales Merlin y Franceschi-Delonne.

—Vuestra Majestad es de la edad de mi hijo; eso disculpará a vuestros ojos el atrevimiento de pensar como madre. Tenéis preparado el baño; es arriesgado tomarlo después de comer; esperaremos con gusto.

Bendita ocurrencia. Acepté complacido. Cristophe aguardaba en las habitaciones del duque, que me habían asignado. Junto a la bañera a medio llenar de agua tibia, varias jarras, unas humeantes, otras con agua fría para lograr la temperatura conveniente. Cristophe sabe la que prefiero.

Por mi gusto hubiera permanecido en la bañera con los ojos cerrados, horas enteras. Apresuré el arreglo para no abusar de la paciencia de los anfitriones. Al frotarme Cristophe el torso con la colonia del duque percibí una nota familiar. Sí, estoy seguro, es el mismo aroma: el duque usa idéntica colonia que el emperador. No la fabrican en Alemania sólo para mi hermano, como afirma Constant. Curioso que dos personas que tanto se desagradan gusten del mismo perfume.

Al vestirme observé los cuadros que adornan las paredes del gran dormitorio. Un retrato del anfitrión, muy joven, en uniforme de coronel del regimiento de Castilla. Otro reciente, en que ostenta el Toisón de Oro, me recuerda el incómodo obsequio que debo hacer a Bessières. Reposteros y tapices en que están bordadas las armas, títulos y apellidos del retratado: décimo tercero duque del Infantado, duque de Lerma, de Pastrana, Francavilla... Los apellidos son igualmente sonoros: Toledo, Pimentel, Enríquez, Silva, Hurtado de Mendoza. Están tejidos en el entramado de la historia de España.

El almuerzo, exquisito y servido con rapidez. Apenas pruebo bocado. Noto ese encogimiento en el estómago que precede a los acontecimientos que nos afectan sobremanera. Al final de la comida, nuevo regalo de la princesa.

—Quizá Vuestra Majestad prefiera tomar el café en el dormitorio y así ganar algún tiempo para la siesta.

—No pensáis sólo como una madre, princesa: lo hacéis como una madre bondadosa y discreta.

Qué alivio no tener que luchar durante una conversación tediosa con el sopor de la canícula. En la cama he retirado el mosquitero que pende del dosel, para dejar el aire que se filtra entre las persianas. Llega del parque, atenuado, el canto de las cigarras que desde la salida acompasó mi caminar por la estepa.

¿Cómo será el recibimiento de Madrid? Los he tenido muy diversos en las distintas ciudades.

La incertidumbre me desvela y no logro dormir. Recuerdo Nápoles a esta misma hora: quedaba la ciudad desierta, ni un solo napolitano visible desde la una hasta las cuatro; por las calles, únicamente perros en la sombra y algún francés que cumplía con su deber sudando dentro del uniforme. Esta tarde el francés que cumple con su deber dentro del uniforme voy a ser yo.

Contemplo mi traje cuidadosamente extendido sobre un sofá. Tarda en venir el sueño; busco un libro entre los que hay en la mesilla al lado de la cama, para distraer el forzado ocio. Por sus títulos deduzco que el duque no lee, los tiene sólo de adorno.

Como amante de los libros y de las bellas ediciones, me llama la atención un volumen preciosamente encuadernado, sin duda en Francia en el estilo Luis XVI. Resulta ser un manual, impreso en París, como yo suponía, para la educación del duque y de su hermano menor cuando eran niños: *Compendio de la Historia de España, para uso del Exmo. conde de Saldaña y de su hermano don Emanuel de Toledo y Salm-Salm.* De inmediato me acucia la curiosidad: deseo saber cómo aprenden los grandes de España la historia de su patria. Abro el libro al azar: «¿Qué nos enseña la historia de san Hermenegildo? Que una mujer virtuosa es la mayor felicidad que le puede caber a un casado y que en las persecuciones se descubre y brilla la verdadera virtud.» Con tan peregrina educación es asombroso que muestren ardor patriótico. En esta apasionante lectura quedé profundamente dormido.

Desperté al ruido de los carruajes y cascos de los caballos, al tiempo que entraba mi ayuda de cámara con los útiles de barbería.

En el salón encontré, como por la mañana, a Savary, La Forest y Belliard. Adelantó unos pasos Savary a ofrecerme una medalla de plata, de las que ha hecho acuñar para echarlas a la multitud desde la comitiva. Tienen mi efigie y en la otra cara las cifras conmemorativas.

—¿Dónde aguardan los grandes de España?

—No han acudido, Majestad.

—¿Y el duque del Infantado?

—Dice la princesa que se ha adelantado a esperaros en palacio.

Disimulé el enojo para no dar a Savary y La Forest, que tanto lo han anunciado, el gusto de verme alterado por el cumplimiento de su profecía. De todos los nobles que salieron de Bayona acompañándome en brillante comitiva, que aceptaron nombramientos y honores; de mis mayordomos de palacio, chambelanes, caballerizo y montero mayor, capitán de la guardia real... ni uno solo para formar a mi lado en el cortejo de entrada. Han preferido no aparecer ante el pueblo de Madrid en mi compañía. Esperan dentro de palacio para no figurar como traidores en público e intentar quedar a bien conmigo por estar allí... si es que alguno ha acudido.

Me vino a la memoria el último día de Nápoles: di una fiesta en el palacio a la que acudieron tres mil invitados, lo más florido del reino, a celebrar la llegada de la reina, con orgullo y gozo en compartir mi compañía. ¿Tendré ocasión semejante en Madrid?

Esperaba a la puerta la princesa. Agradecí su hospitalidad. Nada le dije del duque su hijo.

Formó el cortejo... del mejor modo posible. Fui solo en mi carroza. Junto a las portezuelas, los generales Merlin y Franceschi-Delonne y mi ayudante de campo el coronel Clermont-Tonnerre. En la segunda carroza, el general Salligny. La tercera estaba vacía.

He de reconocer que Savary ha presentado el aparato militar en toda su magnificencia. Parece que ha puesto en formación de uniforme de gala a los treinta mil soldados de la guarnición. Desde la salida de Chamartín, casi a una legua, marchamos entre dos filas de soldados que presentan armas. Los escuadrones de caballería que preceden y siguen a las carrozas han de impresionar por su porte y formación a todos quienes los hayan contemplado. No sé cuántos han sido, pues las contraventanas cerradas permiten la visión a través de una rendija. Desde la calle casi nadie los ha mirado.

Subió el cortejo a una loma hacia la izquierda, para llegar hasta el Retiro y entrar, como por arco de triunfo, a través de la puerta que edificó Carlos III, con el fin de cruzar la ciudad por su diámetro más ancho. Colgaduras en algunos balcones. Pocos. Los tapices de baja calidad: ya soy un experto en su evaluación.

Encontramos las puertas y las ventanas de las principales mansiones cerradas. No sé a qué multitud van a arrojar las medallas que acuñó Savary, porque no hay «multitud» para recogerlas. Pequeños grupos de mendigos corrían al paso de las carrozas y de tarde en tarde vocearon un «viva el rey» desganado, que coreó la hilera de soldados. A los pordioseros sobornados les faltaba el aliento para seguir el cortejo; si no habíamos alcanzado el próximo grupo, el «viva» lo lanzaba algún sargento, para que la tropa tuviese alguna aclamación a la que contestar. No cuidaron ni el acento. «Vivá el gggey.» ¿A quién cree Savary que va a engañar con esa farsa grotesca? Ni el pueblo de Madrid ni yo somos idiotas.

Los madrileños. Apenas he visto alguno, de lejos, los labios mudos, mirada hosca, el gesto desdeñoso.

Al prolongarse la repetición de las escenas, el final del trayecto me resultó interminable. Espero no haber recorrido las mismas calles en que se luchó el 2 de mayo. Es una suerte no haber llegado a tiempo de presidir la victoria de Bessières; gracias a eso puedo entrar en Madrid sin haber manchado las manos con sangre española.

Tras unos pasajes angostos, desembocamos de repente ante el palacio real. Grandioso edificio. Al descender de la carroza paré un momento a contemplarlo. Semeja al de Ná-poles y al de Caserta, pero más grande y mucho más hermo-so; no recuerdo un palacio igual.

En el patio, como en formación, los cuerpos togados, el clero y los ministros. Al pie de la escalera, los gran-des. Faltan varios de los que conozco, hay algunos nuevos para mí.

Me siguieron todos al salón del trono, donde di audiencia. Por momentos tuve la ilusión de una corte española. Poco a poco fui notando que las amabilidades que escucha-ba, casi todas salían de mi boca.

El palacio de Madrid da la impresión de no haber sido tocado desde la marcha de los reyes. Los robos de que acu-san a los oficiales franceses o fueron de poca monta o se han repuesto.

Recordé que debía salir a recibir las aclamaciones del pueblo, como hacen desde el balcón de este palacio los reyes de España. Savary me dijo que se había suprimido la ceremonia. Hablando con unos y otros me acerqué a los ventanales y, con disimulo, miré a la plaza. No hay pueblo del que recibir aclamaciones, es él quien ha cancelado la ceremonia.

Esta reflexión me quitó ánimo para prolongar las pleitesías palaciegas. Mantuve el tono deferente con los nuevos cortesanos y cariñoso con los conocidos. Abrevié la ceremonia, pues deseaba conferenciar con el mando militar.

Antes de salir el grupo de españoles, se acercó Cevallos.

—Señor, os ruego que os informéis de lo ocurrido en Toledo y Cuenca. Si se repite algo parecido, nuestros compatriotas matarán a quienes sigamos el partido de Vuestra Majestad.

El ministro no se expresó en el tono obsequioso de Bayona: me recordó al Cevallos que me había descrito el emperador.

Quedé solo con el alto mando francés en Madrid, el embajador conde de La Forest y mi estado mayor. Antes de analizar la situación general quise no relegar al olvido la petición que había hecho Cevallos en molesto tono de advertencia.

—General Savary, ¿qué ha ocurrido en Toledo?

—Ninguna acción importante, Majestad, se ha cometido.

—Creo que ha ocurrido algo grave que hiere los sentimientos españoles.

—Vuestra Majestad se refiere sin duda al expolio del monasterio de Santa María de las Nieves —intervino Belliard.

—No me refiero aún a nada, porque habéis tenido buen cuidado de no informarme. Explicaos, general.

—El general Vedel estaba en Toledo desde fines de mayo; lo abandonó el 19 de junio; en ese momento ocurrió el incidente.

—Habláis de incidente; antes os he oído algo de un expolio.

—Vuestra Majestad sabe que gran parte de las tropas son bisoñas y la disciplina carece del rigor debido. El general Vedel instaló sus seis mil infantes en la ciudad, pero le pareció prudente emplazar la artillería y la caballería en las afueras. Los setecientos de a caballo se alojaron en un monasterio inmediato a la ciudad, llamado Santa María de las Nieves. Está en medio de un extenso olivar; era buen cobijo para la caballería.

—¿Y bien, general?

—Parece que al recibir orden de abandonar Toledo, algunos soldados asaltaron la bodega y bebieron... El vino español, Majestad, hace estragos en nuestros soldados...

Interrumpió Belliard su discurso, como si no desease continuar.

—Os escucho muy atentamente general, seguid.

—Quiso el prior, acompañado de dos monjes, cortar el despojo de la bodega. Unos soldados, aturdidos por la embriaguez, los apuñalaron. Al revolverse los restantes monjes, encerraron a todos en la bodega, para impedir nuevas reyertas. El ardor del forcejeo enloqueció a los soldados, que se lanzaron al saqueo del monasterio. Robaron los vasos sagrados, las custodias, los candelabros de plata, arrancaron el frontal de los altares, destrozaron estatuas y retablos.

—Esto no es un incidente, general; vos sabéis cómo se llama.

—Por desgracia es aún peor, Majestad. Enardecidos al final por la violencia, prendieron fuego a la iglesia, quizá para ocultar el despojo. El incendio se extendió al monasterio. En el aturdimiento olvidaron liberar a los monjes. Murieron.

—¿Cuántos?

—Lo ignoro, Majestad. Sé que algunos libraron tan infausta suerte por haberse escondido en unas pequeñas ermitas que hay en el olivar en torno al convento.

Intervino Savary con su mirada de serpiente al acecho.

—Vuestra Majestad sabe que media España está ocupada por conventos. No se puede dar un paso sin tropezar con uno.

—En este convento hemos tropezado todos los franceses, general. En los de Rioseco hubo la disculpa de la acción de guerra. En Santa María de las Nieves, ¿qué descargo existe? Hay en España ciento cincuenta mil frailes. Tienen que haber enloquecido con estas historias. Ciento cincuenta mil predicando en púlpitos, en plazas y casas. ¿Quién va a creer que no dicen la verdad cuando afirman que los franceses son los enemigos de Dios? Los acusamos de fanatismo. No se me ocurre nada peor que lo que habéis contado para excitarlo.

Se hizo un largo silencio, en el que pensé qué medidas podía tomar para mostrar al pueblo mi respeto por la religión.

—General Franceschi-Delonne, os encomiendo que convoquéis para mañana al obispo y al capítulo de la catedral, cuanto antes a los priores y generales de las órdenes religiosas: deseo hablarles. Enteraos de cuál es la primera procesión importante: la presidiré. Desde mañana habrá misa a las seis de la mañana en la capilla de palacio, asistiré a diario.

Por casualidad logré ver la expresión burlona del conde de Girardin. Una cosa es que yo le dé mi confianza y otra que él se tome demasiadas.

—Vos, conde, tendréis el honor de acompañarme en mis devociones.

Se le borró la sonrisita.

El general Merlin había mostrado varias veces su deseo de intervenir. Lo hizo al fin:

—Majestad, durante la recepción he hablado con el general Foyb y otros mandos. Están desolados por lo de Cuenca. Es aún peor que lo de Toledo.

—Cevallos me ha hablado de Cuenca. ¿Qué ha pasado en Cuenca?

—El general Caulaincourt la ha saqueado a fondo. Tanto él como sus oficiales y tropas han estado vendiendo en Madrid los despojos del tesoro de la catedral y de los conventos y casas de Cuenca. Los plateros de Madrid se han negado a comprarlos; los ha adquirido la tropa y algunos usureros. El general Caulaincourt ha obtenido en la venta más de sesenta mil francos.

—Nadie me ha dicho que hubiese una batalla en Cuenca.

Merlin habló con el rostro vuelto hacia mí, pero los ojos desviados hacia Savary, de quien no apartó la mirada. Savary es amigo de Caulaincourt, y Merlin, como casi todos los generales, detesta a los dos.

—No hubo batalla, Majestad, sólo saqueo. El efecto en Madrid de la noticia y la aparición descarada de los despojos ha sido tan nefasto en la población, que mis compañeros de armas piensan que hubiese sido menos grave perder una batalla.

—No lo entiendo, general, si no hubo combate, ¿cómo es posible el saqueo?

—Por la fría determinación del general Caulaincourt.

—Es muy grave esa acusación; espero que tengáis en qué fundaros.

—He llegado a Madrid con vos, Majestad. Sólo tengo los informes que me han dado mis antiguos compañeros que he encontrado en palacio hace una hora. Me han hablado de este hecho con preocupación y vergüenza.

—Hacedme un resumen de vuestros informes.

—El mariscal Moncey, camino de Valencia, pasó por Cuenca. Dejó en esta ciudad trescientos heridos sin escolta. Los hospitales de Cuenca los atendieron humanitariamente, pese a los sentimientos antifranceses de la ciudad.

—¿Por qué dejó Moncey a los heridos sin protección?

—El mariscal llevaba escasas tropas, no podía abandonar ningún grupo en retaguardia. Moncey, al vencer en los combates, ha tenido cuidado de no dañar a los habitantes. Su equidad y justicia la han pagado los de Cuenca cuidando los heridos.

—Bien, hasta ahora es una digna historia. ¿Cuál es la causa del saqueo?

—Según me han contado, Majestad, al ver aproximarse a la tropa del general Caulaincourt en despliegue de combate, la ciudad de Cuenca envió a sus regidores y al cabildo de la catedral, con banderas blancas a implorar merced. El general, resuelto al pillaje, los desbandó a cañonazos. Con el ruido de la artillería, alarmados los vecinos de Cuenca, huyeron casi todos a los montes próximos. Quedaron sólo los ancianos, los enfermos y cinco comunidades religiosas de clausura. Las tropas profanaron conventos y personas, mataron ancianos indefensos. Las muertes, violaciones y robos han sido el pago al cuidado de los trescientos heridos, que regresaron con nuestras tropas.

—General Savary, recuerdo que el emperador os ordenó en mi presencia prohibir saqueos.

—Sí, Majestad; pero Su Majestad Imperial más tarde ha instruido que toda ciudad que se resista sea saqueada.

—Me contaréis la resistencia de Cuenca.

—Majestad, el relato del general Merlin es incompleto. En una posada próxima a Cuenca hubo resistencia, y algún disparo.

—Hablaremos con detenimiento, general Savary. Imagino que tenéis otras noticias urgentes.

—Sí, Majestad; la resistencia del Consejo de Castilla a vuestra proclamación y a jurar la Constitución.

—Convenceré a los miembros del Consejo.

—Muchos merecen ser arcabuceados.

—Prefiero las razones a la fuerza. Por cierto, general, me ha parecido a mi entrada en Madrid que algunas de las campanas, en vez de repicar a fiesta, tañían al modo de difuntos.

Se le iluminó la cara a Savary con el cambio de tema. En terreno de policía se siente seguro.

—Algunas parroquias han aprovechado que había defunción entre sus fieles para tocar a muerto. Estamos meditando qué hacer.

El embotamiento por la fatiga induce a cometer torpezas. No quise correr el riesgo de hacerlo en asuntos de consecuencia. Había cambiado de conversación para terminar sin graves diferencias el conciliábulo. Sería disparate escuchar a Savary detalles de la sanción a los campaneros y otros propósitos ruines.

—Señores, son las diez de la noche; los de Buitrago nos

hemos levantado a las dos; aún he de escribir al emperador y... asistir mañana a misa de seis. Os servirán en el comedor; yo tomaré algún bocado en mis aposentos. Hasta mañana.

Salí acompañado del general Salligny, que está de servicio. Los criados de palacio no han tenido ocasión de presentarse; esperan a la puerta los principales, me siguen como en una diminuta procesión de la que yo fuese el santo hacia mis aposentos; allí aguardan los de cámara junto a Cristophe.

Son las habitaciones del rey Carlos. Las ocupó unos días don Fernando; luego tuvo la osadía de aposentarse en ellas mi cuñado Murat; casi muere envenenado o de cólico, en la cama que tengo preparada. Sé que Savary se alojó en palacio, espero que no haya dormido en mi lecho.

—¿Hay recado de escribir?

—Sí, Majestad, en la estancia contigua.

Me acompañó el viejo criado que había hablado. Aún porta peluca blanca. Sobre la mesa, junto a la escribanía, hay una caja de madera, fino trabajo de marquetería. No he preguntado, pero el criado contesta a mis pensamientos:

—Es obra del rey Carlos, nuestro señor; la hizo con sus propias manos.

La reverencia en las palabras y la mirada del sirviente me hacen sospechar que si muevo la caja de su sitio puedo sufrir envenenamiento, como Murat. Dejaré la caja en su sitio y cambiaré el criado por uno francés. No están descarriados los consejos del emperador. Le escribo una carta. Fue tan dura la de ayer que hoy no quiero cargar las tintas.

Madrid, 20 de julio de 1808, a las once de la noche.
Sire:
Hice hoy mi entrada en Madrid. No me han recibido los habitantes de esta villa como lo hicieron los de Nápoles, ni como hoy lo han hecho las tropas francesas; sin embargo, menos mal de lo que pudiera temerse de los habitantes de una ciudad en la que las disposiciones son muy adversas. Vuestra

Majestad habrá visto por mi carta de ayer que me he percatado de la necesidad de reforzar a Dupont. ESTA TARDE HA MAR-CHADO UN CORREO AL GENERAL GOBERT CON LA ORDEN DE UNÍRSELE.

Pensaré en el mariscal Bessières en cuanto conozca mi situación en torno al Toisón de Oro.

No encuentro un céntimo en las arcas. Que Vuestra Majestad haga todos los esfuerzos posibles para nuestro socorro.

Al fin, en la cama. He dejado una vela encendida; estoy demasiado fatigado; sé que tardaré en dormir. La luz se quiebra en los cristales de la gran araña del techo en mil reflejos tornasolados. Hay muchas similares en palacio. Pensé que eran venecianas; me extrañó que hubiese tantas de esta procedencia. Me explicaron que son del Real Sitio de La Granja de San Ildefonso, uno de «mis» reales sitios, como aclaró maliciosamente el emperador. Resulta que ahora las fabrico yo. Había otra parecida en el dormitorio de Chamartín. ¡Qué lejos están Chamartín y Buitrago! Parece imposible que sean recuerdos de hoy mismo. El baño, la siesta, el almuerzo íntimo... Ahora comprendo mi inocencia, la imaginada cortesía de la princesa, de no presumir con mi presencia ante sus invitados, era en realidad cautela para no comprometerse. Su hijo Infantado me abandonará también. Mejor, prefiero tener un enemigo enfrente que colocarlo a mis espaldas.

Me atormenta el relato de Cuenca. El grupo de sacerdotes y magistrados enarbolando banderas blancas, dispersados a cañonazos.

¿En qué escuela ha aprendido Caulaincourt a cerrar los ojos y oídos a ofertas de paz y de rendición incondicional?

Quisiera no pensar en ello, pero Junot recibió orden de no darse por enterado de que Portugal se entregaba sin condiciones. Ese día atravesó la frontera española. Ahí comienza esta historia. Es repetición de otras.

No, no lo puedo olvidar, es demasiado grave. Intenté no

entrar en Nápoles en son de guerra, pues sabía que habían enviado emisarios de paz. Recibí carta del emperador:

... Oigo que la corte de Nápoles envía al cardenal Ruffo con proposiciones de paz. He dado orden de que no se le permita llegar a París. Tenéis que comenzar inmediatamente las hostilidades, y haced todos los arreglos para tomar presto el reino de Nápoles SIN ESCUCHAR NINGUNA PROPOSICIÓN DE PAZ, ARMISTICIO O DE SUSPENSIÓN DE LAS HOSTILIDADES. Rechazadlas todas indiscriminadamente...

Logré entrar en Nápoles con sólo dos muertes. ¿Cuántas han ocurrido en España?

Me pregunté en Bayona si podía aceptar la corona, obtenida por tales medios. Apagué las protestas de mi conciencia y de mi honor con la esperanza de traer a España paz y progreso.

Todavía hoy en la carroza me he alabado por entrar en Madrid sin tener las manos manchadas de sangre española. Hasta los hombres sinceros nos mentimos a nosotros mismos. No debo engañarme más, conmigo no ha venido la paz. Ríos de sangre, muerte, ruina y odio se desbordan por doquier inundando la nación. Ya no me exculpa haber venido con buenas intenciones.

Inicié estos recuerdos con una reflexión sobre el sendero del fracaso, que está empedrado de trivialidades fallidas. Tengo clavado en el alma un dicho popular: el suelo del infierno está empedrado de buenos propósitos.

NOTA SOBRE LA BIBLIOGRAFÍA UTILIZADA

Ésta es una novela histórica, documentada concienzudamente dentro de los límites en que puede hacerlo un profano. Contiene fragmentos de las cartas y escritos de los protagonistas, o comentarios hechos sobre ellos por sus contemporáneos. En total encierra 178 citas y mantenerlas en el texto dificultaría la lectura a la mayoría de los lectores, que van a utilizar el libro sólo como novela. El autor ha optado por colocar al final de la obra un índice bibliográfico, en el que se anotan las citas que corresponden a cada página. El índice va precedido por este «comentario», donde se analizan las fuentes del material utilizado para el libro.

«YO, EL REY» es una novela en la que el protagonista, José Bonaparte, relata en primera persona sus vivencias iniciales al recibir la corona de España, el efecto que le hicieron los españoles que fue conociendo, los primeros acontecimientos, las divergencias de opinión con Napoleón sobre cómo debía tratarse a los españoles, la dificilísima relación con su hermano, etc.

No he intentado reproducir los hechos como fueron, sino cómo los vio José Bonaparte. Por ejemplo, más que la fecha en que ocurrió cada incidente y cómo fue, lo que me interesa es la fecha en que el rey José se enteró, la versión que le dieron, y lo que opinaba. Por tanto, me he guiado fundamentalmente por los escritos del propio rey José y de los miembros de su círculo más íntimo, aunque algunos historiadores actuales disienten de algunas de las interpretaciones, a mí me ha importado más recrear el clima psicológico de los protagonistas.

José Bonaparte ha sido estudiado casi siempre desde el punto de vista de los epañoles o del de los partidarios de Napoleón, ambos grupos hostiles a José. Yo he intentado dar al lector una idea de cómo José se veía a sí mismo. Todos tenemos una opinión de

271

nosotros mismos sumamente generosa, lo mismo le ocurría a José, que aparece en estas páginas quizá mejor de como era, pero él se consideraba así. Más que inventar virtudes, que tenía muchas y muy notables, lo que hace el rey José es cerrar los ojos ante sus defectos. Quien desee conocer lo mejor posible a José Bonaparte debe estudiar los diez volúmenes de sus memorias y correspondencia, no hay sustituto, y puede encontrar dificultades inesperadas al buscar la obra en el fichero de las bibliotecas: en unas aparece como autor José Bonaparte, y viene en la letra B, «Bonaparte, Joseph». En otras bibliotecas se considera autor al recopilador y comentarista, el barón A. Du Casse, y, para colmo de dificultades, en unas le colocan en la letra C, «Casse, barón A. Du», mientras en otras figura en la letra D, «Ducasse, A.». En la correspondencia de José faltan algunas de las cartas que le escribió Napoleón, pero éstas se localizan fácilmente en la *Correspondance de Napoléon Ier*, que se publicó en París por orden de Napoleón III entre 1858 y 1869.

Hay otros dos textos también insustituibles, las memorias de dos de sus colaboradores y amigos, el conde Miot de Melito y el coronel Gaspard de Clermont-Tonnerre, que más tarde fue mariscal, duque y ministro de la Guerra y de Marina en la Francia posnapoleónica.

Miot de Melito, al que José hizo ministro en Nápoles y superintendente de palacio en España, es un personaje que merece por sí mismo una biografía, lo que ocurre es que ya la escribió él mismo. Las *Mémoires du Comte Miot de Melito* (3 volúmenes, París, 1858) son un ejemplo de meritoria imparcialidad. Es chocante que una persona protagonista de un drama atroz como la guerra de la Independencia sea capaz de tanta ecuanimidad, aunque desde su puesto de observación en la corte josefita. Como las memorias de Miot de Melito contienen también la etapa napolitana de José y lo que le aconteció al «Intruso» al marchar de España, siempre con la información que sólo da la intimidad, Miot resulta esencial para conocer a José Bonaparte. Sin embargo, su obra sólo aparece citada un par de veces al final de mi índice. Esto me obliga a hacer otra reflexión sobre el índice bibliográfico. Las 178 citas son de los textos de los que se ha tomado alguna frase o dato, es obligado hacer mención de las fuentes por deferencia a sus autores y editores, pero la reiteración con que aparece una obra en el índice puede dar una idea equivocada sobre la importancia proporcional que ha tenido en el estudio de la personalidad y conducta del rey José. Por ejemplo, uno de los libros reseñados con más frecuencia es el de Ducéré, *Napoléon à Bayonne*. Es una obra interesantísima, especialmente para datos menores como los menús de las comidas de Napoleón con los reyes de España, las conversaciones, la invasión de moscas en Marrac, datos de protocolo, intrigas de la corte, etc., igualmente cito con frecuencia las *Mémoires Intimes de Napoléon Ier, par Constant, son valet de chambre*. Las memorias de Constant, ayuda de cámara del emperador, son «memorias de ayuda de cámara», útiles para saber cuántas veces se bañaba Napoleón y qué cantaba en el baño, el deplorable estado de la dentadura de la emperatriz y cosas por el estilo. Sirven para amenizar y humanizar la novela, pero no para configurar el personaje principal ni los cimientos de la trama. En cambio, otros libros que me han ayudado mucho más a entender la conducta de José Bonaparte no aparecen citados ni una sola vez, como, por ejemplo, el del padre de Victor Hugo, *Mémoires du Général Hugo* (París, reedición de 1934), que le sirvió eficazmente. Tampoco aparece citado ni una sola vez el libro *Naples sous Joseph Bonaparte*, de J. Rambaud (París, 1911), ni figuran otros muchos de los que utilicé, porque los hechos fundamentales que relatan son anteriores o posteriores al breve período que abarca mi novela, y no reproduzco párrafos de sus páginas. *Yo, el rey* comienza en el momento en que Napoleón sale a esperar a su hermano a las afueras de Bayona el 7 de junio de 1808, y termina al acostarse José por primera vez en el palacio real de Madrid el 20 de julio del mismo año, 43 días. Algunos de estos libros que no figuran en el índice han sido más importantes para la redacción de mi novela que varios de los citados con reiteración. La vida está llena de injusticias, y también lo están los índices bibliográficos.

El libro de Gaspard de Clermont-Tonnerre, *L'Expédition d'Espagne 1808-1810*, no es tan ecuánime y sereno como el de Miot, pero complementa la otra vertiente de la actividad de José en España, percibida desde el círculo de confidentes. Clermont es un hombre de talento, honesto y sincero, pero nos tiene menos simpatía y compasión a los españoles que las que muestra Miot. Por la dura crítica a algunos aspectos de José Bonaparte, resulta obra muy valiosa para completar el perfil psicológico de nuestro «Rey Intruso».

Para la visión española, documentos de los reyes y príncipes españoles, etc., he acudido a las fuentes habituales y de modo particular a su contemporáneo el conde de Toreno, *Historia del Levantamiento, Guerra y Revolución de España* (Madrid, 1835), que mantiene el aroma de la época.

Existe una literatura amplísima, abrumadora, sobre el período español de José Bonaparte y varias excelentes biografías, a ellas puede dirigirse el lector que quiera saber algo más de las peripecias de nuestro protagonista. Todas están agotadas en la actualidad, excepto el segundo tomo de Mercader, por lo que habrá que buscarlas en bibliotecas, o en las librerías anticuarias. Las principales son:

Biografías de José Bonaparte en español:

VILLA URRUTIA, marqués DE: *El rey José Napoleón I*, Madrid, 1929.
CLAUDE MARTÍN: *José Napoleón I, rey intruso de España*, Ed. Nacional, Madrid, 1969.
MERCADER RIBA, Juan: *José Bonaparte, rey de España.* Esta obra consta de dos volúmenes, el primero, *Historia externa del reinado,* es de 1971, y el segundo, *Estructura del Estado español bonapartista,* de 1983, Consejo Superior de Investigaciones Científicas, Madrid.

Biografías de José Bonaparte en francés:

NARBONNE, Bernard: *Joseph Bonaparte, le roi philosophe*, París, 1949.
GIROD DE L'AIN, Gabriel: *Joseph Bonaparte, le roi malgré lui*, Librairie Académique Perrin, París, 1970.

Biografías de José Bonaparte en inglés:

CONELLY, Owen: *The Gentle Bonaparte*, Nueva York y Londres, 1971.
ROSS, Michael: *The Reluctant King, Joseph Bonaparte King of the Two Sicilies and Spain*, Ed. Sidgwick & Jackson, Londres, 1976.

ÍNDICE BIBLIOGRÁFICO

Pág. 7
... *injusta e impolítica:* Bonaparte, José, *Mémoires et correspondance politique et militaire du roi Joseph,* publicadas, anotadas y puestas en orden por el barón A. Du Casse, 10 vols., París, Perrotin, 1853-1854, vol. IV, p. 285.

Pág. 12
... *dores introducen, entre todos, al rey en el coche:* Ducéré, E., *Napoléon à Bayonne,* Jean Curutchet, les Éditions Harriet, Bayona, 1982, p. 84.

Pág. 13
... *vehículo:* Constant (su valet de cámara), *Mémoires intimes de Napoléon Ier,* Mercure de France, 1967, cap. XL.
... *los dos»:* Savary, *Mémoires,* cit. en Ducéré, p. 85, hay una versión distinta de Meneval.

Pág. 19
... *artilleros los mataban a cañonazos:* Bergamini, *The Spanish Bourbons,* Putman & Sons, Nueva York, 1974, p. 103.

Pág. 20
... *nadie, tampoco a ti»:* Constant, op. cit., p. 317.

Pág. 22
... *grave sólo puede proceder de una mente pequeña:* Ducéré, E., op. cit., pp. 68 y 69, y citado en Pradt, *Mémoires,* y en M. Cevallos, *Memoria.*
... *y ordené que interceptasen sus correos:* Ídem, p. 82.
... *es casi italiano «maledetti»:* Beausset, *Mémoires,* p. 96.

Pág. 23
... *escote y los brazos desnudos, sin guantes:* Constant, op. cit., p. 316.
... *bre.» ¿Podéis creerlo?:* Ducéré, op. cit., p. 86.

Pág. 24
... *estos descendientes de Luis XIV que tiene un francés pasable:* Pradt, *Mémoires,* cit. en Ducéré, p. 85.
... *—Godoy tiene todavía un cierto aire de toro:* Napoleón I, *Correspon-*

dance de Napoléon Ier., núm. 13 797, publicada por orden del emperador Napoleón III, 32 vols., Imprimerie impériale, París, 1858-1869.

Pág. 25
... *dije al rey:* Ducéré, op. cit., pp. 91 y 92.

Pág. 26
... *nazándole con el abanico:* Ídem, pp. 22 y 23.

Pág. 27
... *enviaré a Madrid como tal en cuanto me lo pida»:* Savary, *Mémoires.*
... *que yo»:* Ídem.

Pág. 28
... *mo, seréis tratado como rebelde:* Napoleón, carta de Napoleón a Murat el 5 de mayo de 1808.
... *espaldas, tan cerca de París, una dinastía enemiga mía:* Thiers, *Le Consulat et l'Empire*, cit. en Ducéré, p. 14.

Pág. 29
... *ciente y su genio sin par:* Poniatowski, Michel, prefacio de Clermont-Tonnerre, p. 11

Pág. 35
«... *de la que el renombre ha llegado hasta nosotros»:* Bonaparte, José, op. cit., vol. IV, p. 290.

Pág. 36
«... *autorice a dar mayor ensanche a nuestros sentimientos»:* Toreno, op. cit., vol. I, p. 307.
... *gruesa palabrota:* Chaplowski, *Mémoires du general Chaplowski*, cit. en Clermont-Tonnerre, p. 77.
«... *no. Hablad como se habla a un rey y ¡prestad juramento!»:* Toreno, op. cit., vol. I, p. 305, y en Clermont-Tonnerre, op. cit., p. 77.

Pág. 38
... *España, no tiene más que mostrarse lo antes posible):* Rovigo, duque de, *Mémoires*, cit. en Ducéré, p. 191.

Pág. 39
«... *Tribunal Supremo, cuyos representantes somos»:* Martin, Claude, *José Napoleón I, «rey intruso de España»*, Editora Nacional, Madrid, 1969, p. 135.

Pág. 40
... *EL NUESTRO»:* Martin, Claude, op. cit., p. 136.

Pág. 41
... *en sus cartas a Nápoles:* Girod de L'Ain, *Joseph Bonaparte, le roi malgré lui*, Éd. Perrin, París, 1970, p. 133.
... *demasiado bueno para ser un gran hombre. Carece de ambición»:* Ross, Michael, *The Reluctant King*, Sidgwick & Jackson, Londres, 1976.

Pág. 43
«... *cuerdo y digan: "Es el regenerador de nuestra patria"*»: Napoleón, *Correspondance*, núm. 13 989.

Pág. 46
... *Borbón*»: Toreno, op. cit., vol. I, p. 159.

Pág. 47
«... *le tiró amistosa, si bien fuertemente, de las orejas*»: Ídem, p. 160.
... *dos los jefes que me quieran seguir, salves a tu rey. FERNANDO*»: Arteaga y Falguera, Cristina de, *La casa del Infantado, cuna de los Mendoza*, Madrid, 1944, p. 242, lám. XXVIII.
... *duque de Berg advirtiendo esa posibilidad:* Napoleón I, op. cit., núm. 13 733.

Pág. 48
... *que vos....*»: Ídem, núm. 13 958.
... *hacer....*»: Ídem, núm. 13 936.

Pág. 53
... *aprehender; es también bueno para guardar*»: Swenfft, conde de, *Mémoires,* cit. en Ducéré, p. 132.

Pág. 54
... *para el emperador sois virrey*»: Poniatowski, Michel, op. cit., p. 12.

Pág. 55
«... *dignos de él y de nuestra familia:*» Bonaparte, José, op. cit., vol, IV, p. 11.

Pág. 57
«... *zan las baterías...*»: Napoleón I, op. cit., núm. 13 733.
«... *soldados o mis correos...*»: Ídem, núm. 13 749.

Pág. 59
«... *Nunca las circunstancias lo han hecho tan necesario...*»: Ídem, núm. 14 083.

Pág. 60
«... *No toleréis saqueos!...*»: Savary, *Mémoires*, vol. II, p. 403.

Pág. 63
... *fantasía de tomar, de repente, un baño a la hora más inesperada:* Constant, op. cit., p. 175.

Pág. 65
«... *mayor seguridad en el porvenir...*»: Napoleón I, op. cit., núm. 14 059.

Pág. 68
... *gundo amante*»: Girod de L'Ain, op. cit., p. 146.

Pág. 70
... *blemente su total ruina*»: Clermont-Tonnerre, op. cit., p. 51.

Pág. 72
«... no me felicitéis»: Bonaparte, José, op. cit., vol. IV, pp. 176-178.

Pág. 74
«... vuestro rango»: Thiry, Jean, *La guerre d'Espagne,* Éd. Berger-Levrault, París, 1965, p. 217.
...fullero»: Beausset, *Mémoires,* cit. en Ducéré, p. 82.

Pág. 75
... sangre: Thiry, Jean, op. cit., p. 200.
... plemente: SIRE»: Napoleón I, op. cit., núm. 13 969.

Pág. 76
... que os concierne»: Ídem, núm. 13 887.
... Dios, parecen mirarse menos como enemigos»: Talleyrand, *Mémoires,* cit. en Ducéré, p. 116.

Pág. 77
... tiempo»: Napoleón I, op. cit., núm. 13 899.

Pág. 78
... oposición por parte de los príncipes»: Talleyrand, op. cit., cit. en Ducéré, p. 116.

Pág. 82
«... digna guarda. NAPOLEÓN»: Thiry, op. cit., p. 171; Bonaparte, José, vol. IV, p. 445; Toreno, op. cit., v. I, apéndice p. 58.

Pág. 85
... reconocía como rey: Ídem, y en Thiry, op. cit., p. 172.

Pág. 88
... opio en granos, otra lo contiene disuelto en tintura de láudano: Archivos Nacionales, 0-2, 560, cit. en Ducéré, p. 127.
... habían leído. Ahora lo tengo yo por primera vez: Avrillon, Mlle., *Mémoires,* cit. en Ducéré, p. 32.

Pág. 89
... hiciese mejor efecto a la corte francesa: Constant, op. cit., p. 316.

Pág. 93
... todos nosotros: Ducéré, op. cit., pp. 155-157.

Pág. 94
...frugalidad está engordando: Masson, F., *Napoléon chez lui,* cit. en Ducéré, p. 129.

Pág. 95
... ellas: Avrillon, Mlle., op. cit., cit. en Ducéré, p. 124.

Pág. 96
... las: «Las hierbas son para las bestias»: Constant, op. cit., p. 315.

Pág. 98
... *piernas no son como las de la emperatriz:* Avrillon, Mlle., op. cit., cit. en Ducéré, p. 127.

Pág. 100
... *les deseó simplemente «Buen viaje»:* Ducéré, op. cit., p. 100.

Pág. 101
... *honor y el cuádruple de domésticos. Posee algunos caballos»:* Napoleón I, op. cit., núm. 1388.

Pág. 102
... *sin señalar contra qué nación enemiga:* Ídem, vol. IV, p. 438.

Pág. 104
... *toda Europa el papel de «un hombre de paz»:* Clermont-Tonnerre, op. cit., p. 14.

Pág. 105
... *león para cubrirse con la del zorro»:* Ídem, p. 14.

Pág. 113
«... ejército para invadirla...»: Poniatowski, Michel, op. cit., pp. 23 y 24.
«... cosas interiores de España..."»: Toreno, op. cit., vol. I, p. 14 del apéndice.

Pág. 114
... *cretinos»:* Albany, condesa de, cit. en Clermont-Tonnerre, p. 25
«... recuperado todas vuestras gracias»: Clermont-Tonnerre, op. cit., p. 34.

Pág. 118
... *un parque, para divertirse con el espectáculo:* Bergamini, *The Spanish Bourbons*, Putman & Sons, Nueva York, 1974, p. 103.

Pág. 125
... *tos de la reina no alterasen la determinación de S. M.»:* Ídem, 204.

Pág. 127
... *podría S. M. sobrevivir a ella»:* Toreno, op. cit., vol. I, p. 28 del apéndice.

Pág. 129
... *dente con las tropas francesas:* Ídem, vol. I, pp. 51-58.

Pág. 130
... *España»:* Ídem, vol. I, p. 65.

Pág. 131
... *más acendrado»:* Ídem, vol. I, pp. 78 y 79.
... *rey»:* Ídem, vol. I, pp. 78 y 79

Pág. 132
... *otro examen que ser obra del gobierno que había antecedido»:* Ídem, p. 98.

Pág. 134
... *deslumbra a las multitudes ignorantes; así fue con los madrileños:* Constant, op. cit., p. 820.

Pág. 135
... *espalda:* Solís, Ramón. *La guerra de la independencia española.* Ed. Noguer, Barcelona, 1973, p. 20.

Pág. 146
... *bir mucho a causa de mis dolores.* CARLOS»: Todas estas cartas se publicaron en el *Moniteur* en 1910. Toreno las reproduce en el vol. I, op. cit., en el apéndice del libro segundo, pp. 22 a 39.

Pág. 147
... *después de haber renunciado a la corona de Francia»:* Toreno, op. cit., vol. I, p. 108.

Pág. 153
... *ma pena:* Ducéré, op. cit., p. 194.

Pág. 158
... *saba dar»:* La Forest, conde de, *Correspondance* vol. I, p. 31.
... *españolas. Siguió con las ejecuciones:* Murat, Joachim, *Lettres et documents,* vol. VI, p. 131.
... *hubieran podido esperarse tan felices disposiciones de ánimo»:* Ídem, p. 97.

Pág. 161
... *las armas»:* Martin, Claude, op. cit., p. 136.

Pág. 165
... *igual que él:* Urquijo, Mariano Luis de, a Cuesta, carta del 5 de mayo de 1808, Nellerto, *Memorias para la historia de la revolución española,* vol. II, pp. 213-219.

Pág. 166
... *da, pero que se negaron a recibirle:* Arteaga, Cristina de, *La casa del Infantado, cuna de los Mendoza,* Madrid, 1944, p. 245.

Pág. 175
«... *súbditos que esas nominaciones»:* Bonaparte, José, op. cit., vol. IV, p. 335.

Pág. 176
«... *parte del invierno en París»:* Girod de L'Ain, *Joseph Bonaparte, le roi malgré lui,* Librairie Académique Perrin, París, 1970, p. 148.

Pág. 182
«... *amistad...»:* Girod de L'Ain, op. cit. Los fragmentos de las cartas entre Giulia, duquesa d'Altri, y el rey José, están tomados de esta obra, pp. 152 y ss.

Pág. 184
«... *a los dioses...»:* Ídem, p. 153.

Pág. 185

«... *gáis ese sacrificio eterno»:* Este fragmento no es copia, como los demás, de las cartas de Giulia conservadas en los fondos Wellington; pertenece a las memorias de Stanislas de Girardin, citado en Girod de L'Ain, op. cit., p. 156.

Pág. 187

... *dor asegura que Clary es un libertino:* Girod de L'Ain, op. cit., p. 148.

Pág. 198

... *el camino, «sin notable azar, aunque no sin mengua y sobresalto»:* Toreno, op. cit., vol. I., p. 301.
«... *Quedo de Vuestra Majestad Católica el affmo. hermano. FERNANDO»:* Bonaparte, José, op. cit., vol. IV, p. 336.

Pág. 199

«... *De vuestra Alteza Real el afectuoso hermano»:* Ídem, p. 337.
«... *gloria de la nación española»:* Martin, Claude, op. cit., p. 145.

Pág. 200

... *llos, Astorga y otros muchos:* Bonaparte, José, op. cit., p. 293.
... *erupción de pústulas y Charlotte adelgaza:* Girod de L'Ain, op. cit., p. 193.
... *que hemos devastado el país»:* Ídem, p. 194.

Pág. 201

... *nirse contigo... No quiero hacerme ilusiones de tanta felicidad»:* Ídem, p. 191.
En su día me halagó conocer el comentario de Talleyrand: Ducéré, p. 12.
... *ran el: «José ha nacido para ser amado»:* Ross, Michael, *The Reluctant King, Joseph Bonaparte King of the Two Sicilies and Spain,* Ed. Sidgwick & Jackson, Londres, 1976, p. 9.
«... *me recuerdan a ti...»:* Girod de L'Ain, op. cit., p. 191.

Pág. 202

«... *ré a ver, sí, mi amiga; ten valor, te volveré a ver»:* Ídem, pp. 188 y 190.

Pág. 204

... *realmente:* Miot de Melito, *Mémoires du comte Miot de Melito,* 3 vols. Éd. Michel Lévy Frères, París, 1858, vol. III, p. 10.
... *grupo de notables en dos secciones. Sólo hoy caminan juntos:* Ídem.

Pág. 205

... *parsimonia la prendió en mi solapa:* Ducéré, op. cit., p. 165.

Pág. 206

—*Clermont, es el último pueblo de Francia:* Clermont-Tonnerre, op. cit., p. 87.
... *Permanecí solo en el asiento trasero:* Ducéré, op. cit., p. 166.

Pág. 207

... *hombre instruido:* Clermont-Tonnerre, op. cit., p. 88.

Pág. 208
... *dirigirle la palabra:* Ídem, p. 88

Pág. 209
... *ahorcado»:* Girardin, Stanislas, *Journal et souvenirs du comte de Girardin,* 2 vols., Éd. Moutardier, París, 1929, vol. II, p. 88.
... *una serenata:* Ducéré, op. cit., p. 166.

Pág. 211
... *misa mayor en la iglesia de San Ignacio a las ocho de la mañana:* Ídem, p. 166.

Pág. 213
«... *cialmente en cuanto los insurgentes sean derrotados»:* Bonaparte, José, op. cit., vol. IV, pp. 339 y 340.
... *algunos vivas. El esfuerzo no ha sido en vano:* Clermont-Tonnerre, op. cit., p. 88.

Pág. 214
... *de ayer:* Ídem, p. 89.
... *una de las primeras jornadas del viaje:* Girardin, conde de, cit. en Clermont-Tonnerre, op. cit., p. 89.
«... *circular...»:* Bonaparte, José, op. cit., vol. IV, pp. 337 y 338.

Pág. 215
«... *y lo aceptan...»:* Ídem, op. cit., vol. IV, pp. 238 y 239.

Pág. 216
... *fes de los poblados»....,* «... *quemad sus casas....»,* «... *confiscad....»:* Girod de L'Ain, op. cit., p. 128.
... *quejar de los medios...»* Ídem, p. 128.
«... *hay que desarmar, hacer juzgar, deportar...."»:* Ídem, p. 141.
... *tar unos millones, es por principio...»:* Ídem, p. 129.
«... *do a los pueblos cómo se los gana...."»:* Ídem, p. 128.

Pág. 217
... *resco llamado espatadanza:* Clermont-Tonnerre, op. cit., p. 89.
Trabajé con los ministros toda la tarde: Ducéré, op. cit., p. 197
«... *decidiré después»:* Bonaparte, José, op. cit., vol. IV, p. 340.

Pág. 220
«... *viajan conmigo...»:* Ídem, p. 343.

Pág. 221
«... *provincias que unen a Francia la capital de España»:* Ídem, p. 344.

Pág. 222
«... *mañana nuevas de Vuestra Majestad»:* Ídem, p. 344.

Pág. 227
«... *treinta horas por la ruta de Aranda...»:* Bonaparte, José, op. cit., vol. IV, p. 342.

Pág. 228
... *nos inspira la augusta presencia del rey»:* Ducéré, op. cit., p. 199.
... *bien?:* Clermont-Tonnerre, op. cit., p. 90

Pág. 229
«... rros, a fin de que yo pueda acosar a Cuesta y reforzar a Dupont»:
Bonaparte, José, op. cit., vol. IV, pp. 356 y 357.

Pág. 230
... *«¡Viva el rey!»:* Ducéré, op. cit., p. 199. — Clermont-Tonnerre, op.
cit., p. 90

Pág. 232
«... tened el ánimo. Llegaos a Madrid»: Bonaparte, José, op. cit., vol. IV,
pp. 347 y 348.
«... salud»: Ídem, p. 350.

Pág. 234
«... más de diez mil hombres, muertos, heridos o prisioneros...»: Ídem,
p. 361.

Pág. 235
... *neros. Nuestras bajas no pasan de seiscientas:* Clermont-Tonnerre,
op. cit., p. 92; Miot de-Melito, op. cit., vol III, p. 12.

Pág. 236
... *cendiaron la ciudad antes de abandonarla:* Piguela, *Mémoires sur l'évé-
nement de Joseph Napoléon au trône d'Espagne,* París, Baudouin, 1824;
Ducéré, op. cit., p. 92.

Pág. 237
«... hoy un secreto a voces»: Bonaparte, José, op. cit., vol. IV, p. 360.

Pág. 239
«... retaguardia...»: Ídem, p. 352.

Pág. 241
... *piece a comprender cuál es el verdadero estado de los ánimos:* Ducéré,
op. cit., p. 199.
... *sé, no entiendo a los españoles:* Ducasse, barón, «Napoléon chez le
roi Joseph», *Rev. Historique,* cit. en Ducéré, p. 200.

Pág. 242
«... tra severa probidad, vuestra justicia y vuestra afabilidad...»: Bonaparte, José, op. cit., vol X, pp. 434 y 435.

Pág. 244
«... SÓLO PARTIDARIO»: Ídem, vol. IV, pp. 366 y 367.

Pág. 245
... *llando lindezas sobre la heroicidad de los castellanos:* Clermont-
Tonnerre, op. cit., p. 93.
«... habrá muchas menos inquietudes»: Bonaparte, José, op. cit., vol. IV,
pp. 367 y 368.

Pág. 247

... *Carlos de Austria:* Thiry, Jean, *La guerre d'Espagne,* Éd. Berger-Levrault, París, 1965, p. 217.

Pág. 248

«... DOS NO QUERÍAN HACER PRISIONEROS»: Castellane, mariscal de, *Journal de marche,* vol. I, p. 23.
... *ataque»:* Thiry, op. cit., p. 224

Pág. 249

«... antes. El doble no bastará dentro de tres meses»: Bonaparte, José, op. cit., vol. IV, p. 372.

Pág. 250

«... to de Andalucía...»: Ídem, p. 360.

Pág. 253

... *buena acción:* Clermont-Tonnerre, op. cit., p. 79. Clermont-Tonnerre afirma que esos insultos los pronunció el rey José en varias ocasiones, en su presencia y en la de Desprez.

Pág. 255

«...fuera de lugar»: Bonaparte, José, op. cit., p. IV, pp. 372 y 373.

Pág. 258

... *cés que cumplía con su deber sudando dentro del uniforme:* Girod de L'Ain, op. cit., p. 148.

Pág. 259

«... de Saldaña y de su hermano don Emanuel de Toledo y Salm-Salm»: Arteaga, Cristina de, *La casa del Infantado, cuna de los Mendoza,* Madrid, 1944, p. 234.

Pág. 260

... *lligny. La tercera estaba vacía:* Girod de L'Ain, op. cit., pp. 199 y 200.
... *un experto en su evaluación:* Miot de Melito, op. cit., vol. III, p. 12.
... *les mansiones cerradas:* Clermont-Tonnerre, op. cit., p. 94.

Pág. 261

... *labios mudos, mirada hosca, el gesto desdeñoso:* Martin, Claude, *José Napoleón I, rey intruso de España,* Edit. Nacional, Madrid, 1969, p. 175.
... *clero y los ministros. Al pie de la escalera, los grandes:* Miot de Melito, op. cit., vol. III, p. 12.
... *han repuesto:* Girod de L'Ain, op. cit., p. 126.

Pág. 264

.... *ta mil francos:* Clermont-Tonnerre, op. cit., p. 104.

Pág. 266

... *regresaron con nuestras tropas:* Toreno, conde de, op. cit., vol. I, p. 368.
... *campanas, en vez de repicar a fiesta, tañían al modo de difuntos:* Ídem, p. 382.

Pág. 268

«... *tad haga todos los esfuerzos posibles para nuestro socorro»:* Bonaparte, José, op. cit., vol. IV, pp. 375 y 376.

... prefiero tener un enemigo enfrente que colocarlo a mis espaldas: Clermont-Tonnerre, op. cit., p. 100.

Pág. 269

«... *DADES. Rechazadlas todas indiscriminadamente...»:* Ross, Michael, *The Reluctant King.* Sidwick & Jackson, Londres, 1976, p. 125.

Índice

NOVELAS GALARDONADAS CON EL
PREMIO EDITORIAL PLANETA